反洗钱监测分析实务探讨

主编　罗玉冰　李哲

中国金融出版社

责任编辑：肖丽敏
责任校对：刘　明
责任印制：丁淮宾

图书在版编目（CIP）数据

反洗钱监测分析实务探讨（Fanxiqian Jiance Fenxi Shiwu Tantao）/
罗玉冰，李哲主编. —北京：中国金融出版社，2016. 9（2022.3重印）
　ISBN 978 - 7 - 5049 - 8576 - 7

　Ⅰ. ①反…　Ⅱ. ①罗…②李…　Ⅲ. ①洗钱罪—研究报告—中国
Ⅳ. ①D924. 334

　中国版本图书馆 CIP 数据核字（2016）第 138028 号

出版
发行　**中国金融出版社**

社址　北京市丰台区益泽路 2 号
市场开发部　（010）63266347，63805472，63439533（传真）
网 上 书 店　http：//www. chinafph. com
　　　　　　　（010）63286832，63365686（传真）
读者服务部　（010）66070833，62568380
邮编　100071
经销　新华书店
印刷　保利达印务有限公司
尺寸　169 毫米 × 239 毫米
印张　22. 75
字数　246 千
版次　2016 年 9 月第 1 版
印次　2022 年 3 月第 5 次印刷
定价　72. 00 元
ISBN 978 - 7 - 5049 - 8576 - 7/F. 8136
如出现印装错误本社负责调换　联系电话（010）63263947

编委会

主　编：罗玉冰　李　哲

编　委：张　雁　李爱忠　徐慧星

序

　　当前反洗钱工作日益深化，反洗钱/反恐融资形势日趋严峻，要求我们进一步提升履职能力和水平，全面提高反洗钱工作针对性与有效性，在维护国家安全、经济金融安全和维护人民群众切身利益等方面积极作为，以反洗钱制度完善和能力提升的实际成果，推进国家治理体系和治理能力现代化。

　　提升反洗钱监测分析能力，加强符合中国国情和国际标准的金融情报机构（FIU）建设，完善相关配套制度，对提高反洗钱工作整体有效性至关重要。联合国《打击跨国有组织犯罪公约》和《反腐败公约》均要求：各缔约国应考虑建立金融情报机构，作为国家中心接收、分析和传递关于潜在洗钱活动的信息，以确保行政、管理、执法和专门打击洗钱的其他机关（在本国法律许可时可以包括司法机关）能够根据本国法律规定的条件在国家和国际一级开展合作和交换信息。作为为预防和打击洗钱及相关犯罪开辟了崭新情报获取途径的制度创新，金融情报机构受到世界各国（地区）的高度重视，目前已有140多个国家（地区）建立了金融情报机构。2014年亚太经合组织（APEC）领导人非正式会议通过的《北京反腐败宣言》，也高度重视金融情报机构在反腐败和国际追赃方面的作用。

　　2004年4月，国务院反洗钱行政主管部门——中国人民银行建立中国反洗钱监测分析中心，依法负责接收、监测分析金融机构和特定非金融机构上报的大额交易、可疑交易报告，移送监测分析发现的涉嫌犯罪的可疑交易线索，开展国际反洗钱/反恐融资金融情报合作与交流。这是国家根据预防和打击洗钱及相关犯罪工作需要作出的重要制度性安排，也是我国政府落实联合国公约有关原则、按照金融行动特别工作组（FATF）《四十项建议》国际标准开展反洗钱工作的具体体现。

实践证明，我国反洗钱监测分析和金融情报机构建设工作是卓有成效的。十二年来中国反洗钱监测分析中心不断加强监测分析能力建设，基本形成主动分析、协查分析、战略分析以及国际互协查相互支撑、互促共进的业务格局，为国家预防打击洗钱、恐怖融资以及走私犯罪、贪污贿赂犯罪、毒品犯罪、黑社会性质的组织犯罪、破坏金融管理秩序犯罪、金融诈骗犯罪和涉税犯罪，提供了有力的情报信息支持，显现了金融情报机构的独特作用，受到国内执法部门的充分肯定和高度重视。国际金融情报合作交流不断扩大和深化，目前中国反洗钱监测分析中心已与38个国家（地区）的对口机构正式建立金融情报合作交流关系。

反洗钱监测分析和金融情报机构建设是一项挑战性工作，要求我们建设一支政治可靠、业务过硬的高素质队伍，具有铁一般的信仰、铁一般的信念、铁一般的纪律、铁一般的担当。

有的放矢地开展业务学习、调查研究和持续培训，这是培养高素质监测分析队伍的有效途径。中国反洗钱监测分析中心多年来坚持通过这一途径培养学习型、专家型监测分析队伍，体现了 FATF 关于"各国应具备适当程序，确保金融情报机构工作人员具有较高的职业水准（包括保密方面），并具有较高的诚信度和适当的技术水平"的国际标准要求。编入本书的论文、调研报告和研究课题，正是近两年中国反洗钱监测分析中心员工开展业务学习和调查研究的一部分成果。我高兴地看到，这些成果聚焦人民币国际化进程加快、跨境资金交易日益频繁和互联网金融新业态新产品不断涌现的背景下反洗钱工作面临的突出问题，既有丰富的"鲜活"材料，很接工作实务的"地气"，又有理论层面和关于完善政策制度的严谨思考，体现了反洗钱监测分析队伍积极应对反洗钱反恐融资新形势、新挑战，不断提升监测分析履职能力的责任担当。同时，这些成果也展现了中国反洗钱监测分析中心的专业水准，对监测分析实践经验的积累，对更好地满足持续培训工作对教材建设的期待、增强反洗钱培训的针对性、有效性也是必要的。

希望中国反洗钱监测分析中心增强使命感和责任感，进一步加强业务学习、调查研究和持续培训的常态化、规范化和制度化，深入总结我国反洗钱监测分析和金融情报机构建设的实践经验、把握内在规律，不断提高履职能力和工作实效，促进这项制度安排更加成熟完善，为维护金融稳定、保障金融安全发挥新作用，为国家预防和打击洗钱及相关犯罪作出新贡献！

中国人民银行副行长　郭庆平

2016 年 7 月 11 日

目　　录

第三部分　　反洗钱国际经验借鉴

第四部分　　反洗钱技术基础探讨

附　录

第一部分　反洗钱政策制度探讨

《北京反腐败宣言》背景下
金融情报机构职能的发挥

张旭辉

2014 年，APEC 第 22 次领导人非正式会议通过了《北京反腐败宣言》（以下简称《宣言》），建立了亚太经合组织反腐败执法合作网络（ACT—NET），并高度重视金融情报机构（FIU）在反腐败和国际追赃方面的作用。中国人民银行是 ACT—NET 中方联络成员单位之一，我国 FIU——中国反洗钱监测分析中心（以下简称反洗钱中心）是人民银行直属机构，因此，《宣言》与中国人民银行工作有直接关系，应予充分重视。

一、《宣言》重视发挥 FIU 的潜在价值

《宣言》明确提出："针对《联合国反腐败公约》、《联合国打击跨国有组织犯罪公约》、经济合作与发展组织、金融行动特别工作组、亚太反洗钱组织等旨在促进执法、检察、监管和金融情报单位之间有效开展双边、区域或国际合作的现有机制，视情况深入发掘其所具备的潜在价值。"

FIU 作为反洗钱和反腐败机制的重要组成部分，通过操作分析和战略分析、国内和国际情报交流以及加强可疑交易报告体系建设等，在腐败线索预警发现、案件调查、资产追回等方

面发挥着积极作用。尤其是在前期调查或情报收集阶段，FIU 是相关金融信息在报告机构和执法机构之间传递的桥梁和信息枢纽，金融情报是反贪部门重要的情报来源。打击跨境腐败需要密切及时的国际合作，FIU 之间有效的信息交流机制是实质性司法协助和追回腐败所得的"前哨"，金融情报机构收集、分析并用于交换的情报虽不能作为诉讼证据使用，但可以追踪和定位资产，减少执法和司法资源投入，提高追赃效率。

二、FIU 在反腐败和国际追赃方面发挥作用的必要保障

FIU 在反腐败和国际追赃方面充分发挥作用需要一系列配套机制和保障。

（一）安全可靠的国际金融情报交流渠道

国际追赃离不开国际层面的情报交流。FIU 间负有互相提供通过公共渠道可能无法获取的有关主体及其资金交易情况信息的重要职责。而安全可靠的交流渠道和机制是确保金融情报快捷、保密传输的基础设施。

（二）共享互动的国内机构协作机制

反腐败机构在接收利用金融情报的同时，也应当为 FIU 提供与腐败案件有关的信息，如公职人员身份信息、可疑交易报告的调查或者诉讼结果，这将有助于 FIU 开展进一步的操作分析和战略分析，有助于改善信息交换的方式，提高金融情报的针对性和契合度，也有助于支持 FIU 与对口机构之间开展对等情报交流。

（三）高效运作的可疑交易报告体系

报告机构上报的可疑交易报告是 FIU 开展工作的基础，其

报告质量直接决定着金融情报的准确性和有效性。相应地，报告机构提高其发现与腐败有关交易的能力也需要 FIU 提供强有力的指导和培训。

（四）廉洁正直的内部管理制度和文化

鉴于 FIU 自身的廉洁对于与国内反腐败机构尤其是国际 FIU 之间互信关系的建立以及敏感情报信息交流框架的可信度具有决定性影响，因此 FIU 应在内部采取降低腐败风险的措施，培育廉洁正直的管理文化，并确保 FIU 履职所必要的物质保障和自主性，免受外界不当影响。

三、反洗钱中心在 ACT—NET 框架下的职责和挑战

根据 2002 年 APEC 第 10 次领导人非正式会议宣言的要求①，我国于 2004 年正式成立了金融情报机构——中国反洗钱监测分析中心。根据相关法规，反洗钱中心依法履行与境外有关机构交换信息、资料的职责。截至 2014 年 11 月，反洗钱中心已与 24 个国家（地区）签署了金融情报交流合作谅解备忘录（MOU），其中包括俄罗斯、日本、韩国、新加坡、马来西亚、泰国、墨西哥、中国香港等 10 个 APEC 成员。实践中，反洗钱中心曾根据境外情报掌握了已被判刑贪腐人员在境外的资产状况并通报有关部门，为境外追赃提供了重要线索。

虽然境外金融情报交流在我国的反腐败和境外追赃工作中有很大的潜力和利用空间，但目前金融情报交流的覆盖面还较

---

① 2002 年，在墨西哥洛斯卡沃斯召开的 APEC 第 10 次领导人非正式会议通过了《领导人关于反对恐怖主义和促进经济增长的宣言》，要求各成员在 2013 年 10 月之前成立或确认成立金融情报机构，并采取措施加强与其他金融情报机构间的信息共享。

窄，与外逃贪官青睐的许多发达国家尚未建立正式的合作交流关系；情报传输渠道的保密性有待进一步提高，流转周期较长，有些反馈缺乏实质内容；且反洗钱中心目前掌握的信息有限，难以充分满足境外对口机构的协查需求，影响了情报交流的对等性和可持续性。

四、工作建议

（一）加快促成与 APEC 相关成员签署金融情报交流合作谅解备忘录

目前，反洗钱中心虽与 10 个 APEC 成员签署了 MOU，但是案值大、身份高的贪腐官员青睐逃往的发达国家中有部分国家尚未与我国建立正式情报交流机制。我们应借助 ACT—NET 平台的优势，尽快促成与上述国家 MOU 的签署，为发挥金融情报交流机制在反腐败和追赃方面的作用提供持续化、长久化的制度保障。

（二）推进反洗钱中心加入埃格蒙特集团相关工作

金融机构间的国际合作组织——埃格蒙特集团成员身份有助于 FIU 之间的合作，并且其安全网络（ESW）为情报交流和经验共享提供了安全通道。在效率和速度方面，埃格蒙特框架下的金融情报交流机制优于正式的刑事司法互助。FATF "新40 项建议"要求"FIU 应申请加入埃格蒙特集团"。反洗钱中心正稳步推进加入埃格蒙特集团的进程。

（三）进一步落实《反洗钱法》有关规定，实现反洗钱信息共享

FIU 发挥在反腐败和资产追回方面的作用，应以履行监测

分析职责所必要的信息保障为基础。目前，反洗钱中心应进一步扩大信息获取渠道，积极推动落实《反洗钱法》关于国务院反洗钱行政主管部门为履行反洗钱资金监测职责可以从其他部门机构获取必要信息的相关规定，深化部门间协作，建立双向互利的信息共享机制。

（2014 年 11 月）

关于大额交易报告中
现金交易有关问题的思考

李培东

当前，我国面临的洗钱和恐怖融资形势日趋复杂，作为洗钱和恐怖融资重要方式之一的现金交易仍具有较高风险。FATF建议 10 释义将现金密集业务列为潜在的高风险要素，《金融机构洗钱和恐怖融资风险评估及客户分类管理指引》也指出，"现金业务容易使交易链条断裂，难以核实资金真实来源、去向及用途，因此现金交易或易于让客户取得现金的金融业务具有较高风险"。现金的匿名性加之我国民众的现金使用偏好使其极易被犯罪分子利用，通过现金清洗贪污、贿款以及以"蚂蚁搬家"形式向境外转移资产、大量现金流入地下钱庄等非法活动屡见不鲜，加强大额现金交易管理具有现实必要性和紧迫性。为有效打击洗钱及其上游犯罪，根据中国人民银行职能，结合国际标准以及我国实际情况，本文就大额交易报告中现金交易有关问题进行研究并提出个人的思考意见。

一、法规梳理

反洗钱措施是加强现金管理的重要手段，加强现金监管是反洗钱工作尤其是反洗钱国际标准和国内外反洗钱立法的重要内容。

（一）国际标准

FATF 建议从风险因素、客户尽职调查、电汇以及现金跨境运送等方面体现了对大额现金交易进行严格监管的理念。

1. 对金融机构的要求。FATF 建议 10 要求"各国应当要求金融机构在出现下列情形时采取客户尽职调查措施：……（ii）进行一次性交易：（1）超过适用的规定限额（15000 美元或欧元）……"

为防止犯罪分子通过现金的跨境物理运送来清洗犯罪所得，FATF 建议 32 释义 B3 规定，所有跨境运送超过预定限额（最多 15000 美元或欧元）现金或不记名可转让金融工具的人，应向指定主管部门如实申报。

2. 对特定非金融机构的要求。除金融机构外，特定非金融机构洗钱行为也往往借助现金交易实现。FATF 建议以及 FATF 第四轮评估标准同样规定了特定非金融机构的客户尽职调查以及可疑交易报告标准。FATF 建议 23 规定，"当贵金属和珠宝交易商从事规定金额及以上的现金交易时，应当报告可疑交易"。FATF 评估标准 22.1 指出，"规定交易金额是指赌场——3000 美元/欧元、贵金属和珠宝交易商设计的现金交易——15000 美元/欧元"。对不动产中介、律师、公证人、其他独立法律专业人士及会计师，信托和公司服务提供商未明确规定报送限额，宽泛规定从事上述专业领域特定活动时即履行报告可疑交易义务。此外，FATF 一项关于通过珠宝交易进行洗钱和恐怖融资的研究报告指出，基于珠宝交易的报告义务取决于各国，尽管如此，在报告采集的 17 个样本国家中已有 6 个国家制定了标准，其中 4 个国家的报送起点低于 10000 美元。可以看出，FATF 评估标准对特定非金融机构大额现金交易管理提出了更严格的要求，相应的报送起点较金融机构更低。

（二）主要国家和地区立法经验

1. 欧盟《关于防止利用金融系统洗钱和恐怖融资的指令》（2005 年）指出，"大额现金支付被反复证明极易受洗钱及恐怖融资活动利用……所有以商业形式从事商品交易的自然人和法人，当其接受此类现金支付时，都应受本指令约束。在任何情况下，若支付的现金达到或超过 15000 欧元时，则受本指令约束。"该《指令》适用金融机构，也适用会计师、公证人、房地产中介以及博彩服务提供者等特定非金融机构。

《关于防止利用金融系统洗钱和恐怖融资的指令提案》（2013 年）进一步要求，"为增加警惕性和减轻现金支付带来的风险，从事商品交易的自然人或法人应受本指令约束至如下程度：支付或接收的现金达到或超过 7500 欧元。各成员国可决定采取包括更低限额在内的更严厉的规定"。第 10 条规定，"成员国应确保报送主体在以下情况下适用客户尽职调查措施：……（b）当执行金额等于或高于 15000 欧元的偶然的交易时，……（c）对商品交易的自然人或法人，当执行金额等于或高于 7500 欧元的偶然的交易时，……（d）对博彩服务商而言，当执行金额等于或高于 2000 欧元的偶然的交易时……"

2. 美国《爱国者法案》第 365 条规定，当任何参与非金融业务的人在一项交易或两项以上相关交易中收到超过 10000 美元的现金时，都应当按规定向金融犯罪执法网络报告。

《美国财政部金融犯罪执法网络规章》1010.311 规定，除赌场外，各金融机构须对以下交易提交报告：现金交易金额超过 10000 美元的存款、取款、兑换或者其他支付、转账业务。

1010. 330 规定，商贸活动中超过 10000 美元的现金交易报告，任何人在商务或者贸易活动中收到单笔或相关多笔款项总额超过 10000 美元的，应提交现金交易报告，有特殊规定情况除外。

3. 澳大利亚《金融交易报告法案》规定超过 10000 澳大利亚元的可疑交易、现金交易或者等值外币交易，报送机构须向澳大利亚交易报告和分析中心（AUSTRAC）提交大额现金交易报告。

4. 加拿大金融情报机构 FINTRAC 发布的《向 FINTRAC 电子报送大额现金交易报告指引》3.2 规定报送机构需要报送单笔或者单日累计 10000 加拿大元以上的现金交易。报送机构不仅包含金融机构，也包含会计师、贵金属和珠宝商等特定非金融机构。

5. 香港地区《打击洗钱及恐怖分子资金筹集指引》4.1.11a 规定，"认可机构如替非账户持有人办理现金交易，……如交易总值涉及相等于 12000 港元或以上，或是属于不寻常的交易，则应要求存款人出示明确的身份证明文件，机构亦须将该等文件的副本存档。"

6. 台湾地区"金融机构对达一定金额以上通货交易及疑似洗钱交易申报办法"规定，金融机构对单笔现金收付或换钞交易达新台币 50 万元（含等值外币）的通货交易，应向"法务部"调查局申报。值得注意的是，此前的"一定金额"为新台币 100 万元。

另据相关新闻，俄罗斯财政部限制大额现金支付法律草案拟分两个阶段实施，自2014年1月1日起现金支付60万卢布为限，一年后额度降为30万卢布。新西兰新的反洗钱草案要求，新西兰人每次向海外转账超过1000纽币或操作超过10000纽币的现金交易时，报告机构应当报告。

通过上述摘述，将各国和地区对大额现金交易报送标准汇总如下：

国家/地区	金融机构对大额现金交易的报送标准	备注
FATF建议	15000美元（约合人民币93094元）	
	15000欧元（约合人民币101719元）	
欧盟	7500欧元（约合人民币50859元）	由15000欧元约束至更低的7500欧元
美国	10000美元（约合人民币62063元）	
加拿大	10000加元（约合人民币49650元）	
澳大利亚	10000澳元（约合人民币48903元）	
中国香港	12000港元（约合人民币9603元）	
中国台湾	50万新台币（约合人民币99036元）	由之前的100万新台币降至50万新台币

注：适用2015年3月25日当日汇率。

根据上表，主要反洗钱国际组织以及国家和地区规定的金融机构对大额现金交易的报送起点基本位于12000港元至15000欧元之间，折合人民币为9603—101719元，呈现越来越低的趋势。

（三）我国现金管理相关规定

国内现金管理制度方面，目前施行的主要是1988年的《现金管理暂行条例》及《现金管理暂行条例实施细则》，其中诸多规定已不适应当前经济金融发展。目前，中国人民银行正会同财政部等有关部门修订《现金管理暂行条例》，并于2015年向国务院提请审议《现金管理条例（修订送审稿）》（银发〔2015〕2号）。据了解，新的现金管理制度的核心就是限制、减少现金的使用，转变传统的现金使用偏好。

在货币出入境以及外汇现钞管理方面，人民银行规定出入境人员每人每次携带的人民币限额为2万元。《个人外汇管理办法实施细则》第十四条、第十五条、第三十一条规定境内外个人持外币现钞汇出当日累计超过等值10000美元的，向外汇储蓄账户存入外币现钞当日累计超过等值5000美元的，凭真实性凭证在银行办理。第三十条规定个人提取外币现钞当日累计超过等值10000美元的，凭有效证明材料向外汇局事前报备。《携带外币现钞出入境管理暂行办法》规定出、入境人员携带外币现钞超过等值5000美元的应当向海关书面申报或申领"携带证"由海关验放。

同时，《税收征管法修订草案》（征求意见稿）中专设信息披露一章，其中，第三十一条规定，从事生产、经营的单位和个人向其他单位和个人单次给付现金达到五万元以上的，应当按照规定向税务机关提供相关信息。第三十二条规定，银行对账户持有人单笔资金往来达到五万元或者一日内提取现金五万元以上的，应当按照规定向税务机关提交相关信息。此举旨在限制利用大额现金交易规避税收征管漏洞，对于调整大额现金交易报送起点以完善反洗钱监测分析有借鉴意义。

从国内规定看，减少现金使用日益成为趋势。在此背景下，如何加强大额现金管理成为监管部门关注的热点问题之一。

二、关于大额现金报告标准的讨论

如上所述，大额现金交易报告制度作为防范现金交易洗钱风险的有效途径，已被相关国际标准以及主要国家和地区的反洗钱立法确立执行，虽然各国关于大额现金交易报告的起点略有不同，但总体呈收紧趋势。面对日益复杂的洗钱和恐怖融资犯罪形势，在我国是否应降低大额现金交易报告标准也引起关注。如曾有研究者建议，拟将大额现金交易报送标准由"单笔或者当日累计人民币交易 20 万元以上或者外币交易等值 1 万美元以上的……现金收支"调整为"单笔或者当日累计人民币交易 5 万元以上或者外币交易等值 1 万美元以上的……现金收支"。

但另一些研究者认为该起点偏低，理由：第一，随着经济的发展、居民财富的增加、消费水平的提高，以及长期以来的现金偏好，单日 5 万元现金交易在我国发达地区已成为普遍的、正常的交易行为，如按此标准上报则会产生大量无效信息，影响数据实用性和参考价值。第二，降低报送起点将增加金融机构创建交易报告的负担，难以实现将有限的反洗钱人力资源和工作精力重点配置在洗钱及涉恐线索的分析报告方面，有悖于风险为本理念。第三，降低报送起点将增大金融机构信息工作量。一是导致大额交易报送数据量激增；二是短期内频繁发生现金收付的可疑交易数据是基于大额标准采集的，大额标准调低后，可疑交易数据量也将会增加。第四，对中国反洗钱监测分析中心的监测分析系统运行可能造成更大压力。

也有研究者认为：第一，经济发展及消费水平的提高并不必然导致大额现金交易频繁发生，相反，在经济发展水平提高的同时，层出不穷的移动支付工具也便利了交易的开展，居民的现金使用偏好正逐步发生转变。根据中央银行近 5 年统计数据，流通中现金（M_0）占货币和准货币（M_2）的比重逐年下降，且 M_0 的供应量增幅远低于 M_2 增幅。在这种趋势下，降低大额现金交易报送起点也可以符合风险为本理念。第二，我国现行20万元报送标准与国际一般标准及趋势不符。主要代表性国际组织及国家（地区）规定的金融机构对大额现金交易的报送标准限额位于折合人民币9603—101719元的区间，且总体呈现降低趋势。第三，报送数量激增、成本增加等问题与报送标准金额高低关联性不大。研究[1]表明导致大额交易报告数量巨大、成本增加的主要原因是现有逻辑运算规则不合理，同时调高现行金额标准将严重影响交易的分析结果。二号令同时拟对报告要素进行优化，使报告标准明晰化、便于执行，将缓解由于报送起点降低导致的上述问题。第四，反洗钱监测分析系统升级换代能有效应对大额交易报送数据量激增的顾虑，另据了解，部分商业银行的反洗钱监测分析系统升级工作也正在积极开展。建议在系统升级换代过程中由技术部门对系统能力进行深入研究，以确定有效应对降低报送起点可能引发的问题所需的软件、硬件条件。

针对上述讨论，笔者认为：第一，应确定合理的报送起点。通过分析上述反馈意见、借鉴其他国家和地区经验，并结合我国实际情况，为顺利通过FATF第四轮评估，建议以FATF评估标准为依据，明确特定非金融机构的范围，并相应规定特定非金融机构的现金交易报送起点应较金融机构报送起点更低。第二，有效应对降低报送起点后的相关问题。

（2015年3月）

---

① 《大额交易报告标准设置中两个重要问题的探讨》，载《反洗钱前沿问题研究》，21 - 23页，中国金融出版社，2014年12月第一版。

金融集团跨境共享可疑交易信息的国际做法及启示

张旭辉

美国拥有国际化程度最高的金融市场，以银行业为例，据美联储统计，截至 2013 年底，共 95 家银行业金融机构在美国境外开立了 976 家分支机构；有 50 个国家或地区的 166 家外资银行在美国开设了 188 家分支机构和代表处。在本土的金融机构"走出去"与境外的金融机构"驻进来"过程中，金融集团内部跨境共享反洗钱/反恐融资信息（以下简称反洗钱信息）问题自然成为美国反洗钱监管部门重点关注的领域。反洗钱信息的范围包括客户、账户和交易信息等基础信息以及有关可疑交易报告（美国称为可疑行为报告 SAR），但因可疑交易报告涉及保密问题，且报告机构向本司法辖区金融情报机构上报可疑交易报告是一国"主权"的体现，因此，可疑交易报告能否以及如何在金融集团内部跨境共享需要明确的监管指引。

一、美国监管机构关于金融集团内部跨境共享可疑行为报告指引的主要内容

美国金融情报机构金融犯罪执法局（FinCEN）与其他金融监管部门先后发布四个指引文件，对不同机构与其分支机构

或附属机构共享可疑行为报告的目的、方式、要求和例外情形等进行了详细的规定。

（一）禁止和允许披露的对象及内容

金融行动特别工作组（FATF）在1990年首次发布的建议中就明确，"金融机构及其负责人、管理人员和雇员应当依法严禁向外界泄露向金融情报中心报告可疑交易或相关信息的事实。"美国《银行保密法》及FinCEN发布的有关规定要求"可疑行为报告应当保密"，禁止可疑行为报告的填报人员向可疑交易可能涉及的任何人员披露可疑行为报告或表明可疑行为报告存在的相关信息。

但是法规同时明确，在不向可疑交易涉及的人员透露相关交易已经被报告的前提下，金融机构应依要求向FinCEN、联邦、州或当地的执法部门以及相关监管部门和自律性组织披露可疑行为报告，也可以在集团内部共享可疑行为报告的基础信息，即所涉及的客户及具体交易信息。

（二）有关金融集团内部共享可疑行为报告的政策演变

2006年之前，FinCEN以及美国其他金融监管部门在是否允许金融机构与集团内部的实体共享或披露可疑行为报告或相关信息的问题上态度并不明确。全球化背景催生了《关于与总部及控股公司共享可疑行为报告的联合指引》（*Interagency Guidance on Sharing Suspicious Activity Reports with Head Offices and Controlling Companies*）、《关于证券经纪商、期货经纪商和商品经纪人共享可疑行为报告的联合指引》（*Guidance on Sharing Suspicious Activity Reports by Securities Broker - Dealers, Futures Commission Merchants, and Introducing Brokers in Commodities*）的

发布。①

上述两个指引认为，经充分考虑总部、控股方为进行集团层面的风险管理和合规经营而对分支机构全面监管的履职需要，金融机构可以向其母公司或控股方共享可疑行为报告，而不论该母公司或控股方位于美国境内或境外。

上述两个指引只是明确了分支机构可以向其总部（"向上"）披露可疑行为报告，并未解决总部是否可以向其分支机构分享可疑行为报告（"向下"）的问题。

FinCEN 及相关金融监管部门在上述两个指引基础上，又于 2010 年 11 月 23 日发布了《关于证券经纪商、共同基金、期货经纪商和商品经纪人与特定美国附属机构共享可疑行为报告的联合指引》（*Sharing Suspicious Activity Reports by Securities Bro-ker - Dealers，Mutual Funds，Futures Commission Merchants，and Introducing Brokers in Commodities with Certain U. S. Affiliates，FIN - 2010 - G005*）和《关于存款机构与特定美国附属机构共享可疑行为报告的联合指引》（*Sharing Suspicious Activity Reports by Depository Institutions with Certain U. S. Affiliates，FIN - 2010 - G006*）②，进一步明确，为了便于分支机构或附属机构③确认可疑行为，填报可疑行为报告的金融机构可以将可疑行为报告或表明可疑行为报告存在的其他信息与其分支机构或附属机构共享，但前提是该分支机构或附属机构也受可疑行为报告规则的约束；另外，禁止可疑行为报告多层次共享，即收到可

---

① 2006 年 1 月 20 日，由 FinCEN 和相关金融监管部门联合发布。

② 2011 年 1 月 3 日生效。

③ 金融机构的附属机构是指金融机构持有其 25% 及以上表决权的股份或控制其多数股东选任的机构。

疑行为报告或相关信息的主体不得再将该报告或相关信息披露给其总部或分支机构。

综上，如果总部和分支机构或附属机构都位于美国境内，可以进行可疑行为报告或相关信息的双向共享。如果总部和分支机构或附属机构分别位于美国或境外，则只允许单向（"向上"）共享，具体为：外国金融机构在美国的分支机构可以向其位于美国境外的总部或控股方共享可疑行为报告；而美国金融机构在境外的分支机构被视为外国金融机构，不受美国可疑行为报告规则的约束，美国金融机构不得将可疑行为报告或相关信息披露给位于美国境外的分支机构。

（三）保密规定和例外情形

收到可疑行为报告或相关信息的金融机构总部或其分支机构可能面临直接或间接披露这些信息的情形，因此，金融机构的反洗钱计划必须包含书面保密协议或安排，要求其总部或分支机构通过适当的内控措施确保可疑行为报告或相关信息的保密性。

向位于美国境外的金融机构总部或控股方披露可疑行为报告或相关信息，还需考虑境外法律对信息披露的要求及境外实体的保密能力，因此也需要金融机构在保密协议或安排中明确，接收方不得再次披露可疑交易报告或相关信息，但可以不经允许披露可疑行为报告的基础信息，即所涉及的客户及具体交易信息。

即使根据上述指引，如果金融机构有理由相信可疑行为报告或相关信息可能会被披露给报告涉及的主体，则不应当在集团内共享这些信息。

（四）跨境共享可疑行为报告的价值

2014 年 1 月 7 日，美国 FinCEN 因摩根大通银行未能报告伯纳德·麦道夫欺诈案①相关可疑交易报告而对其罚款 4.61 亿美元，该银行美国总部与其跨国分支机构之间对高风险客户信息沟通不畅是未能提交可疑行为报告的重要原因。摩根大通银行伦敦分支机构曾在 2008 年两次向英国的金融情报中心——有组织犯罪署（SOCA）提交涉嫌伯纳德·麦道夫资金的可疑交易报告，但直到该人被捕，摩根大通银行美国总部的反洗钱部门并不了解其伦敦分支机构报送关于该人可疑交易报告的情况，未采取措施控制其投资证券公司账户上的资金。该案例表明，金融机构共享风险客户信息，尤其是可疑行为报告信息，将有助于金融集团全面分析信息，强化合规程序，避免法律和运营风险；也有助于提高集团对分支机构或附属机构执行客户尽职调查、监测交易活动以及填报可疑交易报告的管理能力和水平。

此外，跨境共享可疑行为报告也有助于金融情报机构、执法部门和监管者获取更多的信息，构建更加有效的可疑交易报告体系和程序。特别在协助报告机构及有关部门有效识别恐怖融资、准确锁定跨国犯罪集团的关系、及时发现和追缴腐败犯罪所得等方面的价值尤为突出。

---

① 1970—2008 年，伯纳德·麦道夫设立了伯纳德·麦道夫投资证券公司，通过借旧还新方式吸引投资者投入资金，在长达 20 年的时间里精心炮制了美国有史以来最大的一宗证券欺诈案，涉案金额超过 200 亿美元，对成千上万的投资者造成了巨大的经济损失。2008 年12 月伯纳德·麦道夫被捕，2009 年 6 月，被判处 150 年刑期。摩根大通从 20 世纪 80 年代中期以来，与伯纳德·麦道夫投资证券公司一直保持业务往来，是该公司的主要开户银行，但摩根大通银行美国总部未能有效报告可疑交易。

二、相关国际标准及其他国家的主要做法

FATF 重视金融机构在推进国际化经营战略过程中的风险管理。其"新四十项建议"第 18 项（内部控制、境外分支机构和附属机构）明确，各国应当要求金融集团制定出于客户尽职调查和洗钱/恐怖融资风险管理目的的信息共享制度和程序；以及出于反洗钱需要，分支机构和附属机构应向集团合规、审计和（或）反洗钱部门提供客户、账户和交易信息。据此，金融行动特别工作组推行的是集团内"向上"共享基础信息的最低要求。

埃格蒙特集团（Egmont Group）进一步扩大金融集团共享反洗钱信息的范围，倡导金融集团共享可疑交易报告及相关信息。

关于可疑交易报告的跨境共享，除了上述美国采用的集团内"向上"共享的方式外，法国采取了仅在特定司法辖区间共享的方式。根据法国《货币和金融法》（*Monetary and Financial Code*）的规定，如果法国的金融情报机构认为 A 国已有充分的法律法规保障跨境共享可疑交易报告的安全保密等，则法国的金融机构就可以向位于 A 国的其集团总部或分支机构、附属机构共享可疑交易报告。法国经济部部长列举了可与法国共享跨境可疑交易报告的国家（地区）清单：除欧盟和欧洲经济区国家（冰岛、列支敦士登、挪威）外，还包括阿根廷、澳大利亚、巴西、加拿大、中国香港、日本、墨西哥、新西兰、新加坡、南非、瑞士和美国。

澳大利亚采取了限于特定报告机构间共享的方式。根据澳

大利亚《反洗钱和反恐融资规则释义（2007 年第 1 号）》的规定，"特定企业集团"（Designated Business Group）内成员间可以共享可疑交易报告信息。如果澳大利亚主管部门认为 A 银行具有稳健的政策、程序和控制措施，并在评估认可其所属金融集团的相关措施后，可允许 A 银行在其所属的金融集团内共享可疑交易报告。

三、我国有关法律法规现状

我国现行反洗钱法规涉及金融机构境外分支机构的内容仅限于要求"境外分支机构遵循所在国家或地区反洗钱方面的法律规定，协助配合住在国家或者地区反洗钱机构的工作"，并未包含有关信息共享的内容。相关的指引性文件，如《关于加强跨境汇款业务反洗钱工作的通知》（银发〔2012〕199 号）及《关于金融机构在跨境业务合作中加强反洗钱工作的通知》（银发〔2012〕201 号），也多从风险等级划分、强化尽职调查等方面加强对金融机构的监管指导；《涉及恐怖活动资产冻结管理办法》更是明确要求，金融机构和特定非金融机构不得擅自向境外有关部门提供客户身份信息和交易信息。

总之，我国相关法规并未涉及金融机构在公司（集团）框架下与境外分支机构的反洗钱信息共享问题，与美国、澳大利亚、法国等国关于跨境信息尤其是可疑交易报告共享问题的规定缺乏针对性的回应。我国金融机构能否以及如何获取境外分支机构的反洗钱信息，以及外国金融机构在我国分支机构能否以及如何向其母公司或控股方披露可疑交易报告都亟待监管机构予以明确。

四、工作建议

（一）监管部门应重视对金融机构跨境共享反洗钱信息的监管指导

我国金融机构加速"走出去"战略进程，据统计，截至2013年底，18家中资银行业金融机构共在海外51个国家和地区设立1127家分支机构。另外，外资银行持续参与我国市场的有效竞争。截至2013年底，共有51个国家和地区的银行在华设立42家外资法人机构、92家外国银行分行和187家代表处。[①] 在国际化背景下，监管部门也应当关注金融集团跨境共享反洗钱信息问题，要求金融集团制定信息共享的制度和程序，这既是FATF的基本要求，也是我国顺利通过第四轮互评估的重要条件。关于金融集团内部跨境共享反洗钱信息的范围，尤其是跨境共享可疑交易报告的方式，也需要监管机构借鉴美国、澳大利亚、法国等国的经验，结合我国实际，出台相关指引性文件。

（二）金融机构应加强与境外分支机构的反洗钱信息共享

金融集团内部共享高风险客户可疑交易报告信息对金融机构在集团层面进行客户尽职调查、防范风险跨境传递、及时制止洗钱行为发生等合规经营具有重要意义，这也是在各国反洗钱监管趋严背景下有效避免法律风险的合理选择。在国际化的经营格局下，我国在欧美的中资金融机构在国外需要遵守的反洗钱、反恐融资和国际制裁的规定越来越多，境外监管压力不断波及境内金融机构总部。因此，金融机构要增强"境内境外

---

① 统计数据来自银监会2013年年报。

一盘棋"的意识，全面跟进业务和机构所在国的相关法规和政策要求，参照美国的做法，制定集团层面的反洗钱信息共享计划和书面协议，在安全保密的前提下，充分掌握相关制裁名单、高风险客户及有关可疑交易报告情况，从而在集团层面做好风险防控和可疑交易识别及报告等工作。

（三）要重视获取境外反洗钱/反恐融资信息途径的研究

洗钱、恐怖融资及相关犯罪的国际化特征日益显著，获取跨境洗钱/恐怖融资信息对一国开展相关犯罪的调查、追诉及追赃工作具有基础性意义。我国目前的重点工作，如国际追逃追赃、反恐、禁毒等，都将通过各种途径获取境外信息作为重要环节和内容。获取跨境洗钱/恐怖融资信息的途径因主体和发展阶段不同主要表现为金融集团内部的信息共享、金融情报机构之间的交流合作及司法部门间的司法协助。这些途径之间的关系，以及如何协调配合、相互补充，以更好地发挥境外信息为我所用的价值都值得进一步深入研究。

（2015 年 5 月）

中资银行的反洗钱制裁合规风险应予关注

刘　云

随着我国商业银行海外业务发展步伐不断加快，中资银行面临的反洗钱国际监管压力与日俱增。除客户身份识别、资料保存、异常交易报告和风险评估等基本要求外，经济与贸易制裁项目的落实情况日益成为国外反洗钱监管当局检查和处罚的重点。目前除中资银行外，全球排名前十的国际大型银行均曾遭遇美国监管部门的反洗钱处罚，这在很大程度上与违反有关经济与贸易制裁项目有关。

一、中资银行海外机构在制裁合规方面的挑战

经济制裁指一个国家或国际组织出于外交或国家安全目的，停止或限制与制裁对象有关的贸易和金融往来，手段包括全面中止贸易、禁运特定物资（Embargo）、限制人员入境以及冻结制裁对象的资产等。经济制裁的主要目的是作为一种替代战争的手段，通过与盟友一起断绝与某个国家的经济往来，给对方施加压力，期望不通过战争能达成普通外交手段难以取得的效果。

进入 21 世纪以来，恐怖主义活动日益严重，成为国际社会一大公害。部分国家大量使用经济制裁手段对从事恐怖主义活动或对恐怖主义进行资助的个人、组织和国家展开全方位打击。特

别是近几年，银行业成为各国执法的主要对象，汇丰银行、渣打银行、德意志银行等跨国银行均被某些国家反洗钱监管当局以违反制裁规则为由进行巨额处罚。2014 年，法国巴黎银行向某国监管部门支付 89 亿美元和解，创下反洗钱处罚最高纪录。

从商业银行角度，制裁合规管理是指银行为防范交易的直接或间接关联方涉及被联合国、本国政府、美国财政部海外资产管理办公室（OFAC）及各境外机构驻在国（地区）政府发布的制裁名单而被相应国家主管当局以反洗钱名义问责，通常采取名单筛查、加强客户身份识别、对名单主体进行交易限制等一系列风险控制措施的合规管理行为。制裁合规管理已成为跨国银行反洗钱合规工作的重中之重。

中资银行的反洗钱合规日益成为各国监管的重点。据英国媒体报道，2015 年 6 月，意大利检察官拟起诉中国银行米兰分行，近 300 人涉嫌洗钱。来自佛罗伦萨的检察官宣称，通过卖淫、制贩假冒商品、偷逃税务和劳工剥削所得的 45 亿欧元（约合 51 亿美元）从意大利转入中国，中国银行从中获利 75 万 8 千欧元。交易总数高达数百万笔，且金额都在会触发洗钱检查的 2000 欧元限额以下①。2015 年 7 月，中国建设银行与美国监管部门签署和解协议，要在 60 天内向监管机构提供一份符合监管机构要求、改善建设银行纽约分行客户识别系统的计划，包括改进过的客户风险评估机制、有效的政策、程序和内部控制，以确保该行通汇代理账户符合必要的客户识别尽职调查程序；对客户信息及账户的定期检查和评估，以确保客户信

---

① 详见 BBC 报道：Bank of China fraud：Italy seeks trial for 300 people，2015 年 6 月 21 日，http：//www. bbc. co. uk/news/world – europe – 33214450。

息及时、完整，风险档案准确反映实际情况等①。中国银监会在2016年3月发文要求金融机构加强境外机构管理，"严格遵守所在地法律法规、监管规则、税收、反洗钱及环境保护等方面的要求，关注境外资源、劳务用工、宗教以及文化习俗等方面对业务开展可能造成的影响"②。

二、中资银行海外机构应遵循的国际反洗钱标准

金融行动特别工作组（FATF）制定的"40项建议"是各国在反洗钱领域共同遵循的国际标准。与金融集团海外分支机构经营有关的内容主要是国外分支机构（建议18）、电汇（建议16）、代理行（建议13）等内容，引述如下。

（一）国外分支机构和附属机构

建议18. 内部控制、国外分支机构和附属机构③（原建议15和建议22）

金融机构应采取反洗钱和反恐怖融资措施，金融集团应在集团层面采取反洗钱和反恐怖融资措施，包括在集团内共享反洗钱与反恐怖融资信息的政策和流程。

金融机构的境外分支机构和控股附属机构应采取反洗钱和反恐怖融资措施，并确保与母国在集团层面按照落实FATF建议采取的措施相一致。

对第18项建议进一步的解释如下④：

---

① 详见参考文献［2］。
② 详见参考文献［3］。
③ 参考文献［4］，第18页。
④ 参考文献［4］，第78页。对建议的解释（Interpretive Notes）在2015年10月版中较前期有修订。

1. 金融机构采取的反洗钱和反恐怖融资措施应包括：

（a）制定内部政策、流程和控制措施，包括适当的合规管理安排，以及招募员工时进行充分的审查以保证高标准；

（b）持续开展员工培训；

（c）对整个工作机制的开展独立审计。

2. 拟采取的措施类型和适用范围应与洗钱和恐怖融资风险、业务规模相匹配。

3. 合规管理安排应包括在管理层中任命一位合规官。

4. 金融集团的反洗钱和反恐怖融资措施适用于集团所有的分支机构和控股附属机构。这些措施，按照上述（a）至（c）款的要求，应适合所有分支机构和控股附属机构的业务，并确保在分支机构和控股附属机构层面得到有效落实。这些措施应包括客户尽职调查和洗钱、恐怖融资风险管理相关的信息共享原则和流程。出于反洗钱与反恐怖融资目的，必要时应发挥集团层面的合规、审计和/或反洗钱与反恐怖融资作用，对分支机构和附属机构的客户、账户和交易信息进行审查。建立保密制度，对信息交换进行充分的保护。

5. 对于海外机构，如果当地反洗钱与反恐怖融资要求没有母国的要求严格时，在法律许可的范围内，金融机构海外分支机构和控股附属机构应落实母国的要求。如果当地法律不允许采取上述措施，金融集团应采取适当的特别措施来管理洗钱和恐怖融资风险，并通知其母国监管部门。如果特别措施仍然不够时，母国监管当局应考虑采取特别监管行动，包括对金融集团进行特别控制，必要时应要求金融集团停止在当地的经营活动。

（二）电汇业务

建议 16. 电汇（原特别建议 VII）

各国应确保金融机构在办理电汇和处理相关报文时，按规定填写准确的汇款人和收款人信息，并在支付链条保留这些信息。

各国应确保金融机构对电汇进行监控，若发现电汇交易缺少规定的汇款人和收款人信息时，应采取适当的措施。

各国应当确保金融机构在处理电汇过程中按照联合国安理会有关决议，如第 1267（1999）号决议及其后续决议、第 1373（2001）号决议中有关防范、打击恐怖主义和恐怖融资的规定，采取冻结措施，禁止与指定个人和实体进行交易。

（三）代理行

建议 13. 代理行（原建议 7）

建立跨境代理行及其他类似的业务关系时，除采取常规的客户尽职调查措施外，还应要求金融机构做到：

a. 充分收集代理机构信息，以全面了解代理机构的业务性质，并通过公开信息判断代理机构的信誉和监管质量，包括是否因洗钱或恐怖融资遭受调查或采取监管行动；

b. 评估代理机构的反洗钱与反恐怖融资控制制度；

c. 在建立新的代理业务关系之前，获得高级管理层的批准；

d. 明确每个机构的对应职责；

e. 关于"过路账户"，确信代理行已对直接使用代理行账户的客户实施了客户尽职调查，且代理行能够应委托行的要求提供其通过客户尽职调查获取的有关信息。

应禁止金融机构与空壳银行建立或维持代理行关系。应要求金融机构确信代理机构不允许空壳银行使用其账户。

此外，客户尽职调查（建议 10）、政治公众人物（建议 13）以及偷逃税务、贸易洗钱等也是各国反洗钱监管当局重点关注领域①。

三、国际监管借鉴

从监管角度看，各国对外国银行在本国的分支机构和附属机构的监管大致遵循了 FATF 有关建议所述原则。这里简要介绍一下美国监管当局对外国银行在美机构的监管，以及新加坡和我国香港地区对贸易洗钱的监管指引。

（一）美国对外国银行分支机构的监管

美国联邦和州监管部门按照风险为本的方法，建立了一套全面而复杂的监管体系。根据联邦金融机构检查委员会（Federal Financial Institutions Examination Council，FFIEC）发布的《外国银行组织美国分支机构和代理机构检查手册》②，达到一定规模或其他标准的分支机构和代理机构每 18 个月要进行一次检查，由银行牌照颁发机构、存款保险机构等监管部门共同商定检查计划。反洗钱检查按照单独制定的《银行保密法和反洗钱与反恐怖融资检查手册》进行，包括检查范围的确定、评估风险、实施合规项目和形成检查结论四个主要环节③。反洗

---

① 以美国为例，参考文献［5］中罗列了汇丰银行长期存在严重反洗钱缺陷、违背 OFAC 禁令、清算可疑旅行支票等 7 大方面问题，第 10 页 A. Findings。

② 参考文献［6］，该检查手册覆盖了外国银行所有检查项目，分为风险管理、运营控制、合规、资产质量等，类似国内银监部门的检查。

③ 参考文献［7］，检查方案分为 CORE EXAMINATION 和 EXPANDED EXAMINATION 两类，这里仅仅概要介绍了前者，后者更为复杂，包括更多内容。

钱检查从审核银行的洗钱风险评估开始，判断是否覆盖了所有风险领域，包括新产品、服务，或客户、实体和地区，判断银行对洗钱风险的定期评估是否充分；如果尚未进行风险评估或评估不够充分，则检查者将进行风险评估；检查者将与银行管理层讨论，详细记录洗钱风险档案和任何已经发现的缺陷。

（二）新加坡和中国香港对贸易融资反洗钱的指引

2006 年 FATF 指出，贸易洗钱是当今世界洗钱和恐怖融资的主要方法[①]。中国银行米兰分行被起诉也凸显了贸易洗钱问题给银行带来的合规风险。从目前各国监管当局发布的文件看，该领域最为细致全面的规则是新加坡金管局（Monetary Authority of Singapore）和中国香港银行业协会分别于 2015 年 10 月和 2016 年 2 月发布的针对贸易融资的反洗钱指引。

新加坡的指引分为贸易融资和代理行业务两大部分，前者包括贸易融资行业风险评估、尽职调查、制裁控制、贸易洗钱控制、交易监控和可疑交易报告、策略、流程和培训，后者包括对代理金融机构的尽职调查、对集团的尽职调查、对代理金融机构的持续监测。

中国香港则强调对贸易产品和服务进行分类，按照风险为本的方法，明确贸易相关的客户尽职调查要求、对贸易风险的分级处理程序、在自动化交易筛查系统之上的人工处理、对洗钱活动报告人员的要求、贸易融资洗钱的可疑交易报告要求等。

综上，国内银行和监管部门应提高对制裁合规的重视程

---

① Trade – Based Money Laundering – 2006，by FATF. http：//www.fatf – gafi. org/media/ fatf/documents/reports/Trade%20Based%20Money%20Laundering. pdf.

度，加强研究分析，妥善应对日趋严峻的反洗钱合规风险。

参考文献

［1］王腾：《制裁合规的矛盾》，载《中国外汇》，2014（2）。

［2］《中国建设银行纽约分行与美联储纽约州金融服务部和解协议》，文档编号：15－017－WA/RB－FB，15－017－WA/RB－FBR。

［3］《中国银监会关于进一步加强银行业金融机构境外运营风险管理的通知》（银监发〔2016〕5号），2016年3月。

［4］FATF. *The FATF Recommendations.* Updated October, 2015.

［5］美国参议院常设调查委员会：《美国在洗钱、毒品和恐怖融资方面的脆弱性：汇丰案例》. *U. S. Vulnerabilities to Money Laundering, Drugs, and Terrorist Financing：HSBC Case History.* 2012。

［6］Federal Financial Institutions Examination Council. *Examination Manual for U. S. Branches and Agencies of Foreign Banking Organizations,* 1997.

［7］Federal Financial Institutions Examination Council. *Bank Secrecy Act/Anti－Money Laundering Examination Manual,* 2014.

［8］Monetary Authority of Singapore. *Guidance on AML CFT Controls in Trade Finance and Correspondent Banking.* Oct. , 2015.

［9］The Hong Kong Association of Banks. *Guidance Paper on Combating Trade－based Money Laundering（final）.* Feb. , 2016.

（2016年4月）

积极应对中资银行
境外机构反洗钱合规问题

王　策

近年来，在"走出去"战略推进下，我国金融机构的海外布局节奏加快，所面临的反洗钱合规风险[1]也逐渐显现。美国和欧盟一些国家，不断以反洗钱为手段给中资银行境外机构制造"麻烦"，其负面影响不容小觑。我国金融机构应按照国际标准全面提高反洗钱合规管理水平，应对国际反洗钱监管提出的新挑战。

一、中资银行为提升境外金融服务质量加快国际布局

"提高金融服务实体经济的效率"是我国"十三五"规划中金融体制改革的一项重要内容。在中国企业"走出去"战略积极推行的背景下，为对接企业需求，提升全球服务能力，中资银行的国际化进程逐渐加快。

截至 2016 年 4 月，我国 20 家中资银行业金融机构共在 53 个国家和地区开设了 1200 多家海外分支机构，总资产达 1.5 万

---

[1]　按照 COSO 和巴塞尔协议的框架，商业银行反洗钱属于操作上的合规风险。合规风险是指银行因未能遵循法律法规、监管要求、自律性组织制定的规则等遭受法律制裁或监管处罚，造成财务损失或声誉损失的风险。

亿美元①。其中，以工商银行和中国银行为代表的部分大型中资银行已初步形成了较为完备的全球服务网络，如工商银行境外网络已拓展至全球 43 个国家和地区，同时，其通过参股南非标准银行，间接覆盖非洲 20 个国家②；中国银行在 37 个国家和地区提供国际化金融服务，已在 9 个国家和地区担任人民币清算行③。此外，其他中资银行也以多种形式（如与境外金融机构签署金融合作协议等）积极开拓海外市场，加快国际化布局。如国家开发银行去年分别与俄罗斯的储蓄银行、外贸银行、外经银行三家金融机构签署金融合作协议，共同支持中俄经贸合作项目的发展④。

　　中资银行国际化布局的加快，为服务中国企业"走出去"提供了有力支持。2013 年，中国南车中标南非 95 台机车，2014 年又中标 459 台机车，该项目涉及 58 亿南非兰特（约合 30.2 亿元人民币）的保函得到了中国银行约堡分行支持⑤。2015 年 1 月，农业银行为中铁集团承建莫桑比克纳卡拉铁路走廊铁路项目办理了 6000 万美元项目贷款。此外，农业银行还助力圣元集团在法国布列塔尼亚地区投资建立年产 9 万吨婴幼儿基粉工厂项目，为其发放了 2000 万欧元"走出去"贷款⑥。2016 年 3 月，工商银行为海南航空集团公司筹组 9.1 亿美元银团贷款，用于海航并购瑞士国际空港服务公司。为支持电信设

---

　　① 　数据来源于中国银行业协会发布的《2014 年度中国银行业社会责任报告》。

　　② 　数据来源于《中国工商银行 2015 年度报告》。

　　③ 　数据来源于《中国银行 2015 年度报告》。

　　④ 　国家开发银行官网，http：//www.cdb.com.cn/xwzx/khdt/201512/t20151210_640.html。

　　⑤ 　数据来源于《人民日报》，2015－05－20。

　　⑥ 　数据来源于新华网，http：//www.bj.xinhuanet.com/hbpd/jrpd/jrpd/2015－03/19/c_1114696504.htm。

备供应商"走出去"，建设银行在 2009—2014 年累计为华为、中兴通讯办理出口信贷项目近 50 个，提供融资近 1 亿美元，有力地保障了项目的顺利进行。

二、中资银行境外反洗钱合规风险不断升级

伴随着中资银行国际化进程的纵深推进，其境外机构越来越受到所在国监管当局的关注，多家银行被曝境外反洗钱合规管理存在问题。

2015 年 7 月，美联储要求中国建设银行纽约分行[①]采取更多行动打击洗钱行为。美联储认为该分行"存在反洗钱缺陷"，最终双方签署反洗钱和解协议。该协议对可疑交易报告提出了"完善可疑交易监控规则""确保高管层对可疑交易报告相关信息能够有效跟踪、报告和复核"等七项整改要求，中国建设银行为此需支付巨大的合规成本。

2015 年 8 月，意大利检察官控告中国银行米兰分行[②]，认为其在 2006—2010 年的 4 年间，协助相关人士将超过 45 亿欧元涉嫌逃税等非法所得汇往中国。被起诉的人大部分是生活在意大利的华人，包括中国银行米兰分行的 4 名高管人员。2016 年 3 月 17 日，该案在意大利佛罗伦萨举行了首场预审听证会，结果不甚乐观，媒体普遍认为若该行选择庭外和解，将缴纳巨额和解金。

2016 年 2 月，西班牙国民警卫队搜查中国工商银行马德里

---

① 中国建设银行纽约分行成立于 2009 年 2 月，是建设银行在美洲设立的第一家分支机构。

② 中国银行米兰分行本部设在米兰，于 1998 年 12 月 18 日开业，是第一家进入意大利市场的中国金融机构。

分行并逮捕包括其分行原行长在内的 6 名员工，称其在没有根据法律查清资金来源的情况下，向西班牙的中国犯罪团伙提供金融服务，将他们通过走私、逃税、欺诈和剥削劳工所赚取的钱用看似合法的方式转回中国。目前，经多方争取和努力，被羁押人员已全部获保释，但后续结果仍然不容乐观。

三、积极应对中资银行境外机构反洗钱合规问题

近年来我国反洗钱工作成果显著，2012 年 2 月金融行动特别工作组通过中国反洗钱与反恐怖融资互评估后续报告，标志着中国反洗钱与反恐怖融资工作达到了国际通行标准，成为第一个达标的发展中国家。面对不断趋严的国际反洗钱监管态势，我们要主动作为，积极应对。

（一）利用 FATF 第四轮互评估促进金融集团反洗钱与反恐怖融资政策措施的协调统一

FATF 新建议第 18 条明确提出，各国应当要求金融机构确保其境外分支机构和控股附属机构通过金融集团整体反洗钱与反恐怖融资措施，执行与母国落实 FATF 建议相一致的反洗钱与反恐怖融资要求。我国正处在 FATF 第四轮互评估的准备阶段，从目前境外监管处罚所反映的问题看，中资银行的境外分支机构普遍存在"反洗钱内控措施不到位、客户尽职调查不充分、未能发现可疑交易和高风险客户"等共性问题。据此，反洗钱监管部门应加强与相关金融机构的沟通，监督和引导其切实整改已暴露的问题，提高反洗钱相关风险防控能力，避免在评估中失分。

（二）做好特定国别反洗钱监管政策研究

金融机构的境外分支机构一般按照集团总部要求，遵循属

地监管法规开展反洗钱工作，当属地反洗钱监管要求与其总行反洗钱规定不一致时，要求境外机构遵循"孰严原则"，即按照更高的标准落实反洗钱要求。现阶段，我国金融集团在反洗钱合规管理方面有较完善的制度体系，但有些分支机构在境外开展业务时间较短，对所在国家（地区）反洗钱监管情况缺乏细致研究和应对策略。因此，国内监管机构、FIU 等应利用广泛参与国际交流的有利条件，与开展境外业务的金融机构一道，系统、深入地开展特定国别的反洗钱问题研究，以金融机构总部为切入点，通过"总部"带动"分支"，促进金融机构及其境外分支机构反洗钱水平的整体提升，更好地持续助力实体经济"走出去"。

（2016 年 4 月）

FinCEN 注重发挥执法部门与
报告机构间桥梁作用

陈 婕

2015 年 5 月 12 日，美国金融犯罪执法局（FinCEN）举办了第一届年度执法表彰会，邀请报告机构代表出席。会上，FinCEN 对六家执法单位进行了表彰。这些执法部门在分析可疑活动报告线索、第三方洗钱、跨国有组织犯罪、网络犯罪、重大欺诈和跨国公共安全威胁六个方面展示了《银行保密法》数据在打击金融犯罪领域中的使用价值。FinCEN 负责人强调："FinCEN 在过去的 25 年中发挥了执法部门和报告机构间的桥梁作用，现在需要让更多人了解这种伙伴关系的重要性。"

一、FinCEN 数据接收与使用情况

《银行保密法》数据主要包括"现金交易报告"和"可疑活动报告"（本文统称《银行保密法》数据）。2014 年 FinCEN 接收现金交易报告 1500 万份，可疑活动报告 170 万份，同时 FinCEN 也接收美国政府部门的其他各种数据。

目前，《银行保密法》数据已逾 1.9 亿条记录，而且以每日 5.5 万份的数量不断增加。FinCEN 允许全美逾 350 家机构超 1 万名的执法人员、分析员及调查人员通过授权最大限度地使用《银行保密法》数据进行调查和起诉。据统计，每日查询量

约为 3 万次。

二、《银行保密法》数据对执法部门的意义

《银行保密法》数据可协助执法部门拓宽调查范围，找出潜在犯罪关联人，挖掘隐藏的金融交易关系，如通过地址和电话号码展示犯罪活动或恐怖活动中看似无关的参与者，有时甚至能够直接确定嫌疑人所在地。以反恐为例，FinCEN 的合作伙伴每天都在为此使用《银行保密法》数据。2014 年，美国联邦调查局（FBI）约有 16% 的在侦案件和《银行保密法》数据有关。其中，《银行保密法》数据和 FBI 在侦的 42% 的贩毒案件、33% 的跨国有组织犯罪案件、32% 的复杂金融犯罪案件以及 18% 的跨国恐怖案件相关。

《银行保密法》数据有助于识别重要关系、模式和趋势。《银行保密法》数据揭示犯罪分子及其金融交易网络间的关系，使执法部门可锁定潜在犯罪行为，并使用惩戒手段来打断犯罪分子利用金融交易来运作和融资的非法行为。另外，《银行保密法》数据也揭示了犯罪活动、恐怖活动及其他潜在威胁的模式和趋势，可使执法部门集中力量使用其资源。

《银行保密法》数据有助于国际情报交流，便利 FinCEN 获得其他国家（地区）金融情报中心（FIU）的情报协助。

三、FinCEN 在数据使用价值反馈方面面临的问题

报告机构对自己提交 FinCEN 的《银行保密法》数据的价值及其处理情况非常关心，希望 FinCEN 能够及时反馈接收各类数据的后续使用情况。FinCEN 为此做了很多努力，但又面

临一些技术和法律障碍，如执法部门的调查工作往往需要数年时间才可完成，在此期间各种调查资料和调查手段必须保密；法律禁止不适当泄露《银行保密法》数据；同时还要考虑信息安全和报告机构员工人身安全等因素。正因为如此，FinCEN此次采取灵活方式，以表彰会形式促进执法部门与报告机构间的沟通交流。

四、金融情报中心应发挥执法部门与报告机构间的桥梁作用

加强反洗钱数据使用情况的后续反馈，对增强报告机构的责任意识，改进反洗钱数据报送工作十分必要。中国反洗钱监测分析中心应充分发挥执法部门与报告机构之间的桥梁作用，既要及时了解执法部门对反洗钱数据的价值评价，又应保持与报告机构密切沟通，从而形成报告机构—金融情报中心—执法部门三位一体的良性互动。

（2015 年 6 月）

FinCEN 通过向执法机构颁奖彰显
金融机构上报数据对执法工作的重要意义

易晓晶

2016 年 5 月 12 日，美国金融犯罪执法局（FinCEN）首次向在刑事调查中使用《银行保密法》（BSA）报告的执法机构颁发"执法奖"。此举目的一是承认执法机构有效利用 BSA 报告数据实现成功起诉，二是用具体证据向金融行业展示 BSA 报告数据价值。

FinCEN 局长 Jennifer Shasky Calvery 在颁奖仪式上表示："在国家警务周颁发这些奖项正当其时。感谢执法机构通过典型案例承认金融机构提供信息的价值，并向金融机构提供反馈。25 年以来，FinCEN 发挥了金融行业和执法机构之间的桥梁作用，我们需要让更多的人了解这样的伙伴关系多么重要。"

奖项包括六个类别，分别授予五种打击显著威胁金融系统完整性和社会安全的成功案例，以及一个源于可疑行为报告审核组或行动组的案例。

一、可疑行为报告审核组或行动组类别

获奖者：波士顿警察局

BSA 数据提供的线索帮助美国国税局领导的波士顿可疑

行为报告审核组发现了一个涉及数百万美元的庞氏骗局，这也是自臭名昭著的查尔斯庞氏骗局以来该市最大的一起庞氏骗局。最初 BSA 报告显示的是一些较小金额的交易，当地执法机构认识到了对公众的危害，抓住 BSA 报告数据进一步调查，发现了涉嫌结构性洗钱交易的证据。至少有 42 个受害者在这个骗局中损失超过 1000 万美元。此案的重点之一是，检察机关在所有受害者意识到自己上当以前就起诉了被告。此外，此案还是检察机关根据当时新颁布的洗钱法规实施冻结银行账户资金的第一案。被告声称是与房地产开发商合作，承诺向受害者支付 8% 的利息，以筹集资金解决其难以获得常规贷款的难题，但被告将筹集的资金用于奢侈生活和赌博。操作此骗局的涉案金融公司老板被判处 10—12 年有期徒刑，其配偶被判处 2 年有期徒刑，其子被判处 2 年有期徒刑。Fin-CEN 通过此案表明，所有的 BSA 数据都是有价值的，无论交易金额多大。

二、第三方洗钱者类别

获奖者：国土安全调查（HSI），纽约宝藏行动组

这个案件强调了壳公司如何被利用转移非法资金。通过利用 BSA 数据和秘密调查行动，纽约宝藏行动组成功摧毁一个高度复杂的跨国洗钱和医疗保健欺诈组织，这个组织利用一家同伙的货币服务机构、多家壳公司、前 J－1 签证持有人的美国银行账户，以及律师骗取了政府机构和医疗机构数千万美元。BSA 数据为调查行动提供了重要线索，例如，关于嫌疑人的 BSA 报告确定了嫌疑人之间利用多家企业互相多次签署支票，

所有签名者都于近期申请社会保险号码（SSN），所有企业都是同一个登记地址，BSA 报告显示虚假交易者事实上并没有真正的交易。识别了这些欺诈意图的报告是有价值的。宝藏行动组发现该组织包括一家货币服务机构、近 30 家壳公司、一家大型医疗诊所网络，以及耐用医疗设备的供应商。该阴谋包括代表医疗诊所和设备供应商，用欺诈性账单与保险公司签署无责任事故申报，借助保险公司的理赔收据，欺诈者向错综复杂的壳公司签发支票，这些壳公司看起来与医疗行业相关，但事实上没有合法业务，并且是用早已离境的外国学生名字注册，这些学生曾获短期签证在美国学习。此案调查结果是刑事逮捕 7 人，起诉 13 起，9 起判决，没收近 340 万美元。

三、跨国有组织犯罪类别

获奖者：国土安全调查（HSI），缉毒署洛杉矶严重贩毒区（HIDTA）内部收益服务刑事调查组

本案由南加利福尼亚毒品专案组严重贩毒区组发起，起初是一家警觉的金融机构提交 BSA 报告，指向一涉及黑市比索兑换的国际洗钱活动。在调查过程中，BSA 数据将金融交易和调查对象关联，通过分析 BSA 数据，调查组发现被调查公司的银行账户在该公司完全没有业务的地区接收到结构性现金存款。此案成为加利福尼亚中心地区的首起黑市比索兑换洗钱案件，案件涉及多个顾客规避金融报告要求，利用黑市比索兑换进行无照货币转移业务。这是墨西哥西纳罗亚贩毒集团和哥伦比亚洗钱分子的跨国非法活动。此案同时还是另一起黑市比索兑换调查的触发点，该调查最终于 2014 年 9 月在洛杉矶的服装街区

查获了毒品和超过 1 亿美元现金。虽然在调查过程中会有很多调查手段，但 BSA 数据有力地支持了对犯罪分子的起诉，本案最终有 9 人被定罪为洗钱等相关犯罪。

四、网络威胁类别

获奖者：国土安全调查（HSI），纽约

纽约国土安全调查（HSI）宝藏行动组参加了正在进行的一个调查行动，对象是一家叫做"自由储备"的哥斯达黎加公司，该公司提供数字货币。超过 20 家金融机构报告了大量 BSA 数据，巨大的资金交易给调查者带来难度。"自由储备"便利了国际犯罪，因为它为非法金融交易的个人提供匿名服务，它允许犯罪分子使用数字货币收付款项，这些款项涉嫌包括儿童色情书刊、庞氏骗局、盗取身份和信用信息、毒品和其他违禁品等非法活动。"自由储备"专为在网络空间洗钱而设计并使用，从 2009 年到 2013 年，估计有 60 亿美元的"自由储备"货币在这个平台交易。2013 年 5 月，FinCEN 确认"自由储备"为主要洗钱关注目标，这也是 FinCEN 首次对数字货币提供商执行这项权力。"自由储备"和它的经营者在世界各地的账户存有上千万美元，根据没收令及限制令，美国有关机构冻结了总共近 4000 万美元。

五、重大诈骗类别

获奖者：美国海军刑事调查服务（NCIS）

仅仅依靠 BSA 数据，NCIS 的这次调查就发现了巨额贿赂案，涉及几个同伙和上千万美元的纳税人资金。这个合同诈骗始于一个项目官员以不续签政府合同为威胁索取贿赂，在这个长达 15 年的阴谋中，成千上万的人失去工作，政府损失达数百万美元，仅仅 14 个月内就有 28.1 万美元可疑资金流向嫌疑人账户。调查拖延了好几年，直到一份 BSA 文件被调查人员确认与一名嫌疑人的可疑交易有关。被告人被判受贿罪，返还政府近 2000 万美元。没有关键的 BSA 数据，这个毁灭性的阴谋可能还会延续更久、带来更大损失。

六、跨国安全威胁类别

获奖者：美国检察官办公室，佛罗里达州南区

这个来自美国检察官办公室佛罗里达州南区的案例说明 BSA 数据如何与其他刑事调查手段交互，完全呈现恐怖主义物资支持和其他威胁金融犯罪活动的全貌。这个案件始于 2008 年的 BSA 数据，数据指向一个后来因向巴基斯坦塔利班提供物资支持而被起诉的个人。被告为支持塔利班反叛分子在巴基斯坦西北部争取更大控制权的斗争，输送资金到巴基斯坦。BSA 数据非常关键，揭露了犯罪分子从美国转移资金到巴基斯坦过程中利用的复杂多样的手段，每一个手段都是为掩盖和支持他的活动。调查者发现了至少三种手段：一是从美国电汇资金到巴基斯坦，在当地有一个同伙接收并管理资金；二是转移美国银行签发的现金支票到巴基斯坦银行，在当地有同伙可以取出支票；三是家庭成员和美国其他旅客携带大量现金到巴基斯坦。可疑行为报告的叙述帮助解释了资金如何从美国转移到巴基斯坦。此案的时效性证明了 BSA 数据在打击巴基斯坦塔利班的行动中具有相当重要的作用，

因为 BSA 记录的重要信息对收集其他证据十分重要，这些数据使调查人员意识到犯罪分子利用了电汇的手段，并且揭露了具体的银行核心账户。案件显示，当 BSA 数据与其他资源一起被执法机构使用时，能有效打击恐怖主义支持网络，并降低其他的公共安全风险。

（2016 年 5 月）

第二部分　洗钱犯罪类型学探讨

电子红包赌博呈扩大态势

连 军

在移动支付行业快速发展的背景下，2014 年以来微信、支付宝、百度等网络经营商推出的"电子红包"产品也发展迅猛[①]，朋友间互发"电子红包"已成为社交网络的新时尚。但是，"电子红包"在给大家带来欢乐和便捷的同时，也为违法犯罪提供了新的空间，尤其是在拼手气群红包[②]推出之后，一种新型的电子红包赌博开始逐渐蔓延网络并呈扩大态势，长期发展下去对社会的危害不可小觑。

一、红包赌博概况

根据《最高人民法院、最高人民检察院关于办理赌博刑事案件具体应用法律若干问题的解释》（以下简称司法解释）第一条及第二条规定，组织 3 人以上赌博，抽头渔利数额累计达到 5000 元以上；或参赌人数累计达到 20 人以上；或赌资数额累计达到 5 万元以上的，属于《刑法》第三百零三条规定的为"聚众赌博"范畴；以盈利为目的，在计算机网络上建立赌博

[①] 2014 年除夕，微信红包收发总量仅为 0.16 亿个，至 2016 年除夕，这一数字快速增加至 80.8 亿个；支付宝红包发展虽略逊于微信红包，但即便如此，2016 年除夕当天，支付宝通过"咻红包 传福气"活动发放的红包金额也达 8 亿元之多，而 2014 年春节 7 天，这一金额才仅为 2 亿元。

[②] 是一种随机性红包，即用户设定好总金额以及红包个数，发到社交群后，抢红包者抢到的金额不确定，由系统生成，具有较强的随机性。

网站，或者为赌博网站担任代理，接受投注的，属于《刑法》第三百零三条规定的"开设赌场"行为。

根据上述司法解释，目前以微信、支付宝为工具，组织建立社交群，成员超过 3 人，从事以盈利为目的且金额达到规定标准的红包游戏均可认定为红包赌博。但由于电子红包是一种合法且流行的支付产品，加之具有匿名性、跨地域性及收付款灵活性等特点，相比常规赌博形式，其隐蔽性更强、涉众面更广、更难以被发现并侦破。

据媒体报告，2015 年 8 月，浙江台州警方破获全国首例以"微信代发红包"形式进行赌博的特大案件。涉案 300 余人，遍布北京、上海、广东、河南、江苏、福建等 10 余个省市，涉案赌资累计超过 1000 万元。同年 11 月，广东揭阳破获一起微信红包赌博案件，团伙组织者共有 6 人，参赌人员达 2480 名，涉及广东、广西、福建等地，涉案金额高达 1.2 亿余元，是目前全国警方已破获的利用微信红包进行赌博涉案金额最大的案件。其他类似新闻也屡见于报端。

二、红包赌博类型

一般地，红包赌博先由群主（或庄家）建社交群并加若干网络好友，再由群好友继续邀请他人进入。人数扩大到一定规模后，由庄家设定游戏规则并严格执行。以微信红包为例，目前红包赌博主要有两种类型：

（一）接力型红包赌博

接力型红包赌博由庄家发出第一个拼手气红包，发送红包的金额及个数固定（金额由 20 元到上百元不等，一般分 4 到

5 个包），按照抢到的红包金额最小或其他形式（如抢到金额的最后两位数字相加最小等）确定下一个发红包玩家。庄家可以随时参加抢红包活动（即变相从红包中随机抽成）。以金额最小接力红包为例，如果庄家抢金额最小红包时，可以免发，由倒数第二小的玩家接力，庄家通过这种随机抽成赚取收益。在个别接龙游戏过程中，庄家为了刺激更多人参与，会规定给抢到具有某种特定意义金额（如 11.11 元、8.88 元、9.99 元等）的玩家额外的大额奖励，但由于在拼手气红包中出现这种金额的概率极低，因此庄家基本能确定奖励支出且不致亏损。

此外，由于发送红包有限额要求[①]，如果玩家发红包金额超过系统限额，可由庄家代发红包，此时玩家需先利用"AA 收款"或"转账"功能向庄家转账，转账金额为红包金额加代包费用（代发红包时庄家一般收取比例不等的抽头，称为代包费）。庄家收到款后便可代发红包，赚取代包费。

（二）押大小型红包赌博

押大小型红包赌博接近现实中的骰子游戏，即以抢到红包的金额（即获得的"骰子"点数）作为赌注的一种赌博方式，每次由庄家发一个小金额红包，如 1 元红包，分成 4 个或 5 个包发，规定第 3 个（这个数由庄家在赌局开始前规定）抢到红包的金额尾数为开奖号，并设定每个数的赔率。玩家在庄家发红包前通过微信红包或转账功能将押注金额转给庄家，押注金

---

① 微信红包和支付宝红包均有额度限制，微信红包未绑定过银行卡限额为单笔单日 200 元，单月 500 元。绑定过银行卡限额为单个红包限额 200 元，单笔支付限额 5000 元，同一银行卡单笔单日限额 15000 元。支付宝所有现金类红包总金额每日不得大于 20 万元，且该额度与转账共享（即如果当日已经转账 5 万元，则只能发送 15 万元额度的红包，且所有红包共享这份额度）。

额大小没有限制。庄家发红包开奖后，玩家只要猜中开奖号码（细分为大小、单双或者具体数字），就可以按照约定赔率获得倍数不等的收益。反之，押注金额则归庄家。

三、建议

赌博是我国法律严令禁止的行为。"电子红包"赌博一般10秒左右可完成一次游戏，频率较高，持续时间较长（个别群甚至24小时一直运转），借助社交网络传播迅速，社会危害性大。因此，应从反洗钱角度提早予以关注并加强监测与防控。

（一）加强对红包用户的身份识别能力

自2012年3月5日起施行的《支付机构反洗钱和反恐怖融资管理办法》第十条及第十一条规定，支付机构应"建立健全客户身份识别制度，遵循'了解你的客户'原则，……为客户开立支付账户时，应当识别客户身份，登记客户身份基本信息……"目前大部分支付机构通过绑定银行卡的形式对红包账户进行身份验证以达到履行客户身份识别义务的目的，这种形式虽在一定程度上遵循反洗钱相关规定，但其效力较弱，如微信红包用户绑定他人银行卡时，便能隐藏其真实身份。

此外，即将于2016年7月1日起实施的《非银行支付机构网络支付业务管理办法》依据使用范围对支付机构账户按照Ⅰ类、Ⅱ类和Ⅲ类进行区分，并对相应账户的客户身份识别提出要求，即除"以面对面方式核实身份"外，也可通过非面对面方式进行客户身份识别。非面对面情况下，Ⅰ类、Ⅱ类和Ⅲ类支付账户分别需要至少一个、三个和五个"合法安全的外部渠道进行身份基本信息多重交叉验证"。但由于该办法对

"合法安全的外部渠道"范围设定较宽泛，或存在一定规避空间，因此能否明显增强客户身份识别效果尚难定论。

综上，从遵循反洗钱"了解你的客户"原则考虑，建议支付机构在履行反洗钱正常客户身份识别程序外，对具有疑似赌博或其他洗钱犯罪活动的账户，应设置更严格的身份识别触发机制。即一旦触发某项参数，系统自动要求用户提供更多信息以便机构更好地了解客户。在用户未完成材料递交前，暂停业务的进一步办理或操作，从而提升客户身份识别能力，威慑相关犯罪活动。

（二）指导支付机构建设涉赌反洗钱模型并加强后续监测力度

从目前公布的已破获的红包赌博案中可看出，红包赌博的特点突出表现为群内聊天内容较少、红包发放频率较高、红包发放金额基本固定、红包发放时间较长、群成员间转账呈高频、高额等。结合上述特点，从反洗钱监测模型建设角度看，支付机构内部对红包赌博实现常态监测的可行性较高。

因此，建议加强对支付机构的报送指导，使其提高对红包赌博违法犯罪活动的监测力度。对于疑似涉赌的群或个人用户，应及时通报公安部门或形成可疑交易报告上报中国反洗钱监测分析中心。在基本确定涉嫌赌博时，可采取临时冻结账户等防范或限制措施，并联系公安部门采取进一步措施，避免社会危害的扩大化。

（三）做好针对用户的反洗钱宣传教育和风险提示管理

红包赌博基本依托社交工具和拼手气红包进行，但目前大部分社交工具（如微信、支付宝）中，很少有针对用户的反洗钱宣传教育，对于涉赌聊天内容及异常操作也缺少必要的风险提示。

结合红包赌博的特点，建议在用户聊天内容涉及赌博等相关词汇，或用户发放红包达到设定额度或频率时，系统可及时弹出风险提示，进行防范性安全警示教育。此外，也可通过社交工具对网络赌博的危害进行宣传，提高用户对网络赌博危害的认识，从而达到减少和防御红包赌博的目的。

（2016 年 3 月）

新三板协议交易潜在洗钱风险应予关注

黄　海

新三板全称为"全国中小企业股份转让系统"（National Equities Exchange and Quotations，NEEQ），新三板的设立取得了显著成效，是加快我国多层次资本市场建设发展的重要举措，对解决中小企业融资难、融资贵，促进经济转型升级，推动创新创业具有重要意义，但其交易也存在潜在洗钱风险。

一、新三板的发展现状

2012 年 9 月注册成立的新三板，是继上海、深圳证券交易所后，经国务院批准设立由中国证监会统一监管的第三家全国性证券交易场所，与上交所、深交所互为补充，成为多层次资本市场体系的重要组成部分。

表1　　　　　　　　　　新三板与沪深证券交易所的区别

	全国中小企业股份转让系统	沪深证券交易所
服务对象	创新型、创业型、成长型中小微企业为主	成熟期、成长期企业为主
风险包容度	较高	较低
投资者门槛	机构：500 万元 个人：500 万元	无要求（创业板有投资经验要求）
投资者构成	机构投资者为主、符合适当性的个人投资者	机构、个人并重
公司准入门槛	无财务指标，但有 5 个基本条件＋1 个兜底条件	较高的财务指标
交易制度	协议转让、做市商、竞价灵活选择	竞价交易
融资制度	小额发行豁免、储架发行等	允许公开发行

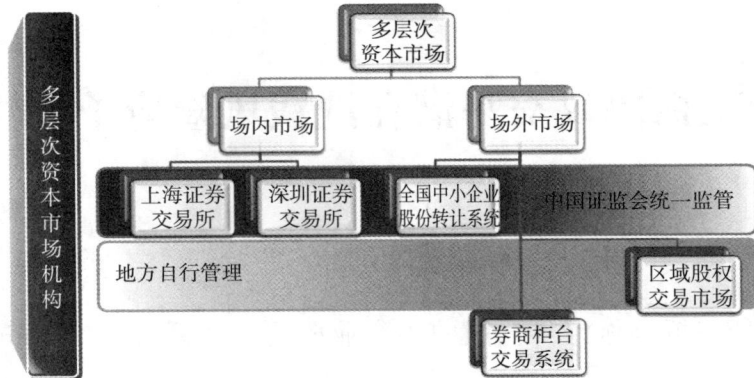

图1　多层次资本市场机构

新三板成立以来，发展迅速，成果显著。截至 2015 年末，新三板挂牌公司总市值达 2.46 万亿元。2015 全年，新三板公司股票发行次数 2547 次，融资金额达 1213.38 亿元。新三板市场交易虽然相较主板规模较小，但也较为活跃，2016 年 2 月最后一周的交易金额达到 26.99 亿元。

二、新三板的交易方式

《全国中小企业股份转让系统股票转让细则（试行）》曾明确提出，在交易机制方面，全国股转系统将并行实施做市、协议和竞价 3 种转让方式。目前新三板实际交易方式主要为两种：一是做市商制度，二是协议转让方式，两者区别较大。

（一）做市商制度

做市商制度就是以做市商报价形成交易价格、驱动交易发展的证券交易方式，一般为柜台交易市场所采用，在交易中做市商先要用自己的资金买进股票，然后再卖出。这些做法使得市场的流通性大大增强，增加了交易的深度和广度。

（二）协议转让方式

协议转让是由买卖双方在场外自由对接达成协议后，再通过报价系统成交，其具体又分为3种交易方式：定价买卖、成交确认买卖和互报成交确认买卖。"定价买卖"就是设定一只股票价格和数量直接委托出去，交易系统就立即将报单显示在交易软件上，除盘中会与成交确认申报成交外，在每个转让日15:00收盘时，会对价格相同、买卖方向相反的定价申报自动匹配成交。"成交确认买卖"就是交易者发现了交易软件上有合适的价格报单出现，交易者通过"成交确认买卖"的方式，先查到对方的8位数"约定序号"，填上对应的价格、数量和约定序号，再下单方可成交。同时交易对手的该单"定价买卖"单也就被动成交了。"互报成交确认买卖"是协议转让中的第三种交易方式，也就是近期媒体常说的"手拉手"交易方式。只有互报成交确认委托双方的证券代码、委托价格、委托数量、成交约定号相同，对手方席位、对手方账户与本方席位本方账户对应，且双方买卖方向相反，才能确认买卖。

三、协议转让交易中的异常交易案例

在协议转让交易方式下，由于部分新三板股票交易不活跃，买卖双方彼此的约定价格常常会对标的股票的市价带来重大影响。2015年4月22日，新三板市场曾出现16只股票同时以0.01元/股的价格成交的情况。由于协议转让交易方式的特殊性，新三板频繁发生异常交易，这其中潜在的洗钱风险不容小觑。

案例一：2015年4月22日，××招商公司股价出现大幅跳跃，盘中最高价 52 元/股，最低价 1.01 元/股，收于 4.86 元/股，暴跌 90.98%。之后，××招商公司发布公告称收到来自中国证监会的调查通知书，将对股价异动进行调查。

　　案例二：2015 年 7 月 30 日，自然人账户陈××以 1.15 元/股、1.18 元/股以及 1.16 元/股的价格从机构账户某进出口贸易有限公司分别买入了 8.8 万股、5.6 万股以及 3.3 万股盖特佳股票，合计 17.7 万股。而 7 月 31 日，陈××化身卖方以 9.51 元/股、9.55 元/股、9.53 元/股以及 9.42 元/股的价格，向该进出口贸易有限公司卖出了总计 17.7 万股盖特佳股票。8 月 3 日，交易重演，陈××再次以买方的身份以 0.88～1.05 元/股不等的价格，在该进出口贸易有限公司手中买入了 17.7 万股盖特佳股票，数量与 7 月 30 日的成交量相同。8 月 4 日，陈××又以平均 9.81 元/股的价格向该进出口贸易有限公司出售了 17.7 万股盖特佳公司股票。而同样的交易情况也出现在了新三板另外一只挂牌股票绿创环保身上。

四、协议转让交易中可能存在的洗钱手法

　　在 A 股市场曾经发生过通过股权交易方式对敲洗钱的案例，而频繁发生在新三板市场的超高价或地板价（甚至低至 0.01 元）成交现象，不能排除交易背后的洗钱可能性。如图 2 所示，乙有非法资金需要清洗，他可与甲达成协议，甲通过其控制的 A 账户，将某只股票以极低价格卖给乙控制的 B 账户，乙以银行转账或现金方式对甲进行补偿，之后乙把超低价购入的股票以市场正常公允的价格卖给其他交易者，这部分非法资金就成为合理合法的投资收益了。

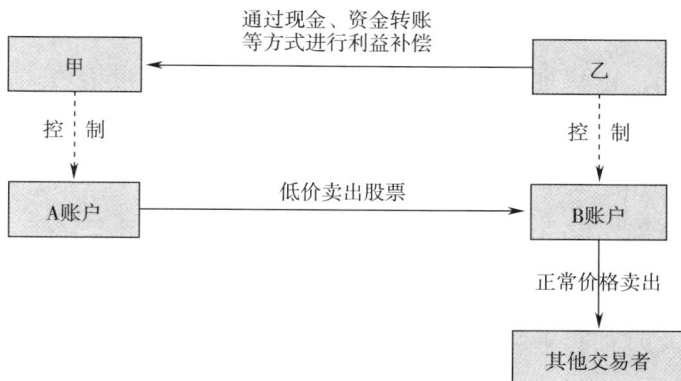

图2　协议转让交易中可能的洗钱手法

五、对策建议

新三板发展迅速，成果显著，其未来定位是"中国的纳斯达克"，创新空间很大，但对于其发展中的问题尤其是协议转让交易方式所潜在的洗钱风险应予关注。对这一隐患可通过加强客户身份识别、增加信息披露并建立异常交易登记备案制度等措施予以控制。

（一）加强客户身份识别

证券公司对于参与新三板的投资者应按照"KYC"原则，在客户注册和开户阶段充分掌握客户的背景信息，有效核实客户身份，了解商业行为，对交易的受益方、来源和资金用途以及考虑企业经营历史后的企业行为和交易形式的合理性作恰当尽职的调查，以便及时发现并向中国反洗钱监测分析中心报告可疑行为。

（二）增加信息披露

规定大宗协议交易的达成需要进行强化的信息披露，包括交易双方的身份资料、职业信息、联系方式、家庭住址或机构办公地址，不仅能降低利益输送和对敲洗钱的可能性，也能在一定程度上降低价格大幅波动给市场造成的不确定性。

（三）建立异常交易登记备案制度

针对新三板市场暴涨或暴跌的协议交易价格，全国中小企业股份转让系统有限责任公司应建立异常交易信息登记备案制度，并及时和行业监管部门、反洗钱部门有效沟通。如某次交易价格超过或低于前十个交易日平均价格的某个百分比，则应纳入异常交易信息库进行备案，对交易双方账户实际控制人的身份背景信息进行强化审查。

（2016 年 2 月）

P2P 网贷行业洗钱风险分析

黄　海

Peer – to – Peer Lending（以下简称 P2P 网贷）是近年来随着互联网兴起而出现的一种新型网络借贷模式，有助于借款人和出借人在互联网平台上直接成交、点对点借贷，节约了金融中介机构的运作成本，成为互联网金融"脱媒化"的典型代表。然而，在法律规范和监管缺位情形下，网络借贷平台对资金的来源和用途审核力度不严，缺乏客户身份识别手段，难以追踪可疑资金交易，存在诸多洗钱风险隐患。

一、P2P 网贷行业发展现状

中国的 P2P 网贷平台很大部分是由原来的民间融资机构转换而来。这些民间融资借助网络平台降低信息传播成本，触及原先无法接触贷款的人群，且因金融创新形式而更具诱惑性。

中国 P2P 网贷的迅速繁荣主要基于中国金融压抑的现状，金融体系主要控制在国有大型金融机构手中，中小企业的融资需求和消费信贷受到压抑，同时理财渠道也较缺乏，使得大量富余资金除银行存款外缺乏足够多的投资去向，于是门槛较低、交易快捷方便同时收益较高的 P2P 网贷适逢其时。

P2P 网贷在我国发展相当迅速。2014 年，据不完全统计，中国 P2P 网贷公司数量已有近 2000 家，贷款规模超于 1000 亿元人民币[①]；2015 年底，第一网贷数据显示中国 P2P 网贷成交额突破万亿元，达到 11805.65 亿元，同比增长 258.62%。

虽然 P2P 网贷平台的数量和交易金额均呈现快速增长趋势，但目前问题也不少。截至 2015 年 11 月，我国 P2P 网贷行业正常运营平台数量已超过 2600 家，但累计出现问题或已经消失的 P2P 网贷平台数量超过 1000 家[②]，给投资者造成巨大损失。

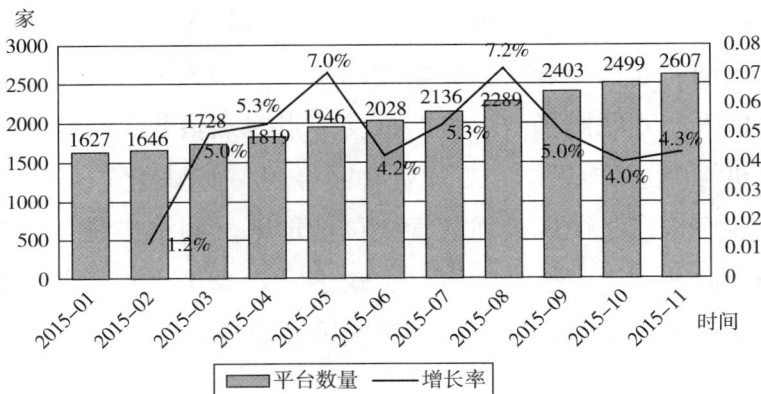

图 1 2015 年中国正常运营 P2P 网贷平台数

二、P2P 网贷典型模式分析及英美监管模式对比

在 P2P 网络借贷中，借贷双方不需见面或委托代理人，直接通过网络即可完成借贷过程，整个过程无须银行介入，只需在网络平台上完成注册和身份验证等程序后，便可通过网络借贷平台达成借贷意向，在借贷过程中的信用认证、清算、交割等流程均通过网络平台来完成。

---

① 彭冰：《非法集资与 P2P 网贷》，载《互联网金融与法律》，2014（3）。

② http://www.sootoo.com/content/659216.shtml，速途研究院数据。

P2P 网贷平台的交易流程通常如下：借款人在网站上注册成为会员，提供一系列身份证明及详尽的个人财务状况说明，通过审核后，就可以在网站上发布借款邀约，包括金额、利率和还款时间等（一般借款额最高可达 30 万元，低则数千元，还款期限最长 48 个月），再由有意贷款者竞标，竞标按照"价高者得"或"利低者得"原则，贷款者可以全额投标或部分投标。借款者筹集期间内，募集额满，借贷合同才生效，否则，借款计划流标。每笔成功的借款交易会明确利率并由网站自动生成一张电子借条，并通知借款人按约定向贷款人还本付息。对每笔成功的交易，网站按一定的比例（一般为 2% ~ 4%）收取成交服务费用、第三方平台转账费用以及逾期费用，交易量的大小决定了网站盈利水平。

P2P 网贷在中国的迅速发展，在某种程度上已经改变了国外 P2P 网贷的典型模式，发生变形：

（1）借款的主要类型不是个人的消费信贷，而是中小企业的生产融资。换句话说，P2P 网贷在中国不是个人对个人、点对点的借贷活动，而主要是用于满足中小企业的融资需求，具有商业贷款的性质，从 P2P 变成了 P2B（Peer – to – Business）。

（2）基于中国的信用环境，很多 P2P 网贷平台发展出线上和线下相结合的模式，线上吸引投资者，获取资金，线下寻找借款人，审核借款人信用。一些 P2P 网贷平台甚至以线下业务为主。

（3）为吸引更多投资者和资金加入，很多国内 P2P 网贷平台为投资者提供本金和收益担保安排。担保安排在实践中多种多样，有平台自身通过提取风险准备金提供担保，有引入担保公司提供，也有要求第三方提供，但都转换了借贷交易的信用风险。

在实际运作中，每个借款人借款的金额都很小，要求借款人履行公开集资的许可程序显然不可能，因此各国都只针对平台提出监管要求，下面以最早开展 P2P 网络借贷的美国和英国为例进行说明。

美国 SEC 将 P2P 网贷平台作为发行人，要求其必须在 SEC 注册发行。这一模式迫使几家在美国运行的 P2P 网贷平台改变了其运行模式。以 Lending Club 为例，其改变后的交易模式如下：（1）借款人在网站发布借款信息，投资者在网络上点击后达成借款意向；（2）当借款意向达成后，一家银行向借款人出借款项，并同时将债权转移给平台；（3）平台向同意借款的投资者发行附条件债券，条件是只有在该借款人还款时，平台才会向投资者还款；（4）平台向 SEC 提交借款人的相关信息作为信息披露资料。

英国 2013 年将 P2P 网贷移交金融行为监管局（Financial Conduct Authority，FCA）监管，该局于 2014 年 4 月 1 日正式将 P2P 网贷纳入监管范围，监管要求包括：（1）P2P 网贷平台必须获得牌照才能经营；（2）对于网贷平台设置最低准备金要求；（3）客户资金必须独立存管；（4）投资者获得足够的消费信贷方面的保护（包括网站必须清楚揭示风险，利率和费用的标示必须公平和明确，如果没有提供二级市场，出借人有权在 14 天内无理由、无惩罚地撤销贷款）；（5）平台必须准备好在平台破产时如何处理未到期债权；（6）纠纷解决机制；（7）平台必须定期向监管机构 FCA 提交报告。不过，英国要求 P2P 网贷必须发生在个人之间，对于商业借贷则适用不同的监管要求。

美国对 P2P 网贷的监管目前主要是通过要求网贷平台作为证券发行人必须到 SEC 履行公开发行注册程序。这一监管模式受到批评，因为其极大地增加了 P2P 网贷平台的运作成本①。而这一监管模式从本质来说，并没有改善投资者的境遇，因为借款人的信息本来就已经公布在网站平台上，投资者仍然暴露在借款人的信用风险之下，因为平台还款的条件是该借款人还款。但投资者同时还面临平台的信用风险。因为投资者并没有直接获得借款人的债权，因此一旦平台出现破产，投资者将和平台的其他债权人一起对借款人的债权享有权益。

英国对 P2P 网贷平台的监管则值得借鉴，其要求 P2P 网贷主要限制于个人借贷，平台不但要获得业务许可，还必须根据业务规模保留最低准备金，客户资金要独立存管。网贷平台应当对于自己破产时如何处理未到期债权有事先的安排，并且考虑到 P2P 网贷业务还在发展过程中，业务模式很可能还有新的发展和创新，监管规则要求平台必须定期向监管当局提交报告，以便监管当局掌握实践的发展情况。

三、P2P 网络借贷存在的洗钱风险

目前，网络借贷平台不仅缺乏客户身份识别手段，还缺乏履行交易记录保存和可疑交易报告的责任意识，网络交易平台的隐蔽性、匿名性、即时性更加大了监管部门追踪资金流向的

---

① 据统计，因为借款人众多，美国两家最大的 P2P 网贷平台是美国向 SEC 披露最多次数的证券发行人。

难度，给犯罪分子洗钱提供了空间，存在较大的洗钱风险。

（一）资金的来源和用途审核力度不严

目前，各网络借贷平台虽然大都在网站首页声明中要求"放贷资金来源合法，且借款者资金使用需保证与借款申报所登记的用途相一致"，但在目前监管体系尚未建立的情况下，P2P网络借贷平台对资金来源和借款用途审核显然缺乏制度约束力，其对贷款人资金来源和借款用途的审核往往流于形式，其关注的重点是借款人是否具备良好的信用状况和经济实力，能否按时还款。网络操作的非面对面特点，让网站根本无法对每笔贷款的来源和使用情况进行回访核实或实地查看，为洗钱者隐匿、掩饰违法犯罪所得，借助平台清洗黑钱提供了便利条件，极易引发洗钱风险。

如图2所示，洗钱分子同时控制某P2P平台的借款账户和贷款账户，乙账户发起一个借款标的，甲账户将非法资金作为本金通过P2P平台汇给乙账户，到期后乙账户将相应的本金和来自非法资金的"利息"再通过P2P平台汇回给甲账户，完成整个交易后，这笔非法资金就成为合法投资收益。

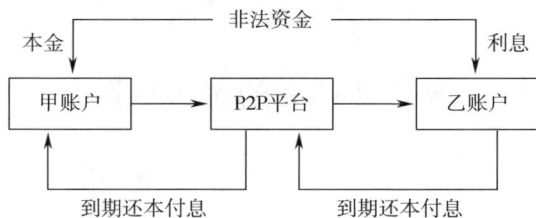

图2　P2P平台可能的洗钱手法

（二）客户身份识别难度大

身份识别制度在反洗钱制度体系中处于核心地位，其关键步骤在于确认客户提供的身份资料、职业背景、家庭住址或企业地址的真实性和可追溯性，从源头上防范洗钱风险。P2P网贷公司通常要求贷款人和借款人在发布信息前必须先注册，登记身份证号、手机号、职业、住址、单位等个人信息，并上传身份证扫描电子版。这看似严密但却没有实际面对面的交流核实，其真实性难以保证，洗钱者可以冒用他人身份资料，一人注册多个账户。

（三）可疑资金监测追踪难度大

在P2P网络借贷操作中，洗钱分子可以对借款标的全额或部分投标，将资金分拆后贷给不同的借款人，分拆后可减少坏账风险，更可以增加资金流动的频率，使得大额非法资金在P2P平台里的进出情况复杂化，从而达到掩盖非法资金的来源和规模的目的。此外，在P2P网贷平台的资金转账过程中，很多情况下资金并不是由出借人的银行账户直接转入借款人账户，而是先通过支付宝、微信支付等第三方支付形式转账到P2P网贷平台，再由P2P平台转账给借款人，层层嵌套之下，监管部门追踪资金流向的难度更大。

四、对策建议

（一）完善相关法律法规

P2P网络借贷行业在我国发展尚不足十年，处于行业发展初期，我国之前还未制定相应的政策法规及管理办法，导致P2P网络借贷行业无明确的准入门槛、无行业量化标准、无明确的监管机构的"三无"现状，但这一现状已经得到初步改善。2015年7月，中国人民银行等十部委联合发布了《关于促进互联网金融健康发展的指导意见》（以下简称《指导意见》），《指导意见》强调鼓励互联网金融创新，明确包括 P2P 网贷在内的各类互联网金融细分行业的监管政策和规范化发展相关制度。《指导意见》中肯定 P2P 网贷是政府鼓励的中国互联网金融创新举措之一，给予整个 P2P 行业很大的支持。2015 年 12 月，中国银监会会同工业和信息化部、公安部、国家互联网信息办公室等部门研究起草了《网络借贷信息中介机构业务活动管理暂行办法》征求意见稿（以下简称《办法》）。《办法》明确银监会作为国家金融监管部门负责对网贷机构业务活动制定统一制度规则，工业和信息化部主要职责是对网贷机构具体业务中涉及的电信业务进行监管，公安部牵头对网贷机构业务活动进行互联网安全监管，打击网络借贷涉及的金融犯罪，国家互联网信息管理办公室的主要职责是负责对金融信息服务、互联网信息内容等业务进行监管，地方人民政府金融监管部门承担辖内网贷机构的具体监管职能，包括备案管理、规范引导、风险防范和处置等。同时，在第九条中明确要求网络借贷信息中介机构应当履行"依法采取预防、监控措施，建立健全客户身份识别制度、客户身份资料和交易记录保存制度、可疑交易报告制度，履行反洗钱和反恐怖融资义务，接受反洗钱监督管理"的义务。

在征求意见的基础上，应尽快出台正式的《网络借贷信息中介机构业务活动管理办法》，从法律上对注册资本、业务种类、经营范围、信息安全管理制度、反洗钱制度等准入门槛作出明确规定，建立市场准入和退出机制，从源头上确保平台资质。同时，人民银行以规章解释的形式将 P2P 网络借贷平台纳入《金融机构反洗钱规定》和《金融机构反洗钱监督管理办法（试行）》中，使得人民银行对 P2P 网络借贷平台开展反洗钱监督和检查行动有章可循、有法可依。

（二）落实客户身份识别制度

P2P 网络借贷平台应按照了解你的客户（KYC）原则，在客户注册和开户阶段充分了解客户的身份资料、职业信息、联系方式、家庭住址或机构办公地址，并在此基础上评定风险级别，在无法核实客户上传的身份资料信息是否真实的情况下，须采用联网核查等措施进行身份认证，必要情况下可根据客户所填信息进行实地回访查看，确保客户身份信息真实可靠。

（三）加强对 P2P 可疑交易的识别与监测能力

P2P 网贷公司应尽快建立大额和可疑交易资金监测系统，对借贷交易数据进行监测分析，若发现可疑交易及时上报中国反洗钱监测分析中心。同时，反洗钱监管部门要加强对 P2P 网贷从业人员的反洗钱意识和技能培训，提高从业人员对借贷资金来源和流向的研判水平，增强其甄别可疑交易特别是拆分（smurf）交易的能力。

（2016 年 3 月）

利用离岸金融业务洗钱问题浅析

陈　玲

离岸金融是指在高度自由化和国际化的金融管理体制和优惠的税收制度下，在一国金融体系之外，由非居民参与的资金融通。离岸金融在推动国家经济和贸易繁荣及国际金融发展的同时，其特殊的制度安排也为犯罪分子洗钱提供了便利。

一、我国离岸金融的现状及问题分析

（一）我国境内离岸金融业务开展情况

目前，我国并未建立真正意义上的离岸金融市场，仅批准招商银行、深圳发展银行（平安银行）、交通银行和上海浦东发展银行等几家中资银行开展离岸银行业务试点工作。此外，东亚、韩亚、渣打和汇丰等外资金融机构也在我国境内办理离岸金融业务。随着海外对人民币国际化需求的不断提升以及我国人民币跨境贸易结算试点的不断深入，香港人民币离岸市场和上海自贸区离岸市场的建设正在研究中。

（二）中国企业在境外开立离岸公司情况

由于保密制度，离岸法域设立的离岸公司中究竟有多少家是具有中国企业背景的，我们不得而知。但目前众多的国有企业（如国家电网、中国移动、中石油等）以及几乎所有的国际风险投资与私募并购基金和众多民营企业（如新浪、百度、碧桂园、阿里巴巴等）都在离岸法域设立了离岸控股公司。通过在境外注册离岸公司，再返回境内设立外商投资企业或实现境外上市和海外收购已成为内地企业的常用方式。

（三）离岸金融潜在问题分析

离岸金融一方面为我国经济发展提供通畅的融资渠道、加速金融创新，另一方面也为资本外逃、逃税骗贷、侵占国有资产等违法行为及相关洗钱活动提供便利。一是扩大资本外逃规模，影响国家外汇储备和税收。通过高报价格进口、低报价格出口、对外投资等方式将资金转至离岸法域；利用离岸金融中心的免税及保密政策，逃避国家税收监管或以低成本虚增经营业绩、隐瞒真实负债水平，虚增授信额度，骗取贷款等。二是为侵占行为提供了资产转移渠道。通过注册离岸公司，以关联交易转移上市公司资产或以低成本侵占国有资产等。

二、利用离岸金融洗钱的方式

（一）将犯罪收益转入离岸金融中心清洗

离岸金融中心实行宽松的法律制度和政策，吸引了很多洗钱、诈骗等犯罪分子。

1. 银行保密制度。客户可以不用提供真实的身份和账户，有的国家甚至规定，除例外情况，披露客户账户构成刑事犯罪。

2. 设立公司的宽松政策。按照某些离岸金融中心的公司法，注册公司（包括金融机构）几乎无限制，甚至允许注册匿名公司，且每年只需缴纳少量管理费。

3. 很多离岸金融中心未加入国际刑事司法与行政协定，为犯罪分子逃避金融监管和法律追究提供了便利。

（二）在非离岸法域，利用在开展离岸金融业务的金融机构开立离岸账户进行洗钱

1. 通过自己掌控的离岸公司洗钱。洗钱分子在离岸金融中心设立离岸公司后，在离岸法域以外开展离岸金融业务的国家或地区开立离岸账户，并利用其制度缺陷切断资金与上游犯罪活动的联系。据有关部门通报，为规避联合国安理会的金融制裁，有某国背景的企业在我国境内银行开立离岸账户并发生大量巨额交易，不排除有非法转移资金和从事洗钱活动的可能性。

2. 通过代理机构的离岸金融账户洗钱。当洗钱分子认为通过自己的离岸账户和空壳公司账户进行洗钱不够安全时，经常采用通过代理机构的离岸账户来洗钱以满足其模糊调查者视线及掩盖资金最终真实去向的目的。

3. 利用有正常贸易活动的离岸公司洗钱。这些有正常外贸业务的离岸公司，在金融机构设有离岸账户，其在外贸活动中产生的外汇需兑换成本币资金，与境内倒汇人员形成反向需求，从而共同完成向境外转移非法资金的犯罪活动。如2015年破获的某一利用离岸公司经营地下钱庄案件中，犯罪分子就采用此种方式。

三、政策建议

（一）充分借鉴国际实践，完善法律法规，提高对离岸金融业务的监管水平

国际清算银行、金融行动特别工作组等国际组织都针对离

岸金融中心建立相关监管标准并制定相应制裁措施。我国目前针对离岸金融的法律法规[①]仍不健全，仅对中资银行及其分支行申请离岸银行业务应具备的条件、经营范围、账户管理及风险控制等作出规定，而在发展离岸银行业务所需的银行信息保密、税收优惠以及洗钱风险防范等方面还缺乏完备的法规和政策支持，外资银行离岸金融业务更是没有涉及。未来我国应吸收国际有益经验，完善离岸金融法律法规，在对现行《离岸银行业务管理办法》进行修订的基础上，形成一系列的激励和规范离岸金融业务发展的配套法律体系。

（二）加强国内有关部门合作，加大对利用离岸金融洗钱犯罪活动的打击力度

探索与有关部门的有效合作机制，提升打击利用离岸金融洗钱犯罪活动的整体合力。继续推动相关反洗钱制度建设，如特定非金融机构反洗钱制度，以防止律师、会计师等专业人员帮助洗钱分子利用离岸公司渠道洗钱；加强对异常跨境资金流动的反洗钱监测。公安机关在侦办各类经济犯罪（特别是地下钱庄）案件时，要关注涉及其中的离岸公司及离岸账户并严厉打击。法院、检察院要针对涉及洗钱活动的离岸公司制定有效的定罪量刑制度，对证据充分的利用离岸金融洗钱案件依法提起诉讼和审判，发挥震慑作用。

（三）金融机构要加强离岸客户身份识别，关注具备利用离岸金融洗钱活动特征的金融交易

金融机构要加大对离岸客户的尽职调查、反洗钱和反恐怖

---

①　我国与离岸银行业务相关的法规有中国人民银行 1997 年 10 月颁布的《离岸银行业务管理办法》和国家外汇管理局 1998 年 5 月制定的《离岸银行业务管理办法实施细则》。

融资审查力度，建立有效的可疑交易识别机制，根据监管部门要求建立关注名单，完善业务操作系统，及时发现利用离岸金融业务进行洗钱活动的重大线索。

（四）推动国际合作，共同打击利用离岸金融中心洗钱行为

继续加强反洗钱金融情报交流。利用已建立并积极推动建立与相关国家或地区的金融情报交换机制，获取离岸公司及其账户开立、资金交易等方面的信息；继续推动加入埃格蒙特集团，拓展金融情报的获取范围。同时，积极利用司法协助进行案件协查，获取境外证据、引渡罪犯，增加打击跨国洗钱犯罪的能力。

（2015 年 4 月）

关于跨境商业电邮诈骗洗钱的调研报告

马宇立　　王跃宇

2015 年，中国反洗钱监测分析中心（以下简称中心）接到大量来自包括美国金融犯罪执法局（FinCEN）在内的境外金融情报机构的涉及跨境电邮诈骗洗钱案件的协查函。为提高国际协查合作水平，厘清跨境电邮诈骗资金流动特点，中心联合部分银行类报告机构开展深度调研。

一、跨境商业电邮诈骗的方式和资金流动模式

此类诈骗所用载体是电子邮件，犯罪分子通过黑客软件侵入电邮系统获得相关信息，再以受害人贸易伙伴名义（同名邮箱或相似名字邮箱）发出邮件要求对方付款。常见手段有以下三种：

1. 冒充国内出口公司，发邮件要求其贸易伙伴——境外进口公司将货款支付到新的银行账户，该账户被犯罪分子所掌握或被其利用，往往在邮件中还提供虚假发票（Proforma Invoice）。

2. 冒充公司的财务人员或公司账户签名人给银行发邮件，要求银行从本公司账户支付款项。

3. 冒充公司法人或高管，发邮件要求本公司财务人员从公司账户支付款项。

国际贸易实践中，贸易公司经常通过电邮确认收货付款，这就给犯罪分子提供了机会。相关资金从境外受害人账户直接或间接（通过1个或多个中间行）转到犯罪分子指定的国内开户银行账户中，此类银行账户有离岸账户（OSA）和在岸账户。离岸账户收到的诈骗资金一般在短时间内就会被转出，存在多个离岸账户资金汇总到同一境外账户现象，多数资金汇往香港。在岸账户分为机构账户和个人账户，其中机构账户一般属于境内某进出口贸易公司，此类公司规模有大有小，以中小型居多。贸易公司一般都开展代理收付款业务，收到的诈骗资金结汇提现或转到其他账户。涉嫌收取诈骗资金的个人账户多涉及外籍人士开立的银行账户，诈骗资金多以直接支取外币现金或结汇后支取人民币现金方式取走，少数跨境汇出或转往同伙账户。

二、跨境电邮诈骗的高风险因素及其特征

从资金流转过程看，因犯罪分子冒充受害人的贸易伙伴收款，所以账户间交易很像正常进出口贸易。据报告机构反映，由于涉及境外公司，很难判断贸易背景的真实性，给资金监测带来很大困难。报告机构认为，离岸账户和外籍人士利用假护照开户是易被犯罪分子利用的洗钱高风险因素，主要特征如下。

（一）离岸账户

离岸公司注册相对简单，注册地（开曼群岛、维尔京群岛和中国香港等）监管比较宽松，开户行很难掌握境外公司的详细信息（信息不对称）。根据现有管理规定，离岸账户没有外

汇管制，资金往来便捷，基本不通过面对面（柜台）交易，网银汇款是交易主要使用的远程支付手段。离岸中小贸易公司通常存在代理收款等现象，账户交易实际背景比较复杂，交易对手身份比较隐匿。对于诈骗资金的转移，很多离岸账户所有人（中小贸易公司）很可能不知情。离岸公司通常使用非安全公共邮箱与对方交换信息，期间容易被犯罪分子通过技术手段窃取信息篡改后利用。诈骗资金快速转移且账户中不留余额，可能通过多个离岸账户进行资金转移，并最终汇往同一个账户，该收款账户多为外资银行境外账户。个别开户行虽然要求离岸客户必须有在岸的关联公司，但这些公司多为贸易公司且背景不清晰，很多公司注册地与实际业务发生地存在差异。

（二）外籍人士持假护照开户

从调研情况看，我们发现所涉个人账户绝大部分是外籍人士用假护照开户，开户人多来自非洲国家。客户（个人）姓名中多含有 GLOBAL、COMPANY、LTD 或 UNION 等字符，蓄意误导受害人该名字是某贸易公司，名下的银行账户是某公司账户而非个人账户，为其诈骗创造条件。商业银行核对客户资料中的护照信息，发现疑似以假护照开户的多名客户的证件照片、留存电话或地址相同情况，推测这些护照为使用同一人照片制作的假护照。

三、案例分析

涉嫌跨境商业电邮诈骗的协查函主要来自美国、新加坡、韩国等国，涉及的银行账户多集中于国际化程度较高和拥有离岸业务执照的中资银行，账户所在地主要集中在北京、上海、广东、浙江等外贸依存度较高地区，部分账户是离岸账户和非居民境内外汇账户（NRA）。具体案例分析如下。

（一）成功冻结资金案例

2015 年 10 月 28 日，境内某收款银行离岸部门接到发起行电话，获悉汇款人于 10 月 27 日汇往该银行离岸客户的欧元账户一笔金额为 4877930.00 欧元的款项涉嫌电邮诈骗，发起行称已发出申请退汇（recall）报文，请求配合尽快退回资金。境内收款银行立即查询发起行的"recall"报文，并同时调查客户账户，发现客户已通过网银进行大量欧元转美元的外汇交易（每笔金额 10 万欧元），在确认收到发起行退汇报文后，境内收款银行根据与客户签署的《离岸账户协议》中的有关反欺诈条款，对客户账户进行"不进不出"的控制措施。因控制及时，客户收到款项完成外汇交易后尚未来得及汇出，欧元账户余额为 3777930.76 欧元，美元账户余额为 1211310.52 美元。境内收款银行随后发出书面退汇告知函要求客户确认，客户书面表示不同意退汇。2015 年 11 月 2 日，当地执法部门对该客户账户予以正式冻结。

上述案例成功冻结诈骗资金的原因在于：第一，发起行通知及时，资金尚未汇出账户。第二，涉案账户为离岸账户，开户时银行与客户签署《离岸账户协议》，允许开户行在怀疑客户账户涉及诈骗时可拒绝执行客户的任何交易指令，从而能在有权机关冻结令尚未到达的情况下先行主动控制账户，为后续通过司法手段保全资金争取时间。第三，执法部门通过司法程序冻结账户。

（二）失败案例

2014 年 11 月 10 日，一笔金额为 83500 美元的涉嫌电邮诈骗的资金汇入境内某贸易公司的在岸账户，该公司收到转入资金后，隔天划入同名账户进行结汇，将美元折换成人民币后汇出到他行个人账户。因境外发起行未能及时发出 recall 报文，资金早已结汇转出，且该收款公司存在大量正常贸易行为，该笔资金可能是"代理收款业务"，充当"钱骡"的公司并不知道这笔交易是违法的，资金的最终去向很难追踪。

四、目前处理跨境电邮诈骗的主要方式和相关制度建设

针对跨境电邮诈骗案件，国内相关部门已经初步形成了响应机制，同时，报告机构也意识到欺诈风险的危害并采取管控措施。

第一，中心第一时间处理相关境外协查，分析资金交易情况和嫌疑人信息并移送执法部门，最终纳入执法部门的诈骗信息库。对于部分紧急协查函，则视对方要求及时向所涉商业银行发出风险通报，协助银行了解情况，获取信息并采取应对措施。

对于跨境电邮诈骗资金的监测，由于部分交易低于大额上报标准（如法人 20 万美元等值），因此无法在中心数据库中查询到相关交易。若交易过程中涉及结售汇，因外汇管制要求和商业银行系统等原因导致的交易资金链条断裂，也无法对资金来源去向进行追查。因此，可疑交易报告对查询跨境电邮诈骗案件的资金流动情况至关重要。

第二，中心已建议境外 FIU 在处理跨境电邮诈骗案件时，务必第一时间通过发起行发出"recall"报文，这是目前较有

效的追回资金方法。目前国内已有几起协助境外银行客户挽回损失的成功案例。

第三，部分商业银行已建立"三道防线"的操作风险防控体系，业务、内控、安保、审计、监察等部门按各自职能共同防范包括跨境电邮诈骗风险在内的操作风险。为加强内部制度建设，一些报告机构还出台相关管理规定，建设内部反欺诈系统和联合防范系统，旨在实现商业银行与执法部门之间的快速查询和冻结等功能。

第四，中国境内仅有4家银行有权开展离岸账户业务，即交通银行、招商银行、浦发银行和平安银行。因离岸账户风险较高，所以相关管理也较严格。如浦发银行采取"事前准入严控，事中持续监控，事后严格管控"的管理方式。在开户阶段，执行"在岸关联原则"，开立离岸账户的对公客户是已有对公业务在岸客户的合作伙伴（境外关联机构）；存续期内，在客户尽职调查基础上"持续识别客户"，评定客户风险等级；事后对于发现异常交易的账户，特别是被有权机关调查涉嫌诈骗或金融制裁的采取"零容忍"政策，停止一切账户服务，并要求限期关闭账户。

第五，执法部门不断加强同金融机构和金融情报机构的合作，相关系统建设逐步铺开：金融情报机构协助执法部门完善诈骗数据库信息，商业银行通过快速冻结止付系统协助执法部门冻结账户，执法部门定期向金融机构发布涉嫌诈骗的名单。

五、处置跨境电邮诈骗的建议

第一，诈骗发生前，银行应及时提示潜在受害人：在国际贸易付款时应通过多渠道与贸易伙伴确认付款信息，避免过于依赖电子邮件渠道直接付款，特别是针对大额款项和收款账户变更的情况。

第二，诈骗发生后，境外受害人应及时联系发起行通过SWIFT平台向收款行发出资金召回请求（recall），并务必在报文中写明原因如"诈骗"等关键字眼。发起行应尽快致电收款行说明情况，因SWIFT报文审核处理需要时间，电话更加及时。同时还应以邮件方式通知收款行，列明诈骗详细情况，以便双方对涉案账户和公司企业进行黑名单标注。对于未解付给客户的资金，收款行会尽快配合将资金退回；但对于已经解付给客户的资金，报告机构无权强制收回，而根据上述资金流转特点，该笔资金很可能短期内已被取走或转移。黑名单的标注是非常有效的事后处理方式，因诈骗账户往往被多次利用，有助于在下次诈骗发生时预警。需注意的是，对于误标注"诈骗"报文的处理，有些发起行客户因同贸易对手之间的商业纠纷向银行提出"recall"资金请求，并以被骗作为原因。成功"recall"的案例较少，主要原因是对诈骗事实发现时间较晚和在报文中未标明"诈骗"。

第三，诈骗发生时，最有效的处理方式是第一时间直接联系境外发起行，而非急于通过驻外使领馆等部门联系收款行。因商业银行无法根据这些非有权部门的要求进行止付或冻结账户，反而延误时间。账户冻结需要由法律授权的执法部门按照法律程序执行。若境内离岸账户开户行（收款行）已经根据发起行请求将涉嫌诈骗账户资金进行"不进不出"控制，境外机构应尽快通过国际刑警组织进行国际司法协助来冻结相关犯罪账户资金。这种情况仅限于离岸账户且开户行与离岸账户的客户签署相关开户协议的情况。开户行对离岸账户的"不进不出"处理有一定时限，因此后续需要及时采取司法冻结程序。

第四，加强商业银行间的交流合作，建立黑名单分享平台。在同业机构间分享通过不同渠道（执法、监管、对手行等）获取的涉嫌"诈骗"银行账户信息和账户所有人等信息。对可能再次涉嫌诈骗的账户，提醒本行客户或付款方交易风险。金融机构的机制建设要与国际接轨，与国际同行共同抵制诈骗风险并进行信息分享。

第五，对于境外协查中涉及账户冻结和资金返还请求的，除银行根据发起行要求及时采取相应措施外，对于资金已解付给客户且客户拒绝返还的情况，建议通过双边执法或司法互助渠道加强合作，冻结或追讨诈骗资金并协商资金返还事项。司法协助是共同打击犯罪的正规途径，但实践中可能存在程序多、条件严、耗时长、效率低的问题，双方司法协助主管部门应加强协调，探讨如何简化手续。

第六，商业银行应严格管理离岸账户，严格审核在岸账户的贸易背景，重点监控高风险账户。应及时处理涉嫌诈骗账户，如控制账户资金进出和上报重点可疑报告等。案例显示，因银行未能及时处理涉嫌诈骗账户，某一账户在首次诈骗发生后的第十天再次被利用收取大额诈骗资金，造成更多受害人被骗。

第七，商业银行柜台人员应对来自高风险国家或地区的行为可疑的客户进行强化身份确认，通过问询、核查护照真伪、审核相关单据等方式了解业务真实性。建议相关部门提供护照信息库使得商业银行可核实护照真假。

第八，跨境电邮诈骗是全球性质的犯罪，近年来较为猖獗，往往涉及多个国家间的资金交易。我国也是跨境电邮诈骗的受害者，目前已发现国内客户资金被骗往欧洲的案例。因此开展和加强国际合作非常重要。诈骗资金流转迅速，很难通过资金监测系统及时发现。为避免损失，需要当事人事前预防和受害人事中及早发现并正确应对。

第九，完善法律和制度建设。2014 年中国银监会发布了《中国银监会、最高人民检察院、公安部、国家安全部关于印发银行业金融机构协助人民检察院　公安机关　国家安全机关查询冻结工作规定的通知》（53 号文），执法部门同商业银行的查询、冻结和止付系统建设正在加紧进行。反洗钱中心也同公安机关加强相关联系和合作，为其诈骗数据库提供更多信息，并移送多份相关线索和通报。通过加强银行业制度体系建设，制定相关法律规范，建立预警机制分享风险信息，建立惩戒机制，提高诈骗的违法成本，一定程度上将会大大减少相关犯罪的发生。

（2016 年 1 月）

跨境商务电邮诈骗常见手法、特点及处置方式浅探

张旭辉

近日媒体报道[①]，不法人员利用商务电邮（Business Email Compromise，BEC）或黑客手段骗取以生产芭比娃娃著名的美泰公司 320 万美元，该笔资金通过美国一家银行账户汇往一家外贸公司在温州银行开立的账户。美泰公司于 2015 年 5 月 2 日分别向美国警方和温州当地公安机关报案，同时，美国银行及时向温州银行发出了撤销汇款交易指令。因案件发生在我国五一法定假期间，报案时该笔资金尚未入账，根据国际汇款业务规则，温州银行已于 2015 年 5 月 5 日将涉案资金原路返还美国银行。新加坡和法国的金融情报机构也陆续向中国反洗钱监测分析中心通报了几起类似案件。

一、商务电邮诈骗的常见手法及特点

据美国联邦调查局（FBI）报告，近年来不法人员利用商务电邮进行诈骗的案件有所增加，而且手法推陈出新。2013 年 10 月 1 日至 2014 年 12 月 1 日，全球受害企业 2126 个，涉案金额达 2.149 亿多美元。FBI 调查发现，大多诈骗资金汇至我国及香港地区的银行。FBI 辖下的互联网犯罪投诉中心（IC3）

---

① 光明网，http：//tech. gmw：cn/newspaper/2015/05/05/content_1063800678. htm。

认为，这些案件大都针对拥有海外业务的公司或经常要向海外汇款的企业，商家规模有大有小，业务范围具有多样性，大都涉及进出口贸易。商务电邮诈骗的常见手法主要表现为以下几种。

第一，受害企业接到一家具有长期合作关系商户的电邮或电话、传真，要求变更接收货款的银行账号，联系方式足以以假乱真，且变更账号的理由看似合情合理。直到汇款发出，真正的合作商户通知并未收到货款，汇款企业才发现上当受骗。

第二，公司高层如财政总监甚至行政总监的电邮被黑客盗用。不法人员借用行政总监身份，通过电邮给下属发出指令，将一笔款项汇到一个银行账号，不法人员甚至知道该名下属一直负责处理公司的转账及财务等工作，以减少员工对上级指令的怀疑。

第三，企业雇员的个人电邮遭到黑客入侵，不法人员利用此电邮向该雇员联系人名单上的众多销售商发出邮件，声称接收货款的银行账号已改。在销售商来电查询有关货款状态之前，供货企业往往难以察觉。

在此类电邮诈骗案件中，受害企业及个人往往使用开放及公众登记的电邮服务，负责处理汇款的雇员常为重点目标，而有关行骗的电邮内容严谨专业，与平时接收的真实电邮并无太大差别，受害人难以察觉或及早防范，如果不法人员假冒公司高层发送电邮，也常在他们到外地出差时进行。

二、商务电邮诈骗案件目前可行的处置方式

从我国公安机关现已掌握案件看，涉嫌参与此类诈骗犯罪

的不法人员主要来自非洲的尼日利亚等国，他们利用虚假文件在我国境内的银行机构开立公司或个人银行账户作为过渡通道，一旦得手，便将非法所得再次汇往境外或直接取现。目前处置此类问题的方式主要有两种：

一是境外企业或个人发现受骗后，应及时分别向资金汇出地和目的地的警方报案，同时，资金汇出银行立即向资金目的地银行发出撤销汇款或转账交易的指令。按照行规，只要该笔资金尚未落地（转入诈骗人账户），资金目的地银行即可按照资金汇出银行的指令，将所涉资金原路返还汇出银行。

二是如果受害者报案时所涉资金已经落地，冻结/返还资金需要启动刑事/民事司法程序；如系跨境作案，还须启动必要的双边司法互助程序。

（2015 年 5 月）

ISIL 恐怖融资特点及对我国监测分析工作的启示

陈　婕

"伊拉克和黎凡特伊斯兰国"（简称"ISIL"）在短期内兴起，呈现出全新的、独特的恐怖组织形态：拥有金字塔式组织架构，采取各种措施来管理控制区域内社会资源，尤其是解决了最为棘手的资金来源问题。恐怖组织所需资金通常分为两个层次：一是发动特定恐怖活动所需的直接资金，二是维持整个组织架构运作和保持组织思想意识形态所需的间接资金。据统计，ISIL 的流动资金至少达到 20 亿—30 亿美元，规模远超真主党或塔利班。

鉴于 ISIL 迅速崛起，自 2014 年 10 月起，金融行动特别工作组（FATF）开展了对 ISIL 融资方式的专题研究，并于 2015 年 2 月发布报告，从资金来源、融资模式、资金转移和资金运用角度进行初步分析，并希望国际社会能联合采取措施，防止相关金融机构被滥用，有针对性地切断 ISIL 资金来源。

一、ISIL 恐怖融资特点

（一）资金来源

ISIL 的融资模式变化不定，外界很难掌握其资金运作全景。FATF 报告初步整理了 ISIL 目前主要采用的融资方式，按其对 ISIL 的重要性排列如下：

1. 对控制地区的资源掠夺。ISIL 的主要资金来源不是依赖外部捐助，而是来自其控制的区域，这也是其最独特的收入来源。ISIL 在伊拉克和叙利亚占领的地区范围很广，使其可以掠夺当地资源，包括抢劫银行（据美国估计，仅 2014 年，在伊拉克 4 个省的国有银行中，ISIL 就掠走价值约 5 亿美元的现金）、敲诈勒索、贩卖人口、控制油田和炼油厂（最近受到空袭打击估计有所收缩）、抢劫其他经济资产、贩卖文物、非法征收过境物资和现金等。高度依赖当地资源的融资模式使国际社会对打击 ISIL 较为无奈，但这也恰恰展示了其脆弱之处：随着时间的推移和军事打击的加强，ISIL 从当地获取的收入日益萎缩，就不得不寻找其他可掠夺的地区。

2. 人质赎金。据 FATF 估计，赎金收入在 2000 万—4500 万美元，具体数值难以精确估计。

3. 非营利组织（NPOs）和其他恐怖组织的捐助。ISIL 接收的外部捐赠目前占比不高，但是随着时间的推移，其他收入来源减少，外援的重要性逐步显现。2014 年 9 月 24 日，ISIL 组织的某成员接受了来自海湾国家单笔 200 万美元的捐赠，而捐赠人曾被列入美国财政部制裁名单。另外，ISIL 还可能从其他恐怖组织获取资金，此类交易将通过国际金融体系进行资金划转。

现已证明，非营利组织（NPOs）汇往 ISIL 占领地区的电汇业务风险很大。其他风险还包括接受来自暴恐活动或准军事活动第三国的非营利组织的资金捐助，尤其是在资金来源和资金目的不明确情况下。例如，相关交易缺乏具体目的描述，仅模糊标注"其他"、"服务"或"商品"等。

案例1　非营利组织的跨境捐助活动被恐怖利用的风险较高，需强化客户尽职调查

某慈善组织是一家意大利银行的账户持有人，该组织位于意大利北部，在叙利亚从事慈善活动（如异地收养）。该账户经常收到来自意大利或欧洲的个人或机构的小额现金存款和电汇，资金一入账，就被转移到土耳其并在当地提取进行合法活动，多数交易仅简单标注"收养"。最后调查证实，该账户接收的来自某个人的一笔捐赠款项涉及恐怖融资：该人是意大利北部招募从事极端暴力活动的某组织成员，最后战死于叙利亚，他生前利用该慈善组织的账户划转资金从事恐怖活动。

（资料来源：意大利）

4. 来自国外的圣战者（Foreign Terrorist Fighters，FTFs，以下简称圣战者）提供的物资援助。圣战者及其支持者向 ISIL 提供了一种比例不大，但是相当重要的资金和物资来源。援助包括圣战者在本国汇集并携带的资金，及相关人士向圣战者的汇款。据美国 2014 年底的估计，来自 90 个国家至少 19000 名圣战者来到叙利亚或伊拉克加入 ISIL 组织。

由于人员、物资和资金来自世界各地，多国因素使得 ISIL 的资金流和物流不得不使用传统银行系统。芬兰发现 ISIL 筹资的一种常见方式是通过 ISIL 控制区域附近金融机构的汇款体系（Money and Value Transfer Systems，MVTS）给圣战者汇款。荷兰也发现圣战者家属通过受监管的正规汇款体系在 ISIL 控制地

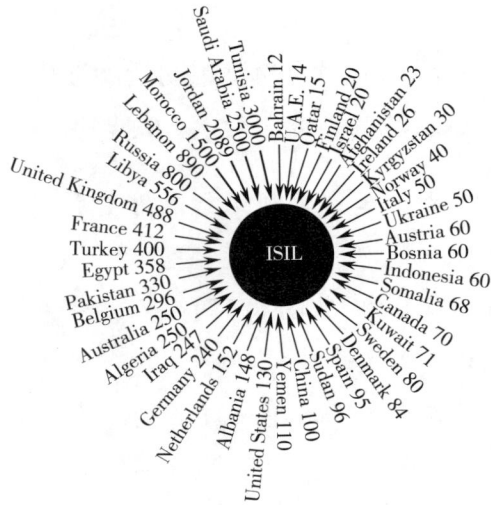

（注意：图中显示中国有 100 名）

图 1　参与 ISIL 组织的圣战者的国家分布

区的分支机构向圣战者汇款，还发现圣战者使用其母国银行发行的借记卡，通过 ATM 在 ISIL 控制区附近取款。

法国研究了圣战者在其母国的收入来源和金融交易特征：

案例 2　如何识别圣战者（FTFs）的收入来源

➤ 涉嫌抢劫或毒品交易。

➤ 接受社会失业救济或家庭救济。

➤ 存在拖欠未还的消费贷款（低于 10000 欧元），经常现金取款。

➤ 开立数个银行账户并利用银行卡透支。

➤ 由公共媒体发起，通过现金或电汇支付，来自家庭、朋友或支持者的捐助。

（资料来源：法国）

案例3 圣战者（FTFs）如何利用银行账户

境外 ATM 现金取款。在美国的银行账户大额存款后，之后马上在 ISIL 控制地区由陌生人使用借记卡取款。

（资料来源：美国）

5. 通过现代化的社交网络筹款。一是利用社交平台筹资。ISIL 非常重视媒体宣传工具，拥有自己的网站宣传平台和媒体中心，开发网络游戏吸引年轻人，并通过在其他大众社交媒体上拥有的众多账户进行宣传，获得广泛支持和潜在筹资。2014 年 6 月 ISIL 还发起过"Twitter storm"项目[①]。二是利用众筹集资。ISIL 的又一个融资来源是利用组织中不为人知的小人物，借助网络，通过目前流行的面向非特定个人的众筹（crowdfunding）模式融资[②]。事实上，ISIL 已控制了一些公众媒体，如实际或虚拟的社区，鼓励人们捐赠并采用与主要众筹公司行业标准一致的市场化运作方式，通过面向大众来吸引捐款。需要强调的是，多数媒体平台的服务提供商，其初衷并非为 ISIL 服务，很多公司已配合监管当局关闭了涉恐账户。

---

① Storm 是 Twitter 的实时数据分析系统。应用场景很广泛，如商品推荐、广告推送、实时日志处理等，能根据当前情景来估计用户点击的可能性并实时做出调整。

② 众筹集资在叙利亚战争早期就被反政府武装采用。据媒体报道，叙利亚反政府武装通过社交网络平台筹集的资金，通常通过私人银行账户电汇并被联络人员运输到边境地区。

案例4　ISIL 如何使用互联网筹资

　　情报表明，和 ISIL 有关联的个人在互联网上通过 Twitter 账户发起捐赠活动，并请资金捐赠者通过 Skype 与其联系，要求捐赠者购买一张国际预付卡（如电话卡或商场储值卡）并将卡号通过 Skype 告知。之后捐赠发起人将卡号发送给其处于叙利亚周边国家的同伙，该同伙以低价出售卡号获得现金并最终将现金提供给 ISIL。

　　　　　　　　　　　　　　　　　（资料来源：沙特阿拉伯）

案例5　ISIL 使用大众媒体融资

　　2014 年 3 月，A 因持有未注册的枪支消音器被捕并被指控刑事犯罪。同年 9 月，该人面临多项指控，其中包括向 ISIL 组织提供物质支持。根据刑事起诉书，该人使用 Twitter 发布支持恐怖活动或极端行为的信息，并为在叙利亚的圣战者寻求资金捐助。他在社交网络平台上呼吁公众为伊斯兰圣战捐款。该人发布的 Twitter 信息中，涉及具体武器和需要购买该类武器的资金额，甚至还要求每个家庭捐出 5000 美元的款项。

　　　　　　　　　　　　　　　　　　　（资料来源：美国）

（二）资金转移渠道

1. 通过金融机构。ISIL 活动范围的广泛性，使其可以接近很多银行的分支机构。已筹集的资金通过这些金融机构转移到 ISIL 手中。伊拉克政府已采取措施阻止此类分支机构经其总部（通过和外国银行的代理行关系）来使用国际金融体系。

2. 通过资金或价值转移服务（MVTS）。MVTS 公司在整个伊拉克和叙利亚，包括 ISIL 控制地区提供服务。虽然它们不能如银行般进行电汇业务，但是可以通过电子邮件、传真或电话向本地或国外发送信息，为客户支付/收取款项。鉴于很多伊拉克和叙利亚人都没有开立银行账户，往往依赖这种非正规 MVTS 公司从本地或国外收付资金。ISIL 也使用这套体系转移资金，尤其是在其控制地区的银行无法接入国际金融系统的时候。

案例6　银行电汇或资金和 价值转移服务（MVTS）存在的风险

在 ISIL 控制区域，通过银行渠道使用电汇（Electronic Funds Transfers，EFTs）及资金和价值转移服务（MVTS）来转移资金，均存在恐怖融资风险。例如，在美国的可疑大额现金存款被电汇到 ISIL 控制区域的受益人处，有时社交媒体能显示出资金受益人可能和恐怖或激进组织有关。高风险交易还包括电汇目的不充分，与收款人关系不明确，汇款理由模糊，且短期内进行多项交易等。

（资料来源：美国）

3. 通过现金、黄金和其他高值物品的走私。情报表明，ISIL 要求圣战者（FTFs）在加入组织时携带现金。但是由于圣战者合法携带的资金和物资极为有限，仅够自给，故圣战者走私携带现金、黄金和其他高价值物品，通过虚假的海关现金和携带物品申报，将巨额现金或资产携带到 ISIL 控制区，成为 ISIL 的接受资金或资产的方式之一。这就要求各国金融情报机构（FIU）和边境管理部门加强合作，共同打击恐怖融资。

案例 7   现金走私

来自欧洲的某旅客抵达土耳其的伊斯坦布尔机场，带着 4 个很大的箱子和 2 个很大的运动背包。机场管理部门觉得可疑，盘问该旅客并发现其携带了 3500 欧元。该旅客解释他将去旅游并于几周后回家。经搜查行李，发现了很多带有 ISIL 标识的 T 恤、运动衫和电筒等物品。该人最终被土耳其拒绝入境并列入黑名单。

（资料来源：土耳其）

虽然拥有独特的筹资和转移资金手段，但是和其他恐怖组织一样，ISIL 的融资、物流和物资供应毕竟是脆弱的。其资金来源处于不稳定状态，取决于 ISIL 获取经济资源的能力及其遭受军事打击的程度。打击 ISIL 的组织领导者及其权力和经济架构，会很大程度上影响了 ISIL 的融资能力。

二、FATF 对打击 ISIL 恐怖融资的建议

鉴于 ISIL 融资活动涉及地区的广泛性，FATF 建议所有国际反洗钱组织和成员国采取一致措施，包括将恐怖融资规定为犯罪，确保金融体系有强健的风险抵御能力，并在有合理理由

认为交易涉嫌恐怖融资时，能够对相关交易进行终止、限制并罚没。

（一）加强国际合作

各国执法部门应加强国际合作，强化关于恐怖活动和恐怖组织的事前预警机制，尤其要关注圣战者旅行活动的恐怖融资风险，并迅速发布圣战者名单信息。各国应共享本国发现的ISIL融资人的信息和经验。各国FIU应寻求更有效机制，前瞻性地分享关于金融业和非金融行业的恐怖融资信息。

（二）剥夺其经济资源

1. 定向金融制裁。FATF建议，各成员国，尤其是直接受到ISIL影响的国家，应在常规反恐融资措施之外，对下列个人或机构采取强化制裁措施：

> ISIL招募圣战者网站的运作者或便利网站运作者；
> 向ISIL提供物流支持和协助圣战者旅行的关键人员；
> 资助ISIL的筹资者；
> 和ISIL存在商品往来的公司或走私网络；
> 支持或便利ISIL的其他各派力量，如其他恐怖组织；
> 向ISIL融资或提供物质便利的非营利性组织。

2. 打击其石油走私和销售。为有效打击ISIL的外部资金来源，应在地区市场上打击ISIL的石油生产和销售活动。土耳其、库尔德斯坦地区政府和伊拉克政府当局都在打击涉及ISIL的石油运输船只和石油产品。同时各国应关注并确认ISIL控制地区石油产品各环节的人物，包括生产人、中间人、购买人、运输人和交易商等。

3. 关注通过互联网平台融资。从外部捐赠网络看，ISIL更多依靠草根阶层个人捐助，而非财力雄厚的大机构。FATF 报告强调了 ISIL 利用社交媒体平台来获取个人电汇、银行交易和现金传递支持。

新兴的技术进步为迅速筹集以及向任何地区转移资金提供了崭新渠道。这种基于互联网的新渠道隐匿性强，使得资金的来源和去向均处于失真或模糊状态。为有效打击利用互联网筹集并转移资金，国际社会必须关注草根融资，限制普通公民向 ISIL 捐助的机会。

案例8　打击利用互联网媒体进行恐怖融资

2015 年 1 月，沙特当局发现一些个人和机构在互联网上，如 Twitter 等社交媒体，呼吁向叙利亚人民捐款，并向捐赠者提供当地和国际银行账户。当局共识别并冻结了 61 个当地银行账户，并禁止这些账户进行国际资金划转。账户持有人涉及 9 国居民。后经调查，16 个账户被解禁。与此同时，沙特还识别了位于 4 个国家、涉及 20 名受益人的 29 个外国银行账户，并阻止从沙特向上述账户进行电汇。

（资料来源：沙特阿拉伯）

---

4. 打击圣战者（FTFs）。为有效识别圣战者及其筹资机制，成员国应加强国内及国际合作，包括识别并冻结圣战者的银行账户、注销其借记卡或信用卡以及规定其资金转移为犯罪，尤其是在其离开母国后。如有的成员国已禁止其国内支持 ISIL 或与其有关联的公民前往相关地区，有的国家则宣布剥夺此类公民的国籍。

案例9 加强预防措施

2014 年 10 月，加拿大的 FIU——FINTRAC，根据 FATF 要求，建议报告机构上报可疑交易报告时，如果涉及 ISIL 控制地区及周边地区的资金交易，应重点关注。同时鼓励报告机构对此类交易涉及的客户和受益人进行强化客户尽职调查。

（资料来源：加拿大）

5. 监控资金或价值转移服务（MVTS）。FATF 建议采取强力措施来制止或监控 MVTS，关键在于识别、监控并禁止非法 MVTS 操作，防止其被 ISIL 滥用。

（2015 年 4 月）

借记卡境外取现洗钱风险及对策研究

王连猛　　蒋　锋

2015 年初以来，人民银行分支机构上报多份借记卡境外取现可疑交易线索，由于此类型线索上报较为集中，存在的洗钱风险较为明显，案例类型具有典型的代表性，现结合相关信息，对借记卡境外取现业务总体情况梳理如下。

一、借记卡境外取现业务的新特点

（一）部分金融机构资金交易规模呈快速上升趋势，且异常取现占比高

相关线索涉及的金融机构，其主要客户基础是二三线城市的城镇居民，境外消费能力相对较弱，但这些银行境外取现规模却呈现快速增长趋势。线索涉及的可疑交易主体均为个人，主要活跃于沿海发达地区。下面以某地方城市商业银行（以下简称城商行）为例。

该城商行自 2013 年 1 月开始发行具有境外取现功能的借记卡，其交易规模迅速增长，境外取现交易笔数由 2013 年的 1175 笔增至 2014 年的 13591 笔，交易金额由 2013 年的 186 万元增至 2014 年的 3732 万元，2015 年前四个月累计交易高达 15203 笔，金额 8148 万元。无论是境外取现交易笔数还是累计交易金额均呈现爆发性增长，高达几倍甚至十几倍的增长速

度。其中，一个异常境外取现、涉嫌经营地下钱庄团伙自 2014 年下半年至 2015 年 4 月累计境外取现笔数高达 7739 笔，金额达 8148 万港元，其占该城商行所有境外取现金额比例高达 50% 以上。

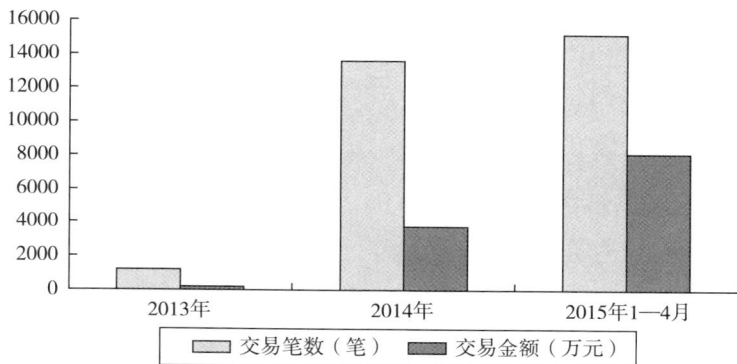

图 1　某城商行借记卡境外取现情况

（二）借记卡业务办理呈现团伙批量开户或代理开户特征

借记卡境外取现团伙往往熟知各家银行境外取现收费政策，一旦获知该银行境外取现业务免费，便由一人或多人持数张甚至数十张身份证前往该银行不同城市的不同网点集中批量开户或代理开户，人均开立数十个账户。根据人民币银行结算账户管理相关规定，"同一持卡人无合理理由大量开户或申领银行卡的，应采取强化审查措施，必要时可拒绝其开户或申领银行卡"，但据银行反映情况，异常取现团伙往往熟知银行开户各项规定及要求，其大量开户理由也显得较为合理，银行柜台工作人员难以拒绝其开户请求；"个人代理他人开户或申领银行卡的，发卡银行必须同时核对代理人和被代理人的真实身份"，据了解，这些团伙批量开户往往使用的是同乡、亲友或熟人的有效证件开户，其批量或代理开户行为符合相关规定，金融机构无法拒绝其开户请求；另外，相关可疑主体还利用单位批量开立代发工资户，这些代发工资户开立后在港澳地区ATM频繁取现，明显为同一团伙所控制。

（三）批量开户的银行多为城商行或农村信用社

据分析，异常批量开户及境外取现可疑线索涉及的银行以城商行以及农村信用社为主，异常批量开户及频繁境外取现情况呈现不断扩散的趋势。

目前大多数银行均开展借记卡境外取现业务，根据《商业银行服务价格管理办法》和《关于印发商业银行服务政府指导价政府定价目录的通知》等相关法规制度，除了政府指导价、政府定价的服务价格外，商业银行服务价格实行市场调节价，即由商业银行根据自身情况自主定价。借记卡境外取现服务不在政府指导价、政府定价目录之内，其服务价格由商业银行自主定价。国有银行以及股份制商业银行借记卡境外取现业务开办时间较早，且均收取一定的手续费；多数城商行以及农村信用社等地方性法人金融机构借记卡境外取现业务开办相对较晚，且大部分免费，部分银行实现"用卡零费用"，境外取款产生的手续费等由开卡行垫付，其业务初衷主要是为了快速拓展市场，扩大客户规模。

（四）单个账户境外取现金额每日均为10000港元，资金快进快出，基本不留余额

单个账户每日境外取现金额随着汇率变化而变动，均为人民币8000元左右，折合约10000港元，且当日快速在香港、澳门地区ATM取现，账户基本不留余额。

借记卡境外取现规避了个人购汇年度总额管理。《国家外

汇管理局关于规范银行卡外币卡管理的通知》（汇发〔2010〕53 号）规定境内借记卡每日每卡可通过 ATM 在境外提取不超过等值 1 万元人民币的外币，但未对个人借记卡境外累计提现的次数和累计金额进行限制，并且未将银行卡境外取现金额纳入个人外汇限额管理。单张银行卡一年最多可提取 365 万元等值人民币的外币，远远超出个人购汇年度 5 万美元的限额。

（五）代理开户或者批量开户人均为外地人

对相关可疑交易线索情况进行梳理发现，相关资金账户均系异地开户，多为福建、广东人员到山东、河北、甘肃、天津、广西等地城商行批量开立的借记卡账户，且存在相关交易主体身份证登记住址相近，或均为同一企业代开工资户等情况。

二、借记卡境外取现业务的主要洗钱风险点

借记卡境外取现（免费）业务大大降低了相关洗钱犯罪经营成本，由于个人开立借记卡账户数目不受限制，团伙批量开户后将数十张甚至数百张借记卡放在境外，境内当天资金存入，境外当天分笔取现，累计交易金额高达数百万元甚至更多，呈现"蚂蚁搬家"的特点，规避了反洗钱大额和可疑资金监测，以致借记卡境外取现业务已成为地下钱庄、走私、电信诈骗、网络赌博等洗钱犯罪的新通道。

（一）借记卡境外取现业务方便跨境资金转移

借记卡境外取现业务虽限制了每张卡每日境外取现金额，但每人可开立多张借记卡，且团伙批量开卡行为规避了金额限制。传统汇兑型地下钱庄往往通过轧差方式平衡境内外资金供

需，存在伪造单据付汇或直接跨境运送的现钞被查扣等风险，而通过批量借记卡境外取现不仅降低了成本，也规避了上述风险，为地下钱庄、走私、赌博等洗钱犯罪提供了新的资金转移通道。

以某借记卡境外取现线索为例，其上游资金主要来源于当地经营地下钱庄的"X 氏团伙"，该团伙运作多年，交易活跃，2014 年后其传统轧差模式已转变为借记卡境外取现模式。

（二）借记卡境外取现割断资金划转对应关系

借记卡境外取现的资金交易主要通过境外 ATM 完成，金融机构难以获取相关交易数据，资金来源及资金去向难以追踪，从而对整个资金交易流程的监测设置了障碍。

（三）借记卡境外取现为境内资产向境外非法转移提供便利

许多移居国外的客户为了规避《个人财产对外转移售付汇管理暂行办法》关于"移民财产转移前需提供国外定居证明、财产权利证明和完税证明等材料，以核实申请人的身份、资格和转移财产的合法性"等规定，将资金存入多张借记卡，到境外后利用 ATM 连续多日拆分提取外币，顺利将资产转移至境外，规避了国家外汇管理局关于资产跨境转移的相关规定，违规将境内资产向境外进行转移。

三、政策建议

鉴于借记卡境外取现业务明显存在被洗钱犯罪分子利用进行跨境洗钱的风险，在开放背景下和现有金融监管框架下，建议规范借记卡业务发展，指导相关金融机构强化风险管理，将反洗钱工作落到实处。

（一）进一步规范账户管理

为从源头解决借记卡业务相关洗钱风险，建议《人民币银行账户管理条例（征求意见稿）》充分考虑实践中存在的批量开户、代理开户、批量开立代发工资户等洗钱风险较大的开户行为对普惠金融的滥用。同时建议将查实的出租、出借账户名单纳入征信管理体系。

（二）规范金融机构借记卡境外取现业务

部分城商行以及农村信用社等地方性法人金融机构借记卡境外取现（免费）业务的快速发展，与其业务初衷存在一定偏差，具有较大洗钱风险。一是从监管层面针对相关金融机构该项业务开展专项检查，规范业务发展；二是对金融机构该项业务进行风险提示，建议根据其自身情况，实现该业务差别化收费。

（三）强化客户尽职调查与重点可疑交易报告制度

一是进一步强化地方性法人金融机构落实银行卡业务客户尽职调查的相关要求，重点关注批量开户、多网点开户、代理开户、批量开立代发工资户等可疑目标人群；二是强化后台风控等级，结合开卡人身份信息、交易目的、资金来源、交易特点等信息进行分析、研判，判别为可疑的交易行为应及时上报重点可疑交易报告。

（四）加强对地方性法人机构反洗钱业务的培训指导

城商行、农村信用社等地方性法人机构反洗钱监测分析能力相对不足，对反洗钱最新发展趋势了解不够，建议有针对性地组织地方性法人金融机构开展相关业务培训，进一步提升其反洗钱监测分析能力。

（五）发挥人民银行分支机构的区域资金监测优势

人民银行分支机构反洗钱部门在辖内金融机构资金监测上具有其独特优势，其掌握辖内金融机构的资金交易、账户开立情况等信息更加全面具体，与辖内金融机构的可疑交易线索交流反馈更加及时，充分发挥其区域资金监测优势，能够有效防范相关洗钱风险。

（六）深化反洗钱部门与其他相关部门的合作

银行卡产业链条长、参与主体多，在业务监管、风险防范及违法犯罪打击方面，涉及人民银行、银监会及公安机关等多个部门，反洗钱部际联席会议制度应加强相关部门的业务沟通，充分发挥多部门协作、联合防控机制的效力。

（2015 年 6 月）

当前涉税洗钱的主要特点及对策

薛欣欣

当前，我国涉税洗钱犯罪呈高发态势，尤以虚开增值税专用发票为主要形式。2012 年 FATF 发布的"新 40 项建议"明确要求将涉税犯罪纳入洗钱上游犯罪，一些国家已采取相应对策。本文根据 2012 年至 2014 年部分涉税洗钱线索，分析其运作特点和模式。

一、涉税洗钱的主要形式：虚开增值税专用发票

根据国家税务总局通报，当前税收违法犯罪在一些地区、行业仍很猖獗，涉税执法形势依然相当严峻，其中，虚开增值税专用发票是涉税违法案件的重点。

从资金监测角度来看，虚开型涉税洗钱成为当前涉税洗钱的主要形式。据统计，2012 年至 2014 年人民银行分支机构共对外移交虚开增值税专用发票线索占涉税洗钱线索总量的 41%。

虚开增值税专用发票犯罪呈高发态势的主要原因，一是我国于 1994 年实行的增值税税制未涵盖所有商品和劳务，加上市场竞争不完全、信用环境缺失、税收征收等环节不配套；二是虚开增值税专用发票可以抵扣税款，2%—8% 的虚开获利空间加上动辄数百万元、数千万元的虚开金额，可以获取非法

暴利。

二、虚开型涉税洗钱的分布特点

(一)地域分布情况

主要集中在安徽、新疆、吉林、重庆、山东、内蒙古、河南等地。虚开型涉税洗钱高发区域从传统的沿海经济发达地区向内地省份扩展,尤其向中西部省份日趋集中。

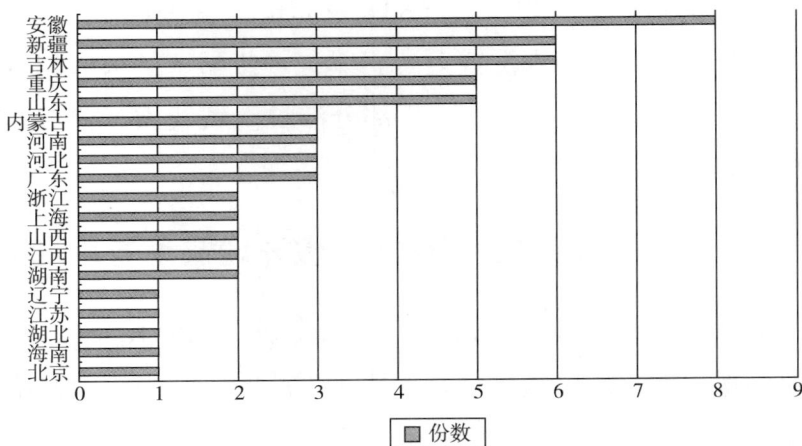

注:上图地域统计以"交易发生地"为依据。

图1 线索地域分布

(二)行业分布情况

集中于贸易类(包括贸易、商贸、物贸等)、再生资源类(再生能源、废旧物资、毛发制品等)、能源类(矿产品、煤炭等)、纺织服饰类(纺织、服饰、棉业等),这与我国增值税税收优惠政策针对的行业范围基本吻合。

再生能/资源、废旧物资、毛发制品等
矿产品、煤炭、能源、石油化工
贸易、商贸、物资贸易
纺织、服饰织造、服装、棉业
贵金属、金属材料
科技
皮具、皮制品
建筑、建筑材料
咨询服务
物资销售
投资

0　　2　　4　　6　　8　　10

■ 份数

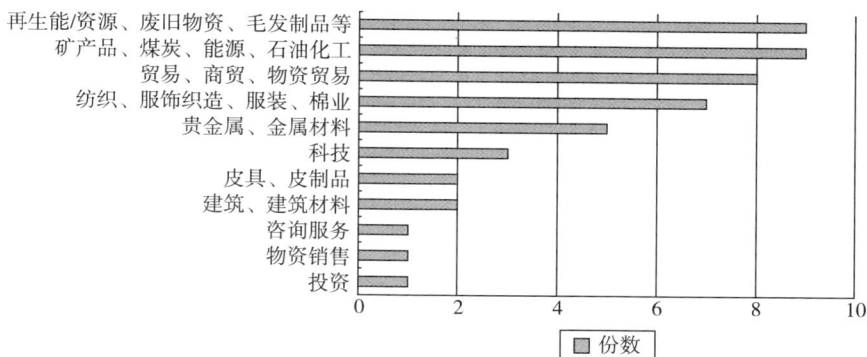

图 2　线索行业分布

三、虚开型涉税洗钱资金交易模式

虚开型涉税洗钱资金交易模式呈现以下特点。

（一）企业主体身份及账户特征

1. 行业特征明显，主要集中于前述涉税洗钱高发行业。

2. 涉及多家专门用于资金过渡的空壳企业。例如，公司的办公地址和联系电话属于不同省市，实际调查在注册地未查到公司，特意选择到经济非常落后的地区注册公司。

3. 异地注册企业。较典型的如河南、安徽、浙江等地人员到重庆异地成立纺织、毛发制品、皮制品公司。

4. 涉及多家关联企业。例如，多家公司虽法人不同但实际控制人多为一人，开户时留存地址和联系电话相同等。

5. 多家企业同一天或数天内在同一家银行网点开户，且多采用代理人开户形式。

6. 行为异常，有意规避或不配合银行调查。例如，对银行调查存在警觉，注销、变更公司名称及交易账户等。

（二）个人主体身份及账户特征

1. 职业信息与涉及企业关联密切，多为公司法人、财务人员、开户代办人、经办人或会计出纳人员等。

2. 多人开户时留存电话一致，存在实际控制人。

3. 同一银行不同网点或多家银行开立大量个人账户，不同个人账户交叉、循环使用，避免账户集中暴露。

4. 个人账户结算对公账户资金，名为个人账户，但实为企业转移资金所用。

（三）交易特征

1. 资金交易量与企业注册资本、经营规模、经营范围明显不符。

2. 企业与个人之间大量频繁交易。对公账户频繁向关联个人账户或个人账户向对公账户频繁大量资金转账。

3. 个人账户资金进出频繁，过渡特征明显。

4. 有意将交易分拆、复杂化。例如，本可一次完成的交易，拆分成相对固定的交易额进行多次重复转账。

5. 关联企业间交易金额巨大，且账户过渡特征明显，分散转入集中转出或集中转入分散转出。

6. 企业交易对手与主体的经营范围不符，交易对手众多、分布广泛且不固定，或交易对手全为异地企业。

7. 企业交易对手涉及行业多为涉税洗钱高发行业或高洗钱风险行业，如再生资源、纺织、典当、拍卖等行业。

8. 个人交易对手职业信息多涉及涉税洗钱高发行业，例如在煤矿、石油、加油站等部门工作。

（四）典型资金回流模式

资金来源和去向为同一家企业或同一地区的关联企业及

个人。

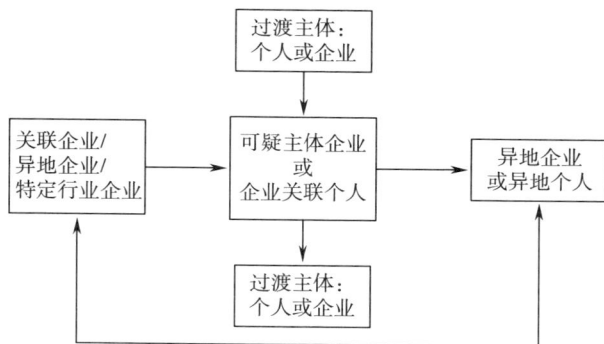

图 3　典型资金回流模式

四、建议

（一）推动将涉税犯罪纳入洗钱上游犯罪。2017 年我国将迎来国际反洗钱第四轮互评估，将涉税犯罪纳入洗钱上游犯罪符合 FATF "新 40 项建议"标准要求，有利于顺利通过评估。

（二）探索建立反洗钱部门与国家税务总局的线索会商机制，重点线索尝试直接移交税务部门，双方合作推动涉税洗钱模型建设的有效开展。

（三）对涉税洗钱高发的特定地区、行业进行专项资金监测分析。

（四）强化金融机构对涉税重点客户的尽职调查工作。针对涉税高发行业，设立行业预警机制严格审查企业开户环节，重点关注个人多头开户、代理开户等异常行为。

（2015 年 12 月）

涉税犯罪反洗钱工作初探

许智飞

涉税犯罪常与复杂的金融交易和资金转移方式相伴，涉及金额大、专业性强、构造复杂，以逃税、虚开增值税专用发票骗税为代表的危害税收征管犯罪成为引发洗钱行为的重要上游犯罪。

2012 年 2 月，国际反洗钱组织 FATF 发布《关于打击洗钱、恐怖融资、大规模杀伤性武器扩散融资的国际标准：FATF 建议》（以下简称"新 40 项建议"），将涉税犯罪列为洗钱罪的上游犯罪，并以此为标准进行反洗钱与反恐怖融资体系互评估，给我国反洗钱工作提出了新课题。

一、涉税犯罪的危害

（一）涉税犯罪严重危害国家利益

税收是国家凭借国家强制力，根据法律规定对纳税人强制无偿征收，体现了国家主权和国家权力，是国家财政收入的主要来源，是维系国计民生的血脉。涉税犯罪严重违反国家税收法，侵犯国家税收稽征权，妨害国家税收征管活动，侵害国家利益，是对国家财政收入损害最为严重的犯罪，每年因涉税犯罪给国家造成了巨额税收流失。

（二）影响正常国家政治经济活动

国家征税的最终目的是实现财政收入，利用收入实施国家政策，组织社会政治经济活动，满足社会公共需要。涉税犯罪直接侵害国家税收收入，造成国家财政收入减少，影响国家各项政策的部署和实施。

（三）破坏社会主义市场经济秩序

税收是国家强制力对社会收入分配调节手段之一，涉税犯罪嫌疑人通过非法手段多获收益，改变了自身与其他社会集团及成员在国民收入分配中的占比，使税收丧失调节收入分配作用，造成同行业间不公平竞争，使一些本应通过市场竞争淘汰的产能得以为继，影响产业、产品结构调整，破坏正常市场经济秩序。

二、涉税类洗钱的主要方式

涉税犯罪洗钱手法复杂多样，隐蔽性和专业性极强。例如，将非法所得混入正常营业所得中向税务部门报税，把非法所得变成合法收入；利用退税规定，故意向税务部门多缴税款，再获得退款，成功将赃款洗白。也有犯罪嫌疑人将合法收入通过虚构贸易等手段缴纳税款，将资金用于非法用途。

概括起来，主要包含以下几种方式。

（一）利用虚开增值税发票洗钱

利用我国增值税关于税款进项税抵扣的规定①，通过具有一般纳税人资格的关联公司，虚构业务开具增值税发票，提高自身进项税额，降低实际缴纳税额。此种方式涉及多家公司，

---

① 根据销售商品或劳务的销售额，按规定的税率计算出销售税额，然后扣除取得该商品或劳务时所支付的增值税款，也就是进项税额，其差额就是增值部分应缴的税额，这也是国际上普遍采用的一种增值税制度。

集中体现为两种方式：一是公司之间本身存在利益关系，如是母子公司、总分公司或者关系单位等，彼此间有业务往来，有实际交易发生，虚开票据与正常票据混杂在一起；二是纯粹利用中介公司，按照一定的点数交纳开票费后，开具增值税专用发票，这种情况下开具的发票一般没有实际交易或者交易内容与发票项目不符。

（二）利用优惠政策洗钱

利用优惠政策洗钱是指根据国家税收优惠政策，找缺口、钻税收政策空子达到洗钱的目的。一是根据享受优惠政策的行业注册成立公司，例如，犯罪嫌疑人注册成立享受税收优惠的农、牧行业或虚构外资成立外商投资公司，将非法所得混入企业经营所得中，以较低成本达到洗钱目的。二是将公司注册地放在享受税收优惠政策的地区，即保税区或国家重点扶持地区，如西藏等地。但企业实际经营并不在当地，只将经营所得转入当地缴税，因为经营地与注册地存在差异，给税务机关的稽查造成困难，便于虚构账目洗钱。

（三）利用虚构交易洗钱

一是利用国家对进出口货物实行相应的退（免）税制度，虚构相关进出口手续，骗取进出口退税。二是国内某些企业特别是外资企业利用虚构贸易进出口业务，办理税收手续后，直接将企业利润转往国外某公司从事非法活动，这是部分恐怖活动资金来源之一。三是企业并未有实际货品采购等与生产经营相关的行为发生，通过编制虚假财务账目，刻意扩大企业生产成本，降低企业利润，减少税款缴纳。四是将非法收入混入正常的营业收入中，提高公司整体业务收入或个人所得，申报税收，多缴纳税款。

三、打击涉税犯罪洗钱的难点

（一）目前我国法律并未明确规定涉税犯罪为洗钱罪的上游犯罪

根据我国法律规定，洗钱是指通过各种方式掩饰、隐瞒毒品犯罪、黑社会性质的有组织犯罪、恐怖活动犯罪、走私犯罪、贪污贿赂犯罪、破坏金融管理秩序犯罪、金融诈骗犯罪等犯罪所得及其收益的来源和性质的行为。虽然国际相关公约已将涉税犯罪列为洗钱上游犯罪之一，但国内立法目前仍未进行相应调整，立法层面并没有明确涉税犯罪为洗钱的上游犯罪，给实际侦查和审判带来一定的操作障碍。

（二）涉税犯罪洗钱涉及面广，侦查难度大

涉税犯罪洗钱不但发生在商贸公司、生产加工企业等传统经营行业，一些新领域如房地产、互联网企业，因税务部门对其经营模式生疏，更得到犯罪嫌疑人青睐；涉税犯罪洗钱不但涉及个体、私营企业等规模小的单位，规模较大的有限责任公司和股份制企业，也可能存在问题。涉税犯罪洗钱常常存在单位与个人相互勾结，跨省甚至跨国交易相夹杂等情况。此类案件侦破专业化程度高，需要投入大量人力、物力，防范和控制难度很大。

（三）涉税犯罪洗钱智能化、专业化程度高

涉税犯罪嫌疑人在手段和组织方式上采用多种方式组合，聘用会计、税务专业人士，编制账目，筹划税收，最大限度地规避监管。例如，有的犯罪团伙采取循环注册公司的方式，滚动操控数十家公司。特别是互联网的普及、网上银行的出现及电子支付工具的推广，增加了税务、反洗钱部门了解、掌握和监控犯罪分子交易的难度。在已破获的多起案件中，执法机关查获大量网银密钥以及从事虚构交易或非法外汇交易的凭证资料等，涉及多家金融机构，交易量极大。

四、几点建议

（一）建立健全国内法律法规

涉税犯罪与洗钱行为的高度关联性已引起国际社会的广泛关注。除 FATF "新 40 项建议" 外，《联合国禁止非法贩运麻醉药品和精神药物公约》（《维也纳公约》）、《联合国打击跨国有组织犯罪公约》（《巴勒莫公约》）、《联合国反腐败公约》等一系列国际公约都将包括涉税犯罪在内的一切犯罪所得的清洗行为以洗钱罪论处。美国、英国、法国等国已经把涉税犯罪纳入洗钱罪的上游犯罪。美国联邦税务局犯罪调查处（IRS－CI）专门负责对违反美国联邦税法的犯罪及相关金融犯罪的调查工作。新加坡金融管理局要求金融机构采取一系列针对税务犯罪的反洗钱措施，包括识别和评估与税收犯罪相关的洗钱风险、控制并降低税收犯罪洗钱风险等。相对于其他国家的法规，我国有关洗钱上游犯罪的规定较窄，应尽快将涉税犯罪列为洗钱上游犯罪，以满足国内打击犯罪的需要和国际组织的评估要求。

（二）推进建立金融情报机构与税务部门协作机制

涉税犯罪洗钱涉及面广、手法复杂多变、专业化程度高，若不结合资金流向分析，很难有效打击治理。目前金融情报在打击涉税犯罪过程中的潜在效果尚有巨大的发挥空间，同时，金融情报机构也缺乏税收领域的相关匹配信息，从海量数据中发现并形成有价值的涉税犯罪洗钱线索难度较大。

澳大利亚金融情报机构（AUSTRAC）年报显示，税务部门是其重点合作部门，税收收入在历年反洗钱工作挽回的经济损失中占比最高。AUSTRAC 与税务部门间建立了良好互动机制，税务部门甚至派专员负责与 AUSTRAC 间工作衔接。中国反洗钱监测分析中心应加强与国家税务部门的协作，进一步发挥金融情报信息在打击涉税犯罪中的作用。

据《税收征收管理法》规定，纳税人必须要在税务机关登记，填写相关信息。《反洗钱法》也要求报告机构进行客户身份识别、保存客户身份资料和交易记录，报送大额和可疑交易信息。通过税务部门与反洗钱中心的金融情报交流，一方面，税务部门可以提请协查嫌疑人的金融交易信息，提高打击涉税洗钱犯罪效率；另一方面，税务部门也可将检查中发现的涉嫌涉税犯罪主体通报给反洗钱中心列为重点监测对象，及时更新涉税可疑交易线索。

（三）提升报告机构识别涉税可疑交易能力

金融机构要加强对涉税犯罪金融交易特点的认识把握，提高临柜人员甄别、分析和判断涉税可疑交易的能力，加强对跨境客户账户、资金流动和企业规模及经营范围明显不符账户的重点监控，提升可疑交易报告质量。中国反洗钱监测分析中心在今后对报告机构的培训中也要增加相应的涉税反洗钱课程，促进金融机构报告人员更清晰地认识到涉税犯罪的危害，同时结合案例讲解典型涉税犯罪洗钱的模式和操作方式，如虚开发票、骗取出口退税等。

（2016 年 3 月）

涉税洗钱监测模型研究[①]

韩光林　张旭辉　许智飞　周小琴　张　煜

涉税犯罪减损国家财政收入，破坏社会公平秩序，尤其在金融危机后，各国加强了打击涉税犯罪的力度。涉税犯罪与洗钱行为的高度关联性已引起国际社会的共同关注，反洗钱是打击涉税犯罪的有效手段，真正发挥反洗钱手段在预防和打击涉税犯罪方面的独特优势，离不开科学有效的监测模型的构建和运用。

一、涉税洗钱监测模型构建的必要性研究——基于涉税犯罪与洗钱关系的分析

税收是国家财政收入的主要来源，是国家实现政治、军事、经济职能的经济保障和贯彻经济及社会政策的重要支柱。涉税犯罪不仅使国家损失了大量的财政收入，对奉公守法、诚实可信的纳税人也有失公平，而且增加了犯罪分子的可支配收入，助长其发展壮大，对社会构成更大威胁。反洗钱的目的就是抓住"黑钱的尾巴"，摧毁犯罪分子的经济基础。因此，涉税犯罪是反洗钱的重要对象，反洗钱是打击涉税犯罪的有效手段。

---

① 本报告是中国反洗钱监测分析中心员工参加 2015 年度中国人民银行青年课题活动的课题之一。编入本书时有删减。

（一）涉税犯罪与洗钱行为密切相关

首先，洗钱的起源与涉税犯罪有着密切联系。现代意义的洗钱概念出现在 20 世纪 20 年代的美国。当时，美国芝加哥出现以阿里·卡彭、约·多里奥和勒基·鲁西诺等为首的庞大的犯罪集团，他们购置自动洗衣机，开了一家洗衣店，每天晚上在计算当天的洗衣收入时，把非法所得的赃款也加入其中，一同向税务机关申报纳税。税务局扣去其应缴的税款后，剩下的其他非法所得就"变成"了他们的合法收入。这就是现代意义上的洗钱概念的产生过程。与此相对，人们把洗钱中所清洗的非法所得及其收益称为"赃钱"、"黑钱"，把"黑钱"清洗干净的过程称为洗钱。

其次，涉税犯罪是洗钱行为的重要原因。税收犯罪属经济犯罪的一种，往往涉案金额大、犯罪收益多，对这类违法犯罪行为所得的收益同其他犯罪收益一样，需要经过改头换面，以获得合法的外衣，成为引发洗钱行为的主要犯罪类型。

最后，税收体系本身是犯罪分子用于洗钱的渠道之一。税收体系也可以被不法分子用来从事洗钱行为，例如，将非法所得混入正常营业所得中向税收管理部门报税，把非法所得变成合法收入；也有利用退税进行洗钱，如故意向税收管理部门多缴税款，再从税收管理部门获得退款，通过这种方式成功地将赃款洗白。

部分涉税犯罪与洗钱活动同生共存，不可分割。由于税收行为的特殊性，许多犯罪分子在进行涉税犯罪的同时也完成了非法收益的清洗，这类行为中涉税犯罪行为和洗钱行为成为一个密不可分的整体。在美国国税局看来，"洗钱实际上就是逃税生效的过程"[①]。

(二) 反洗钱是打击涉税犯罪的有效手段

涉税犯罪与洗钱行为的高度关联性已引起国际社会的共同关注。《联合国禁止非法贩运麻醉药品和精神药物公约》(《维也纳公约》)、《联合国打击跨国有组织犯罪公约》(《巴勒莫公约》)、《联合国反腐败公约》等一系列国际公约都将包括涉税犯罪在内的一切犯罪所得的清洗行为以洗钱罪论处。1998 年5 月,七国集团财长鼓励采取国际行动以提高反洗钱系统有效处理涉税犯罪的能力。七国集团考虑到,在这方面采取的国际行动,将强化现有的反洗钱制度并增强税收信息交换安排的有效性。2012 年 2 月,二十国集团财长呼吁经济合作与发展组织(OECD) 与金融行动特别工作组 (FATF) 协同拟定关于为防止滥用公司人格所采取措施的报告,并提高打击非法活动的跨部门合作质量。OECD 财政事务委员会与 FATF 已经合作开发了一些新的工具来帮助增强税务部门和反洗钱机构之间的合作。FATF 在 2012 年通过的最新 40 项建议中明确要求各国应将洗钱罪上游犯罪扩展到涉税犯罪领域。

不仅在公约及立法层面将涉税犯罪作为洗钱罪的上游犯罪,各主要国家也特别重视运用反洗钱的手段加大对涉税犯罪的防控和打击力度,以应对金融危机后普遍面临的收入锐减、财政捉襟见肘的局面。

美国联邦税务局作为美国联邦税法的专门执法机关,其下设犯罪调查处 (IRS – CI) 专门负责对违反美国联邦税法的犯

---

① Bryan S. Arce. Taken to the Cleaners: Panama's Financial Secrecy Laws Facilitate the Laundering of Evaded U. S. Taxes [J]. Brooklyn Journal of International Law, 2009.

罪及相关金融犯罪的调查工作。IRS‑CI 的特工在金融犯罪侦查专业方面的专业特长及熟练运用反洗钱手段的技能得到检察官及其他执法机构的认可，对于破坏犯罪组织活动的财政基础，打击此类犯罪活动发挥了非常重要的作用。

2014 年 3 月，在比利时布鲁塞尔所举行的欧盟峰会决定，在欧盟全境内将建立一个银行信息自动交换系统，并形成合力来打击各类跨境逃税的违法行为。这一系统的构建，使得逃税者即使在本国境外设立有海外账户，本国政府也能及时获取相关信息，进而追缴相应税款。

（三）涉税洗钱模型构建的重要意义

反洗钱监测分析，对于预防监控涉税犯罪、防止税收流失具有重要意义，是打击各种涉税犯罪的有效手段之一。涉税犯罪的资金交易大都错综复杂，金融情报机构专门负责收集、分析各地报告的大额和可疑交易数据，对涉税犯罪相关账户和资金交易链进行监测并发现有价值的情报线索，对深入打击涉税犯罪有着重大作用。另外，通过加强金融情报机构之间的反洗钱国际合作，以及金融情报机构和国内部门之间的合作，有利于加大对国内外涉税犯罪的打击力度。

目前，涉税犯罪往往与骗汇、贿赂和洗钱犯罪等多种违法活动交织在一起，在组织上日趋网络化和专业化，使骗税活动和洗钱活动呈现出隐蔽性、复杂性和跨国性等特点，更凸显了反洗钱手段，尤其是金融情报的独特作用。

金融情报的形成除了依靠准确丰富的大额和可疑交易数据基础外，还需借助基于案例经验和科学算法构建的监测模型。本文拟基于隐马尔科夫模型理论，构建涉税洗钱监测模型，以期为精准打击涉税犯罪提供更具价值的金融情报支持。

二、涉税洗钱资金监测模型的构建——隐马尔科夫资金链模型的引入

（一）隐马尔科夫模型基本概念

隐马尔科夫模型（Hidden Markov Model，HMM）[1] 是关于时序的概率模型，描述由一个隐藏的马尔科夫链随机生成不可观测的状态随机序列，再由各个状态生成一个不可观测而产生观测随机序列的过程，观测而产生观测随机序列的过程。隐马尔科夫模型主要用于标注问题的统计学模型，属于生成模型。

涉税洗钱类型研究可以很好地借鉴隐马尔科夫模型的这种特点，隐藏在资金交易背后的洗钱行为符合马尔科夫链，因为从反洗钱工作者的视角来看，在海量的参与金融活动的主体中，资金每一次从一个主体通过金融服务和金融工具转移到另一个主体的行为是随机的，这种行为可称为马尔科夫资金。

由马尔科夫资金链随机生成的状态序列，称为交易风险状态序列，在交易风险状态序列中具有洗钱风险的交易可称为洗钱风险状态序列。

每个交易风险的状态对应一个可由反洗钱工作者从交易数据中观测到的交易行为，而由此产生的对交易行为观测的随机序列称为交易行为观测序列，该序列的每一个位置又可以看做是一个时刻的主体所发生的金融活动，交易主体资金流动及形态（见图1）。

---

① Rabiner L, Juang B. An introduction to Hidden Markov Models. IEEE ASSP Magazine, January 1986.

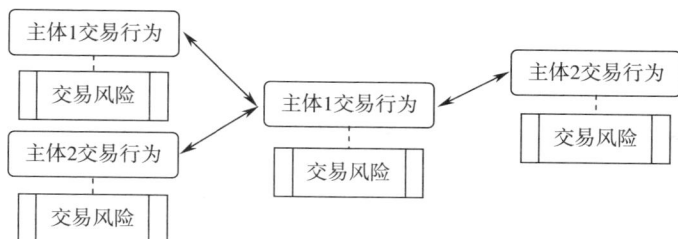

图 1　主体资金流动及风险状态

隐马尔科夫模型在涉税洗钱类型研究中的理论研究是由主体初始概率分布、交易风险状态转移概率分布以及交易行为观测概率分布确定的。

涉税洗钱类型的隐马尔科夫模型也必须遵循隐马尔科夫模型的基本假设，如下：

1. 涉税洗钱类型研究中的齐次马尔科夫假设。假设涉税洗钱类型中的主体发生的交易行为符合隐马尔科夫链特点，交易主体在任意时刻 t 的交易风险状态只依赖于前一时刻的交易风险状态，因为交易主体是通过资金链发生的前后依赖关系，只要 t 时刻没有与其他交易主体的资金往来，那么在 t 时刻就与其他时刻的交易风险状态及交易行为观测无关；另外，由于交易主体发生的资金往来可能存在于任何时刻，虽然有些特定金融服务和金融工具有一定的时间要求，但总体上来看这些资金往来所蕴含的洗钱行为与交易时间 t 无关。

2. 涉税洗钱类型研究中的观测独立性假设。假设涉税洗钱类型所涉及的交易行为，反洗钱工作对此的观测在任意时刻只依赖于该交易时间 t 的马尔科夫链的交易风险状态，与其他交易行为观测及交易风险状态无关。这一点也可以通过洗钱行为的特点来证明，交易主体之间的交易只与发生资金转移的双方有关，与其他主体没有关系，也就保证了交易行为观测的独立性。

涉税洗钱类型的隐马尔科夫模型形式定义如下：

设 Q 是所有可能的涉税交易风险状态集合，V 是所有可能发生的涉税交易行为观测的结合。

$$Q = \{q_1, q_2, \cdots, q_n\}$$
$$V = \{v_1, v_2, \cdots, v_m\}$$

其中，n 是存在的交易风险状态数，m 是存在的交易行为观测数。

I 是资金链长度为 T 的交易风险状态序列，O 是 I 对应的交易行为观测序列，定义如下：

$$I = (i_1, i_2, \cdots, i_T)$$
$$O = (o_1, o_2, \cdots, o_T)$$

A 是交易风险状态转移概率矩阵：

$$A = [a_{ij}]_{n \times n}$$

其中，$a_{ij} = P(i_{t+1} = q_j \mid i_t = q_i)$，$i = 1, 2, \cdots, N$；$j = 1, 2, \cdots, N$ 是在时刻 t 处于交易风险状态 q_i 条件下在时刻 $t+1$ 转移到交易风险状态 q_j 的概率。

B 是交易行为观测概率矩阵：

$$B = [b_j(k)]_{n \times m}$$

其中，$b_j(k) = P(o_t = v_k \mid i_t = q_j)$，$k = 1, 2, \cdots, m$；$j = 1, 2, \cdots, n$ 是在时刻 t 处于交易风险状态 q_j 的条件下生成交易行为观测 v_k 的概率。

π 是交易主体的初始交易风险状态概率向量：

$$\pi = (\pi_i)$$

其中，$\pi_i = P(i_1 = q_i)$，$i = 1, 2, \cdots, n$ 是时刻 $t = 1$ 处于交易风险状态 q_i 的概率。

涉税洗钱类型的隐马尔科夫模型由主体初始状态概率向量 π、交易风险状态转移概率矩阵 A 和交易行为观测概率矩阵 B 决定。

（二）概率计算法

使用隐马尔科夫模型研究涉税洗钱类型，首先解决模型中的概率计算问题。隐马尔科夫模型的概率计算通常有直接计算法、前向计算法和后向计算法。由于直接计算法的计算量很大，理论上是 $O(TN^N)$ 阶，基本不可行，因此一般研究者都使用前向计算法和后向计算法。本文主要使用前向计算法计算涉税洗钱类型的隐马尔科夫模型的交易行为观测序列概率 $P(O \mid \lambda)$。

前向概率计算方法，就是对于给定的隐马尔科夫模型 λ，定义到交易时间 t 时部分交易行为的观测序列为 o_1, o_2, $\cdots$, o_t 且交易风险状态为 q_i 的概率为前向概率，记作：

$$a_t(i) = P(o_1, o_2, \cdots, o_t, i_t = q_i \mid \lambda)$$

然后基于现有的已经定性的洗钱案例、洗钱线索、可疑报告，对其中涉及的主体的洗钱风险状态进行初始化，量化主体的洗钱风险程度，再根据主体的前向资金链递推地求得资金转移上下游的主体概率 $a_t(i)$ 及相应的交易行为的观测序列概率 $P(O \mid \lambda)$。

详细的计算步骤如下：

模型输入：隐马尔科夫模型 λ，交易行为的观测序列 O；

模型输出：主体交易行为的观测序列概率 $P(O \mid \lambda)$；

步骤 1：初值

$$a_t(i) = \pi_i b_i(o_1), \quad i = 1, 2, \cdots, N$$

步骤2：递推计算交易时间 t 之前时刻（$t = 1, 2, \cdots, T-1$）的主体交易风险概率 $a_t(i)$

$$a_{t+1}(i) = \left[\sum_{j=1}^{N} \alpha_t(j) a_{jt}\right] b_i(O_{t+1}), \quad i = 1, 2, \cdots, N$$

步骤3：终止策略

$$P(O \mid \lambda) = \sum_{i=1}^{N} \alpha_T(i)$$

前向计算法中，步骤1初始化前向概率，是主体洗钱风险定性时刻的状态 $i_1 = q_i$ 和交易行为观测 o_1 的联合概率。步骤2是前向概率的递推公式，计算到交易时间为 $t+1$ 部分交易行为观测序列为 o_1，o_2，$\cdots$，o_t，o_{t+1} 并且在交易时间 $t+1$ 处于交易风险状态 q_i 的前向概率，如图2所示：

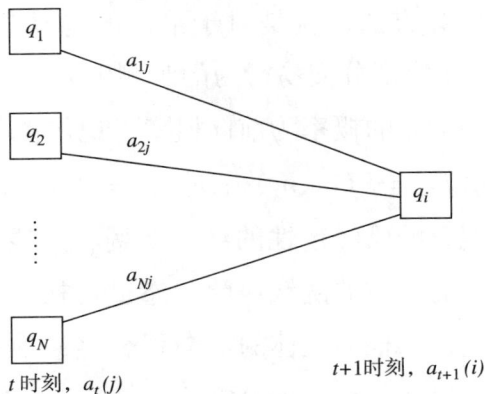

图2　隐马尔科夫资金链前向概率计算

在步骤2里，等式右边 $\alpha_t(j) a_{jt}$ 就是在交易时间 t 时刻观测到的 o_1，o_2，$\cdots$，o_t 并在 t 时刻处于交易风险状态而在 $t+1$ 时刻达到交易风险状态 q_i 的联合概率。同时在 t 时刻的所有有资金交易往来的 N 个交易风险状态 q_j 的和，最终可以计算出 t 时

刻观测到的 o_1，o_2，$\cdots$，o_t 并在 $t+1$ 时刻处于状态 q_i 的联合概率，该概率与交易行为观测概率 $b_i(o_{t+1})$ 的乘积就是 $t+1$ 时刻观测到 o_1，o_2，$\cdots$，o_t，o_{t+1} 并在 $t+1$ 时刻处于状态 q_i 的前向概率 $a_{t+1}(i)$。

使用前向概率算法计算最终 $P(O\mid\lambda)$ 的计算量是 $O(N^2T)$ 阶的，在实际中可以操作。

三、通过税收犯罪洗钱的主要形式

按照我国当前税制，共有税种 19 个，这些税种理论上都有被洗钱分子利用的可能性。通过研究近年我国涉及税收犯罪洗钱案例，以及根据我国刑事法律对骗取出口退税罪、虚开增值税专用发票罪等 23 种税收犯罪罪名的规定，考虑到印花税、车船税等涉税额较低，被犯罪分子利用可能性较小，本文将现有的与洗钱犯罪相关的税收犯罪分为主要三种形式，主要涉及增值税[①]、营业税、所得税、关税等税种。

（一）虚开发票型

1. 定义。虚开发票型主要是指虚开增值税发票，即利用我国增值税关于税款进项税抵扣的规定[②]，通过具有一般纳税人资格的关联公司，虚构业务开具增值税发票，提高自身进项税额，降低实际缴纳税额。

2. 操作方式。这类犯罪通常都是真实业务与代开业务同时

---

① 增值税是以商品（含应税劳务）在流转过程中产生的增值额作为计税依据而征收的一种流转税。

② 根据销售商品或劳务的销售额，按规定的税率计算出销售税额，然后扣除取得该商品或劳务时所支付的增值税款，也就是进项税额，其差额就是增值部分应缴的税额，这也是国际上普遍采用的一种增值税制度。

进行，由一个实际控制人控制 1 到 2 家具有一般纳税人资格的关联性企业，与需要增值税专用发票的企业协商确定"开票费"，代开企业以销售商品名义伪造购货清单、虚开销售专用发票等伪造一系列财务账目，虚开企业将货款全额转给代开企业，代开企业从中提取开票费用，如安徽某地增值税洗钱案。有时为逃避检查，代开企业会利用关联企业间的账务流转，隐瞒代开费用的真实来源和性质。

3. 案例①——安徽某地增值税洗钱案。犯罪嫌疑人刘某经他人介绍认识江某经济贸易有限公司（经营范围为成品油批发、石油制品批发，以下简称江某公司）负责人，双方商谈后达成实施虚开增值税专用发票的口头协议。2012 年 2 月、2013 年 1 月，刘某注册成立鑫某公司、铂某公司（均具有一般纳税人资格），两家公司经营范围均为石油制品（不含成品油）、化工产品（不含危险品、有毒品）、橡胶制品、金属材料批发及零售等。具体洗钱手法如下：

第一步，江某公司联系安徽、上海等地多家企业，商议购进成品油加工原料。随后，江某公司将购货款和"开票费"全额转至鑫某公司、铂某公司账户，授意这两家公司与供货方签订购货合同并划转货款。

第二步，供货公司收到货款后将货物发至江某公司，开具与销售货物名称、金额一致的增值税专用发票给鑫某、铂某公司。鑫某、铂某公司按照"购进"货物每吨加价 50—70 元不等的价格，虚开销售货物名称为"93#（Ⅲ）、93#（Ⅳ）"的增值税专用发票给江某公司。

① 考虑到保密需要，该案例隐去涉案双方的公司名称及犯罪嫌疑人名字。

第三步，江某公司使用虚假成品油增值税专用发票抵扣进项税税款，据统计，该案共涉及虚开增值税专用发票金额约14.63亿元，税额约2.49亿元，犯罪嫌疑人刘某从中获取非法所得900余万元。其洗钱流程如图3所示。

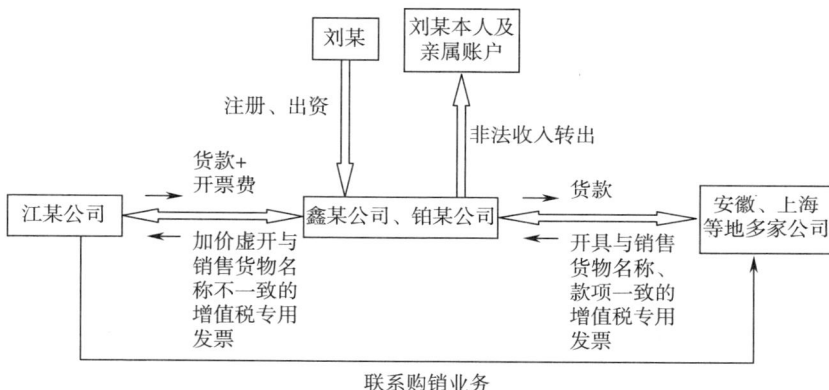

图3 虚开发票型洗钱流程

（二）虚构收入型

1. 定义。虚构收入型主要指将非法收入混入到正常的营业收入中，提高公司整体业务收入或个人所得，通过税收申报，多缴纳税款的方式，清洗非法所得，该类型的税收犯罪主要涉及营业税①和所得税。

2. 操作方式。通常由犯罪分子开立或实际控制某个营业型公司或企业，通过投资、购买等方式将非法所得收入混入正常的营业收入中，通过申报税收，将非法所得进行清洗。该类型的税收犯罪因涉及多种生活性服务业、娱乐业、体育业等行

① 营业税是对在中国境内提供应税劳务、转让无形资产或销售不动产的单位和个人，就其所取得的营业额征收的一种税。目前国家税务总局正在进行营业税改增值税的试点工作，但短期内营业税还将存在并适用，仍应引起反洗钱部门的充分重视。

业，相对于一般纳税人，犯罪门槛较低，专业性不强，操控起来更为简单，常为腐败分子或黑社会组织所利用，如哥伦比亚足球洗钱案例。

3. 案例——哥伦比亚足球洗钱案。2008 年哥伦比亚麦德林独立队 13 名俱乐部官员因涉嫌协助贩毒集团洗钱被捕，哥伦比亚最高检察院披露，1999—2005 年，曾任麦德林独立队俱乐部主席的贝拉斯科斯等 13 名俱乐部官员涉嫌利用球队为当地贩毒集团洗钱，涉案金额高达 2000 多万美元。据俱乐部内部人士透露，球队管理层在过去 30 年间帮助贩毒集团洗钱，金额高达 1.5 亿美元。据经合组织（OECD）对足球俱乐部洗钱的专项调查报告显示，毒枭作为投资人使用贩毒所得直接向俱乐部投资，然后通过在价格上涨时变卖俱乐部设备和服务、出售媒体播放权、俱乐部商品、球票、球员买卖来拿回那些清洗过的赃款。虚构收入型洗钱流程如图 4 所示。

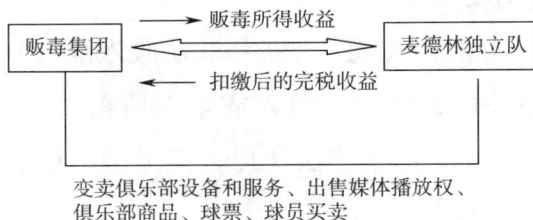

图 4　虚构收入型洗钱流程

（三）虚构进（出）口型

1. 定义。虚构进出口型主要是指利用国家为鼓励进出口贸易的发展，对进出口货物实行相应的退（免）税优惠制度，虚构相关退税手续，骗取进出口退税的行为。

2. 操作方式。一般是具有对外贸易进出口资质的企业或个人，通过与外商签订虚假进出口合同，虚报出口清单，伪造进口凭证，高报进口货物价格，低报出口货物价格等方式向海关虚假申请，骗取进出口退税，该类型犯罪常与虚开发票型税收犯罪交叉进行，如海南骗取出口退税案。

3. 案例——海南骗取出口退税案。2004 年 3 月至 4 月，海南省 A 废品收购站、B 废品收购站等 9 家企业在短期内大量支取现金，交易行为可疑，具有明显的"结构性"洗钱特征，交易金额与其经营规模极不相符，存在重大洗钱嫌疑。通过检查，该 9 家企业通过与广东等地的外贸企业合谋，通过虚增生产成本、赔本销售等方式，骗取出口退税 3000 万元。虚构进（出）口型的洗钱流程如图 5 所示。

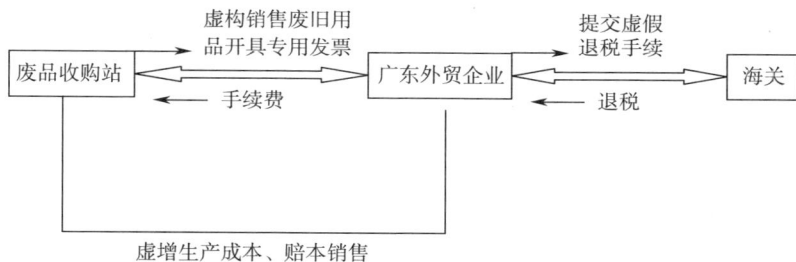

图 5　虚构进（出）口型洗钱流程

上述涉税洗钱模式的资金交易往往基于虚假的交易背景，其目的在于规避执法机关的打击，掩饰虚假交易的实质，无论是虚开发票、虚构收入还是虚构进出口等方式，这些参与涉税洗钱的企业、个人在转移资金过程中与金融机构有着千丝万缕的关系，脱离了金融机构，涉税洗钱的效果就会大打折扣。

在实践中，涉税洗钱的资金交易特征表现为：参与洗钱的企业在多家金融机构开立多个账户，并与地下钱庄存在着密切的资金往来，账户资金流动速进快出等，这些特征恰好可以通过账户间发生交易的时间序列来描述或观察，因而理论上可以将隐马尔科夫资金链用于反洗钱监测分析中。

四、隐马尔科夫资金链模型的应用场景——一个案例的实证研究

前面章节已经对涉税洗钱的交易行为特征、主体关系、操作方式有了深入分析，如何利用隐马尔科夫资金链模型，将可观测到的账户间资金交易的时间序列应用于涉税洗钱的分析中，是本章节主要解决的问题。实证研究的基本思路是以一定数量的涉税洗钱案例作为训练数据，使用监督学习方法训练涉税洗钱的隐马尔科夫资金链模型所涉及的参数，其中训练数据中包括交易行为的观测序列，以及由反洗钱人员分析使用的交易行为观测序列所对应的交易风险状态序列。

（一）涉税洗钱的隐马尔科夫资金链模型建立

假设反洗钱工作中已经分析提炼出的训练数据中包含 S 个长度相同的交易行为观测序列和对应的交易风险状态序列 $\{(O_1,I_1),(O_2,I_2),\cdots,(O_S,I_S)\}$，本文利用极大似然估计法来估计涉税洗钱的隐马尔科夫资金链模型的参数。计算方法如下：

1. 交易风险的转移概率 a_{ij} 的估计。设样本中交易时间 t 处于状态 i 时刻 $t+1$ 转移到风险状态 j 的频率为 A_{ij}，那么风险状态转移概率 a_{ij} 的估计：

$$\widehat{a}_{ij} = \frac{A_{ij}}{\sum_{j=1}^{N} A_{ij}}$$

$$i = 1, 2, \cdots, N \; ; \; j = 1, 2, \cdots, N$$

2. 交易行为观测概率 $b_j(k)$ 的估计。假设样本中交易风险状态为 j 并直接观测交易行为为 k 的频数是 B_{jk}，因此交易风险状态为 j 可观测的交易行为为 k 的概率 $b_j(k)$ 的估计：

$$\widehat{b}(k) = \frac{B_{jk}}{\sum_{k=1}^{M} B_{jk}}$$

$$k = 1, 2, \cdots, M \; ; \quad j = 1, 2, \cdots, N$$

3. 主体的初始风险状态概率 π_i 的估计 $\widehat{\pi}_i$ 为 S 个样本中主体初始风险状态为 q_i 的频率。

（二）涉税洗钱的隐马尔科夫资金链模型应用

通过统计学习建立了涉税洗钱的隐马尔科夫资金链模型，通过已知的交易行为观测序列 $O = (o_1, o_2, \cdots, o_t)$，使用极大似然估计方法估计模型中 $\lambda = (A, B, \pi)$ 的参数，使得在隐马尔科夫资金链模型下交易行为的观测序列概率 $P(O \mid \lambda)$ 最大。

在隐马尔科夫资金链模型应用涉税洗钱分析中，利用已知的涉税洗钱模型的学习参数 $\lambda = (A, B, \pi)$ 和交易行为观测序列 $O = (o_1, o_2, \cdots, o_t)$，反洗钱工作者可以在海量资金链关系或关注的群体资金链中，在已获知资金链所观测出的主体交易行为序列条件概率 $P(I \mid O)$ 最大的交易风险状态序列 $I = (i_1, i_2, \cdots, i_T)$，该状态序列上涉及的主体就是涉税洗钱风险最大的主体。

利用隐马尔科夫资金链模型在涉税洗钱的分析方法主要是近似算法。该算法思想是在每个交易时间 t，选择在该时刻最

有可能出现的状态 i_t，从而得到一个主体交易风险的状态序列 $I' = (i_1', i_2', \cdots, i_T')$，并将该序列作为涉税洗钱的主体序列。近似算法计算方式如下：

给定涉税洗钱的隐马尔科夫资金链模型 λ 和交易行为的观测序列 O，在交易时间 t 处于状态 q_i 的概率 $\lambda_t(i)$ 是

$$\gamma_t(i) = \frac{\alpha_t(i)\beta_t(i)}{P(O \mid \lambda)} = \frac{\alpha_t(i)\beta_t(i)}{\sum_{j=1}^{N} \alpha_t(i)\beta_t(i)}$$

在每一个交易时间 t 最有可能的状态 $i_t = \mathrm{argmax}_{1 \leq i \leq N} [\gamma_t(i)]$，$t = 1, 2, \cdots, T$，从而得到主体的交易风险状态序列 $I' = (i_1', i_2', \cdots, i_T')$，该序列若大于设定的洗钱风险阈值 σ，则说明该主体序列为洗钱风险状态序列 $I = (i_1, i_2, \cdots, i_T)$。

为了进一步说明隐马尔科夫模型在涉税洗钱类型案例中的预测应用，我们以海南骗取出口退税案为例（见图5）进行模型的推演。案例①简介如下：

某废品收购站等9家企业在短期内大量支取现金，交易行为可疑，具有明显的"结构性"洗钱特征，交易金额与其经营规模极不相符，且通过与广东等地的外贸企业合作，通过虚增生产成本、赔本销售等方式，骗取出口退税金额巨大。

对上述案例，我们首先根据已有洗钱案例进行学习，根据学习结果将具有资金链关系的所有主体按照洗钱风险程度进行初始化设定，假设我们设计案例的初始情况如下：

案例中的两家企业和海关三者之间构成一个 3×3 维度的

---

①　罗扬，李哲：《反洗钱前沿问题研究》，中国金融出版社，2014。

状态矩阵 A，矩阵中每个 a_{ij} 表示企业与企业或企业与海关之间可能发生资金往来的概率（见表1）。

表1　　　　　　　　　　　　主体状态矩阵

	废品收购站	广东外贸企业	海关
废品收购站	0.1	0.7	0.2
广东外贸企业	0.6	0.1	0.3
海关	0.1	0.8	0.1

注：数据根据反洗钱工作经验分析及实际案例推演获得，由于涉及敏感信息，文中只展示分析及推演的结果数据。

案例中，观测概率矩阵 B 表示处于某企业或海关时发生的可观测资金往来的概率。即 $b_j(k)$ 的值表示，在 t 时刻当状态为废品收购站时，可观测的通过银行上报的资金交易的概率为 v_k。观测概率矩阵为：

观测到的资金交易由 3 个时期组成，分别是 T1 时刻，广东外贸企业高价收购废品收购站物资，同时还有其他交易行为发生；T2 时刻，广东外贸企业产品销售国外获取收入；T3 时刻，海关退税给广东外贸企业，同时废品收购站出现大量现金支取行为。

表2　　　　　　　　　　　　观测概率矩阵

	T1 时交易	T2 时交易	T3 时交易
废品收购站	0.6	0.1	0.7
广东外贸企业	0.5	0.6	0.6
海关	0.1	0.1	0.2

注：数据根据反洗钱工作经验分析及实际案例推演获得，由于涉及敏感信息，文中只展示分析及推演的结果数据。

假设初始状态 π 为（0.5，0.5，0.1），那么通过隐马尔科夫资金链模型来预测最可能发生洗钱风险的资金链。

步骤 1：初始化。

在时间 $T = 1$ 时，对每一个企业 i 来说（$i = 1$，2，3），企业为 i 观测为正常交易的概率记为 $Y_1(i)$，则

$$Y_1(i) = \pi_i b_i(o_i)，i = 1,2,3$$

计算结果为：$Y_1(1) = 0.03$，$Y_1(2) = 0.25$，$Y_1(3) = 0.01$

这是反洗钱监测中初始时刻各企业和海关发生初始交易时的交易风险概率。

步骤 2：计算各个时期，各企业交易风险概率最大化的情况。

在 $T2$ 时刻，对每个状态 i，$i = 1$，2，3，计算 $T1$ 时刻企业为 j 观测为交易 1 并在 $T2$ 时刻企业为 i 观测为交易 2 的交易风险最大概率，则

$$Y_2(i) = \max[y_1(j) \times a_{ji}]b_i(02) \quad j = 1,2,3$$

对每个企业 i（$i = 1$，2，3），计算交易风险概率最大路径的前一个状态企业 j。

计算结果如下：

$Y_2(1) = 0.015$　　废品收购站的最大交易风险对象为广东外贸企业

$Y_2(2) = 0.126$　　广东外贸企业的最大交易风险对象为废品收购站

$Y_2(3) = 0.0075$　　海关的最大交易风险对象为广东外贸企业

在 $T3$ 时刻

$$Y_3(i) = \max[y_2(j) \times a_{ji}]b_i(03) \quad j = 1,2,3$$

$Y_3(1) = 0.053$　废品收购站的最大交易风险对象为广东外贸企业

$Y_3(2) = 0.00756$　广东外贸企业的最大交易风险对象为广东外贸企业

$Y_3(3) = 0.00756$　海关的最大交易风险对象为广东外贸企业

步骤 3：在每个时刻，找出交易风险最大概率的资金流转路径。

T3 时刻，交易风险最大的是 $Y_3(1) = 0.053$，最大交易风险的路径是广东外贸企业与废品收购站之间的交易。

T2 时刻，交易风险最大的是 $Y_2(2) = 0.126$，最大交易风险的路径是废品收购站与广东外贸企业之间的交易。

T1 时刻，交易风险最大的是 $Y_1(1) = 0.3$，交易风险最大的企业是废品收购站。

整个资金链中交易风险最大路径按时间排列为 $I = (1, 2, 1)$

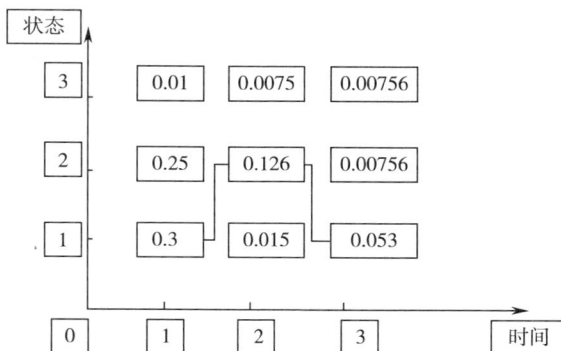

图 6　交易风险概率最大的资金链

最终通过隐马尔科夫资金链模型预测的交易风险最大的可疑资金链为废品收购站与广东外贸企业之间在 T1 至 T3 时期内

发生的交易。

五、隐马尔科夫资金链模型的应用前景——政策建议

"工欲善其事，必先利其器"，本文使用隐马尔科夫资金链模型对涉税洗钱行为进行预测，在模拟案例中取得了较好的应用效果，这为利用反洗钱资金监测手段预防打击涉税犯罪提供了新的视角。但同时，"徒器不足以自行"，模型工具的运用和效用发挥必须植根于良好的数据环境、各相关部门的有效配合以及战略层面注重发挥反洗钱手段在涉税治理方面的作用。

（一）改善数据质量，为模型运用提供良好数据环境

大额和可疑交易报告数据质量状况直接影响监测分析的有效性，是隐马尔科夫资金链模型等一系列技术模型有效运行的基础。要促进大额和可疑交易报告相关制度的完善，科学设置报告要素指标，在监管手段支持下严格报送要求，不断改善数据质量，为模型运用提供良好数据环境。

同时，在现实的数据运用中不断改善隐马尔科夫资金链模型，提高其计算效率，也要把涉税洗钱监测分析经验和业务新需求尽快转化为分析软件和技术开发需求，实现技术与业务深度融合、互促发展，不断增强监测分析人员运用现代技术手段的能力和水平。

（二）加强协调配合，增强打击涉税洗钱合力

涉税犯罪与洗钱行为的密切关联要求各相关部门加强协调配合。反洗钱手段是打击涉税犯罪等经济金融犯罪的有效手段，应在战略层面注重发挥反洗钱手段在涉税治理方面的作

用。同时反洗钱手段效用的充分发挥也需要其他手段和资源的密切配合。因此一方面我们应积极推动落实 FATF "新 40 项建议"关于金融情报机构"应当能够从报告实体获取额外信息，并能够及时获得其恰当履职所需要的金融、管理和执法信息"等要求，这不仅是充分发挥反洗钱资金监测工作独特优势的基本保障，也是确保顺利通过 FATF 第四轮互评估的必要条件。另一方面应在现有基础上，加强与税务、海关等执法部门的协调配合，除争取相关的匹配数据支持外，还应在典型案例研究、资金特点总结、模型构建与应用等方面共商共建，以期反洗钱手段发挥最佳效用。

参考文献

［1］Bryan S. Arce. Taken to the Cleaners：Panama's Financial Secrecy Laws Facilitate the Laundering of Evaded U. S. Taxes ［J］. Brooklyn Journal of International Law，2009.

［2］Rabiner L，Juang B. An Introduction to Hidden Markov Models. IEEE ASSP Magazine，January 1986.

［3］Rabiner L. A tutorial on Hidden Markov Models and selected applications in speech recognition. Proceedings of IEEE，1989.

［4］俞光远：《反洗钱与反涉税犯罪》，载《中国税务》，2007（2）。

［5］吴崇攀等：《税收犯罪与反洗钱研究》，载《海南金融》，2013。

［6］杨荣涛等：《税务洗钱犯罪类型研究》，载《西部金融》，2013。

［7］曹作义：《中国洗钱犯罪调查报告》，载《当代金融家》，2010。

（2015 年 6 月）

洗钱风险指数模型研究①

张　煜　马林林　王　旭　熊　飞　王连猛

一、引言

（一）研究目的

当前，我国涉及洗钱及其上游犯罪案件呈高发趋势，因此需要根据反洗钱数据库的洗钱风险统计数据来编制指数，用于综合反映我国总体及各省份的洗钱风险程度，便于反洗钱监管部门调动有限资源获取更大的反洗钱成果。

本文根据宏观经济数据和反洗钱相关统计数据与洗钱风险的关系，尝试使用动态单因子模型建立洗钱风险的一致指数、先行指数，使用动态多因子模型建立基于特定洗钱类型的风险指数，并将各类洗钱风险指数与实际业务应用结合起来，以更好地推进反洗钱监测分析工作。

（二）研究思路

目前洗钱风险程度评估方法是从多宏观指标出发，分别进行总量分析、趋势分析，而本文借鉴宏观经济景气指数建设研究成果开展洗钱风险评估研究工作，主要方法是使用 Stock 和 Watson 提出的利用动态单因子模型，从各种宏观洗钱指标中找

---

　　① 本报告是中国反洗钱监测分析中心员工参加 2015 年度中国人民银行青年课题活动的课题之一。编入本书时有删减。

出共同变化部分，并将共同变化的变量作为洗钱风险评估的"晴雨表"，本文简称洗钱风险指数。洗钱风险指数不应仅对可疑报告总量指标进行评估（因为可疑报告报送质量亟待提高、各报告机构对可疑程度判断存在差异，目前单独从可疑报告报送量等统计数据无法正确反映洗钱风险），而应该将洗钱风险指数容纳更多的洗钱宏观指标，如一定时间间隔内报送的客户总数、报送的客户账户总数、报送的客户总笔数、涉及跨境交易比例等。因为洗钱风险指数反映的是一定时期内客户发生洗钱行为交易的多少、助长洗钱上游犯罪的严重程度，是隐藏在众多总量指标的变化背后的共同因素，这个因素从反洗钱监测分析角度无法直接观测到，只能使用一个基本变量来量化而展示出来，这个基本变量从多个洗钱行为角度来反映洗钱宏观指标的共同变动，代表整体潜在的洗钱严重程度，因而这个不可观测的基本变量的变化状态就是洗钱风险的严重程度。

本文使用动态单因子模型构建洗钱风险一致指数，用来反映我国及各地区或各报告机构的总体洗钱风险的周期波动情况，该指数大体反映可疑报告报送情况、洗钱及其上游犯罪线索量，但比起这两种数据总量指标，动态因子模型计算的指数蕴含着更多内容。从理论看，动态因子模型构建的洗钱风险指数可以更好地监测洗钱风险周期波动，因此本文还利用动态单因子模型构建先导性预警的洗钱风险指数，可以根据宏观经济的变化对未来洗钱风险的变化进行预警。此外，还对动态多因子模型的应用进行了理论说明，丰富了动态因子模型的应用范围。

在动态因子模型的具体使用中，可以从大额交易洗钱风险、可疑报告洗钱风险、洗钱线索蕴含的洗钱风险三个角度构建洗钱风险指数，其中洗钱线索与可疑报告的分析涉及敏感数据，因此，本文只以大额交易为基准，建立洗钱风险指数模型，用实证来检验动态因子模型在洗钱风险评估中的作用。

二、参考文献研究

计量经济分析模型经过数十年理论研究与实际应用，分析方法不断完善和改进，先后出现因子分析方法、主成分分析方法、动态因子方法，宏观经济学使用这些精深的计量工具构建各种经济景气指数模型。目前各国有很多研究人员使用动态因子方法对经济问题进行实证研究，并开发出多因子动态模型、FAVAR 模型、广义动态因子模型等，该方法的创立者 Stock 与 Watson[1] 使用动态单因子方法对美国地区的通货膨胀率进行预测，Hubrich[2] 则使用欧元区的通货膨胀率进行预测，两者都取得了较好效果；Min Qi[3] 使用两种不同的动态因子分析方法，分别是动态单因子模型与动态多因子模型，基于美国的多种经济指标构建先行指数，并通过神经网络模型来预测美国经济复苏情况；Robert Megna[4] 则使用动态因子模型构建的经济景气指数开发了一个指示器，用来预估纽约未来一段时间内的财政

① Stock, J. H. and Watson, M. W.. Forecasting Inflation [J]. Journal of Monetary Economics, 1999, 44 (2): 293 – 335.

② Hubrich, K.. Forecasting euro area inflation: does aggregating forecasts by HICP component improve forecast accruacy? [J]. International Journal of Forecasting, 2005, 21 (1): 119 – 136.

③ Min Qi. Predicting US recessions with leading indicators via neural network models [J]. International Journal of Forecasting, 2001, 17: 383 – 401.

④ Robert Megna, Qiang Xu. Forecasting the New York State economy: The coincident and leading indicators approach [J]. International Journal of Forecasting, 2003, 19: 701 – 713.

收入变化情况。

在我国也有很多学者使用动态因子方法对经济走向进行分析和预测。王金明、程建华、杨晓光使用动态单因子模型构建动态单因子模型一致景气指数和动态单因子模型先行景气指数来研究我国宏观经济运行状况和未来发展趋势，为了验证动态单因子模型景气指数的有效性，与 NBER 一致合成指数进行了详细比较，并根据我国宏观经济发展状况，对动态单因子模型景气指数的预测效果进行了分析；陈磊、高铁梅[①]在对我国经济发展趋势的预测中也使用了动态单因子模型，认为采用动态单因子模型建立我国新的宏观经济景气指数是切实可行的，可以更科学地作出未来经济发展趋势和主要经济变量的预测。

三、数学模型理论研究

（一）理论研究

动态因子模型的数学表达比较简单，采用了状态空间方法，可以通过下述的测量方程与状态方程进行表示。

$$Y_t = \alpha + \beta \sum_t^{t-p} C_t + u_t \tag{1}$$

$$\Phi(L) C_t = \delta + \eta_t \tag{2}$$

$$\theta(L) U_t = \varepsilon_t \tag{3}$$

式（1）是测量方程，其中的 Y 为可观测经济变量的时间序列值，实际中可能会出现多个可观测经济变量的时间序列，

① 陈磊，高铁梅：《利用 Stock – Watson 型景气指数对宏观经济形势的分析和预测》，载《数量经济技术经济研究》，1994（5）。

为避免经济波动对实证模型的影响，Y 最好是去掉趋势变动因素和季节性因素后的平稳部分。C 是不可观测变量，是反映总体洗钱活动的景气指数，也就是本文用来描述洗钱风险程度的指数。u 是与 C 相互独立的随机扰动项，表示各经济变量在蕴含洗钱风险之外特有的随机变动部分，一般情况下可假定 u 是符合期望为 0，方差稳定的正太分布向量。由于模型中含有不可观测变量，因此必须利用状态空间方法来估计系数。

式中的 L 表示滞后算子，$\Phi(L)$ 和 $\theta(L)$ 表示滞后多项式和滞后多项式矩阵。它们表明 c 和 u 被看成是自回归随机过程，其中 C_t 可设为 $AR(p)$，u_t 的每一个分量为 $AR(r)$。

（二）方法先进性比较

动态因子分析可以和主成分分析进行比较，主成分分析就是利用降维的思想，由研究原始变量相关矩阵内部的依赖关系出发，把一些具有错综复杂关系的变量归结为少数几个综合因子，再使用回归方程进行回归分析，找出自变量与因变量之间的关系（因子分析是主成分的推广，相对于主成分分析，更倾向于描述原始变量之间的相关关系）。但是主成分分析方法由于使用降维方法，导致在计算时会遗漏某些看起来方差贡献度很低但事实上较重要的因子，致使对因变量的预测存在理论上的误差。

而动态因子模型构建的公共因子状态方程对所有相关因子进行计算，找出对这些因子的波动起影响的共同部分，将这部分独立出来作为指数。我们不仅可以直接使用动态因子模型得出的指数对洗钱风险进行评估，还可以具体地分析模型方程每一期的因子变化情况和随机扰动项，直接分析出每一期中实际洗钱风险与模型计算的洗钱风险之间的误差项和随机扰动程度，便于分析扰动原因，优化模型。

四、宏观经济与洗钱风险先行指数研究

（一）洗钱风险指标体系研究

宏观经济角度分析，洗钱是利用金融服务与金融工具实现高风险、高收益的金融行为，预期收益远超洗钱成本，能够给洗钱上游犯罪主体带来巨大的经济收益或隐蔽的资金输送渠道。洗钱行为与经济发展、金融市场的完善有密切联系，我国经济的高速发展，使得社会流动资金量越来越大，地下资金流动量也日趋增加，资金监管任务也越发艰巨；日益发达的金融市场为洗钱行为的多样化、隐蔽化增加了手段，也使得地下资金的流动相比以往快速、复杂、不易被监管发现。

动态单因子模型通过经济、金融指标中蕴含的不可直接观察的洗钱风险因素，间接发现我国当期洗钱风险的变动趋势。

本文建立的洗钱风险指标体系将指标分为三类：洗钱行为先行指标、洗钱行为一致指标、洗钱行为滞后指标。其中洗钱行为先行指标主要是基于宏观经济与金融的指标、反腐反恐怖融资等方面的政策性指标；洗钱行为一致指标主要由反洗钱中心接收的大额与可疑交易数据中的统计数据组成；洗钱行为滞后指标主要由各办案机构返回的洗钱犯罪统计数据等组成。

（二）先行指标数据处理

洗钱风险先行指数捕捉的对象是在洗钱行为发现以前，可先行获知的宏观经济与金融指标的共同波动成分，建立动态单

因子模型洗钱风险先行指数。通过建立稳定的、蕴含洗钱行为的先行指数，根据经济未来走势来预测洗钱风险变化。本文选取与洗钱行为所涉及的资金流动相关的先行经济与金融指标，主要通过三个步骤：

1. 备选指标。根据经济与金融指标的业务含义来判断其资金运作情况是否包含非法资金流动或被洗钱者利用，并将这些指标作为洗钱风险指数的备选指标（见表1）。

表1　　　　　　　　　　　　备选指标与业务含义

备选指标	业务含义
城镇居民家庭人均可支配收入（元）	人均可能涉及洗钱行为的资金
城乡居民人民币储蓄存款年底余额（亿元）	可能涉及洗钱行为的资金存量
城乡居民人民币储蓄存款年增加额（亿元）	可能涉及洗钱行为的资金增量
GDP（亿元）	洗钱风险评估时所对应的经济发展背景情况
出口总额（亿元人民币）	可能涉及资金流入洗钱行为的资金量
进口总额（亿元人民币）	可能涉及资金流出洗钱行为的资金量
货币和准货币（M_2）供应量（亿元）	洗钱风险评估时所对应的流动性总量
货币（M_1）供应量（亿元）	洗钱风险较高的流动性总量
流通中现金（M_0）供应量（亿元）	洗钱风险很高的流动性总量——现金部分
货币供应量中活期存款供应量（亿元）	洗钱风险很高的流动性总量——活期存款部分
金融机构资金运用在国际金融机构资产（亿元）	此类资产一般可任意跨国界流动，洗钱风险较高
金融机构资金运用外汇占款（亿元）	外贸产生的金融机构外汇头寸，即可跨国界流动，并可兑换成境内货币，洗钱风险较高
金融机构人民币信贷资金运用（亿元）	信贷是重要洗钱途径，偏离实体经济运行状态的信贷资金洗钱风险较高
金融机构资金运用各项贷款（亿元）	与上相同，两类数据比较使用
金融机构资金运用各项贷款中短期贷款（亿元）	犯罪分子倾向于利用中短期贷款洗钱，资金形态转换、转移速度较快

续表

备选指标	业务含义
金融机构资金运用各项贷款中中长期贷款（亿元）	中短期贷款洗钱风险高于中长期贷款，洗钱行为可能会造成二者间配比关系的异常波动
人民币贷款社会融资规模（亿元）	不涉及离岸、外贸的信贷规模，可与涉及离岸、外贸的信贷规模对比，反映信贷市场的结构性洗钱风险
外币贷款（折合人民币）社会融资规模（亿元）	涉及离岸、外贸的信贷规模，可与不涉及离岸、外贸的信贷规模对比，反映信贷市场的结构性洗钱风险
委托贷款社会融资规模（亿元）	委托贷款的资金投向由委托人自行确定，易产生关联交易，洗钱风险较高

2. 初步筛选。以大额交易数量增速数据作为基准指标，通过时差相关分析和 K－L 信息量从备选初步筛选出与洗钱风险变化趋势相关的先行指标。

一般情况下，从经济与金融指标的组合中抽取共同成分时，多数指标组合都很难识别其共同因素，或者出现计算出来的共同因素对洗钱风险指数模型结构的细微调整、初值设定等反应异常灵敏，导致直接使用动态单因子模型计算先行指标的共同因素会出现模型运算不稳定现象。因此，选取合适的先行经济与金融指标是避免模型出现不稳定结果的重要前提。先行指标的同期相关性一般较大，但是考虑洗钱行为相对不同先行指标具有不同的时间滞后性，使得若本文选取的经济指标的相关性不是很强，通过模型必然难以发现这些先行指标间的共同成分，因此本文使用 K－L 信息量法来衡量两个序列概率分布的接近程度。

以大额交易报告数量作为基准指标，选取相关系数最大的指标。由于备选经济与金融指标较多，本文首先使用 Pearson、Kendall 和 Spearman 三种分析方法检验备选的 20 个指标与基准指标的相关性，根据检验结果筛选相关性较弱的指标，选择双侧检验，对原始数据的描述性分析采用均值和方差分别对数据的大小和离散程度作出一定描述，最终得出相关性强的指标关系如表 2 所示。

表 2 相关性强的指标关系

指标	Pearson 相关系数	Kendall 相关系数	Spearman 相关系数
城镇居民家庭人均可支配收入（元）*	0.947	0.99	0.99
城乡居民人民币储蓄存款年底余额（亿元）*	0.930	0.99	0.99
城乡居民人民币储蓄存款年增加额（亿元）	0.64	0.289	0.564
GDP（亿元）*	0.940	0.911	0.964
出口总额（亿元人民币）*	0.924	0.867	0.925
进口总额（亿元人民币）*	0.936	0.99	0.99
货币和准货币（M_2）供应量（亿元）*	0.935	0.99	0.99
货币（M_1）供应量（亿元）*	0.950	0.99	0.99
流通中现金（M_0）供应量（亿元）*	0.946	0.99	0.99
货币供应量中活期存款供应量（亿元）*	0.949	0.99	0.99
金融机构资金运用在国际金融机构资产（亿元）	0.803	0.244	0.539
金融机构资金运用外汇占款（亿元）*	0.982	0.99	0.99
金融机构人民币信贷资金运用（亿元）*	0.954	0.99	0.99
金融机构资金运用各项贷款（亿元）*	0.932	0.99	0.99
金融机构资金运用各项贷款中短期贷款（亿元）*	0.913	0.99	0.99
金融机构资金运用各项贷款中中长期贷款（亿元）*	0.943	0.99	0.99
人民币贷款社会融资规模（亿元）*	0.916	0.778	0.867
外币贷款（折合人民币）社会融资规模（亿元）	0.727	0.467	0.588
委托贷款社会融资规模（亿元）*	0.924	0.911	0.976

注：＊表示指标显著程度高。

从表2可见，金融机构资金运用在国际金融机构资产、外币贷款（折合人民币）社会融资规模指标与基准指标的相关性较弱，不宜进行后续分析。

根据指标的相关性分析结果，利用 K－L 信息量计算备选指标与基准指标的概率分布，找出同期、滞后期和前期的相关程度，以便确定经济与金融指标中属于先行指标和一致指标的分类。

表3　　　　　　　　　　　先行指标与基准指标相关性分析

	同期	滞后一期	滞后二期	超前一期
城镇居民家庭人均可支配收入（元）	0.245	0.206	0.171	0.256
城乡居民人民币储蓄存款年底余额（亿元）	0.139	0.113	0.09	0.204
GDP（亿元）	0.203	0.17	0.14	0.232
出口总额（亿元人民币）	0.27	0.23	0.194	0.269
进口总额（亿元人民币）	0.245	0.208	0.175	0.253
人口总数	0.237	0.205	0.175	0.245
人民币贷款社会融资规模（亿元）	0.242	0.202	0.166	0.256
委托贷款社会融资规模（亿元）	0.2	0.158	0.12	0.224

从表3可见，先行指标的滞后期与基准指标相关性较大。

表4 指标为同期相关指标：

表4　　　　　　　　　　一致指标与基准指标相关性分析

	同期	滞后一期	滞后二期	超前一期
货币和准货币（M_2）供应量（亿元）	0.0004	－0.012	－0.021	0.019
货币（M_1）供应量（亿元）	0.0004	－0.0015	－0.021	0.0175
流通中现金（M_0）供应量（亿元）	0.0005	－0.011	－0.0196	0.0173
货币供应量中活期存款供应量（亿元）	0.0003	－0.012	－0.022	0.018
金融机构资金运用外汇占款（亿元）	0.0002	－0.0136	－0.0236	0.0176
金融机构人民币信贷资金运用（亿元）	0.0003	－0.012	－0.021	0.0185
金融机构资金运用各项贷款（亿元）	0.0003	－0.0117	－0.0215	0.0189
金融机构资金运用各项贷款中短期贷款（亿元）	0.0004	－0.0111	－0.0205	0.019
金融机构资金运用各项贷款中中长期贷款（亿元）	0.0002	－0.0135	－0.0244	0.197

从表 4 可以看出，一致指标的同期与基准指标相关性较大。

3. 指标选取：使用格兰杰因果分析。为了进一步检验经济金融指标与洗钱风险之间的单向或双向影响关系，需进一步确定动态单因子模型中作为自变量的指标与共同因子（洗钱风险指数）之间的因果关系。例如，找出是流通中现金（M_0）供应量指标引起洗钱风险，还是洗钱风险引起流通中现金（M_0）供应量指标，从数据上客观证明洗钱风险受上述经济与金融指标影响。

本文使用格兰杰因果关系检验法检验指标与洗钱风险之间的因果关系，即以经济与金融指标及指标的滞后期作为回归方程的变量 X，以洗钱风险指标及滞后期作为方程的变量 Y，变量 X 对变量 Y 的预测效果要优于只单独由 Y 的过去信息对 Y 进行的预测效果，即变量 X 有助于解释变量 Y 的将来变化，则认为变量 X 是引致变量 Y 的格兰杰原因。

进行格兰杰因果关系检验的一个前提条件是作为指标的时间序列必须具有平稳性，否则可能会出现虚假回归问题。因此在进行格兰杰因果关系检验之前首先应对各指标时间序列的平稳性进行单位根检验（Unit Root Test）。常用增广的迪基—富勒检验（ADF 检验）来分别对各指标序列的平稳性进行单位根检验。

表 5　　　　　　　　　　先行指标的单位根检验

指标名称（一阶差分）	Prob.	Lag	Max Lag
城镇居民家庭人均可支配收入（元）	0.099210186	1	1
城乡居民人民币储蓄存款年底余额（亿元）	0.037905709	0	1

指标名称（一阶差分）	Prob.	Lag	Max Lag
GDP（亿元）	0.028634824	0	1
出口总额（亿元人民币）	0.014754378	0	1
进口总额（亿元人民币）	0.065669908	0	1
人口总数	0.149906606	0	1
人民币贷款社会融资规模（亿元）	0.02706853	0	1
委托贷款社会融资规模（亿元）	0.034218649	0	1

先行经济金融指标中，城镇居民家庭人均可支配收入、进口总额的一阶差分序列有单位根的概率小于 0.1，比较平稳；城乡居民人民币储蓄存款年底余额、GDP、出口总额、人民币贷款社会融资规模、委托贷款社会融资规模的一阶差分序列有单位根的概率小于 0.05，比较平稳；人口总数指标的一阶差分序列有单位根的概率较大，不平稳，不能进行格兰杰因果分析。

表 6　　　　　　　　　　一致指标的单位根检验

指标名称（一阶差分）	Prob.	Lag	Max Lag
货币和准货币（M_2）供应量（亿元）	0.1175	0	1
货币（M_1）供应量（亿元）	0.0339	0	1
流通中现金（M_0）供应量（亿元）	0.2327	0	1
货币供应量中活期存款供应量（亿元）	0.0278	0	1
金融机构资金运用外汇占款（亿元）	0.092	1	1
金融机构人民币信贷资金运用	0.0197	0	1
金融机构资金运用各项贷款（亿元）	0.0785	0	1
金融机构资金运用各项贷款中短期贷款（亿元）	0.0819	0	1
金融机构资金运用各项贷款中中长期贷款（亿元）	0.1322	0	1

同期经济与金融指标中，金融机构资金运用外汇占款、金融机构资金运用各项贷款、金融机构资金运用各项贷款中短期

贷款指标的一阶差分序列有单位根的概率小于 0.1，比较稳定；货币（M_1）供应量、货币供应量中活期存款供应量、金融机构人民币信贷资金运用指标的一阶差分序列有单位根的概率小于 0.05，比较稳定；货币和准货币（M_2）供应量、流通中现金（M_0）供应量、金融机构资金运用各项贷款中中长期贷款指标的一阶差分序列有单位根的概率较大，指标的时间序列不平稳，特别是流通中现金（M_0）供应量、金融机构资金运用各项贷款中中长期贷款指标不稳定较明显，不能进行格兰杰因果分析。

格兰杰方程的一般形式[①]：

$$Y_t = \sum_{i=1}^{m} \alpha_i X_{t-i} + \sum_{i=1}^{m} \beta_i Y_{t-i} + u_{1t} \qquad (4)$$

$$X_t = \sum_{i=1}^{m} \lambda_i Y_{t-i} + \sum_{i=1}^{m} \delta_i X_{t-i} + u_{2t} \qquad (5)$$

表7　　　　　　　　　　先行指标的格兰杰检验结果

Nxull Hypothesis	F – Statistic	Prob.
大额洗钱风险 does not Granger Cause 城镇居民家庭人均可支配收入（元）	0. 188340375	0. 837426845
城镇居民家庭人均可支配收入（元）does not Granger Cause 大额洗钱风险	6. 003452808	0. 089380989
大额洗钱风险 does not Granger Cause 城乡居民人民币储蓄存款年底余额（亿元）	19. 68191399	0. 018844694
城乡居民人民币储蓄存款年底余额（亿元）does not Granger Cause 大额洗钱风险	2. 069645385	0. 272395091

---

① 格兰杰因果关系检验，http：//baike. baidu. com/link? url = wO5SLTbv69 – C0GspoMYINsr9PQdrMWCEFvBGDTQvMsjjSP65hkgUiOzsOyjOrz6jdAEwtGKjdpIPLVHOr _ G – OK.

续表

Nxull Hypothesis	F – Statistic	Prob.
大额洗钱风险 does not Granger Cause GDP（亿元）	1. 920571866	0. 290394783
GDP（亿元）does not Granger Cause 大额洗钱风险	5. 661824057	0. 095852053
大额洗钱风险 does not Granger Cause 出口总额（亿元人民币）	0. 817131831	0. 520847727
出口总额（亿元人民币）does not Granger Cause 大额洗钱风险	8. 741945435	0. 056048398
大额洗钱风险 does not Granger Cause 进口总额（亿元人民币）	0. 134500305	0. 879142711
进口总额（亿元人民币）does not Granger Cause 大额洗钱风险	24. 52034771	0. 013840993
大额洗钱风险 does not Granger Cause 人民币贷款社会融资规模（亿元）	1. 837446226	0. 301311337
委托贷款社会融资规模（亿元）does not Granger Cause 大额洗钱风险	22. 25935665	0. 015862984

在 90% 的置信度下，城镇居民家庭人均可支配收入、GDP、出口总额、进口总额、委托贷款社会融资规模指标的系数估计值在统计上整体的显著不为零，从数据上分析，是引起大额洗钱风险变化的原因。

表 8　　　　　　　　　一致指标的格兰杰因果分析

Null Hypothesis	F – Statistic	Prob.
大额洗钱风险 does not Granger Cause 货币和准货币（M_2）供应量（亿元）	1. 312210669	0. 389551707
货币和准货币（M_2）供应量（亿元）does not Granger Cause 大额洗钱风险	5. 350925431	0. 102450251
大额洗钱风险 does not Granger Cause 货币（M_1）供应量（亿元）	0. 461587234	0. 668690955
货币（M_1）供应量（亿元）does not Granger Cause 大额洗钱风险	21. 63413325	0. 016510379

Null Hypothesis	F－Statistic	Prob.
大额洗钱风险 does not Granger Cause 货币供应量中活期存款供应量（亿元）	0.45567216	0.671727005
货币供应量中活期存款供应量（亿元）does not Granger Cause 大额洗钱风险	22.25935665	0.015862984
大额洗钱风险 does not Granger Cause 金融机构资金运用外汇占款（亿元）	16.91122467	0.023254814
金融机构资金运用外汇占款（亿元）does not Granger Cause 大额洗钱风险	1.100611277	0.438050042
大额洗钱风险 does not Granger Cause 金融机构人民币信贷资金运用（亿元）	0.443951358	0.67781129
金融机构人民币信贷资金运用（亿元）does not Granger Cause 大额洗钱风险	15.55213431	0.026089681
大额洗钱风险 does not Granger Cause 金融机构资金运用各项贷款（亿元）	1.263242249	0.399952529
金融机构资金运用各项贷款（亿元）does not Granger Cause 大额洗钱风险	10.93382085	0.04190154
大额洗钱风险 does not Granger Cause 金融机构资金运用各项贷款中短期贷款（亿元）	1.101363512	0.43786005
金融机构资金运用各项贷款中短期贷款（亿元）does not Granger Cause 大额洗钱风险	11.23389858	0.040429168

在 90% 的置信度下，货币和准货币（M_2）供应量、货币（M_1）供应量、货币供应量中活期存款供应量、金融机构人民币信贷资金运用、金融机构资金运用各项贷款、金融机构资金运用各项贷款中短期贷款指标的系数估计值在统计上整体的显著不为零，从数据上分析，是引起大额洗钱风险变化的原因。而对金融机构资金运用外汇占款、金融机构资金运用各项贷款

这两项指标来说，是大额洗钱风险系数估计值在统计上整体的显著不为零，存在大额洗钱风险引起这两项指标的变化。

（三）模型计算和洗钱风险先行指数

1. 建立指数模型。根据我们对经济与金融指标的判断，最终选出5个先行指标来通过状态空间形式计算洗钱风险先行指数。

方程变量名称	ser01	ser02	ser03	ser04	Ser05
指标名称	城镇居民家庭人均可支配收入一阶差分	GDP一阶差分	出口总额一阶差分	进口总额一阶差分	委托贷款社会融资规模一阶差分

测量方程如下：

$$ser01 = \beta_{ser01,1} \times c_t + \beta_{ser01,2} \times c_{t-1} + u_{1t}$$
$$ser02 = \beta_{ser02,1} \times c_t + \beta_{ser02,2} \times c_{t-1} + u_{2t}$$
$$ser03 = \beta_{ser03,1} \times c_t + \beta_{ser03,2} \times c_{t-1} + u_{3t}$$
$$ser04 = \beta_{ser04,1} \times c_t + \beta_{ser04,2} \times c_{t-1} + u_{4t}$$
$$ser05 = \beta_{ser05,1} \times c_t + \beta_{ser05,2} \times c_{t-1} + u_{5t}$$

状态方程如下：

$$c_t = \alpha_1 \times c_{t-1} + \alpha_2 \times c_{t-2} + \varepsilon_t$$
$$u_{1t} = \chi_{1t-1} \times u_{1,t-1} + \chi_{1t-2} \times u_{1,t-2} + v_{1t}$$
$$u_{2t} = \chi_{2t-1} \times u_{2,t-1} + \chi_{2t-2} \times u_{2,t-2} + v_{2t}$$
$$u_{3t} = \chi_{3t-1} \times u_{3,t-1} + \chi_{3t-2} \times u_{3,t-2} + v_{3t}$$
$$u_{4t} = \chi_{4t-1} \times u_{4,t-1} + \chi_{4t-2} \times u_{4,t-2} + v_{4t}$$
$$u_{5t} = \chi_{5t-1} \times u_{5,t-1} + \chi_{5t-2} \times u_{5,t-2} + v_{5t}$$

最终计算结果：

$$ser01 = -0.99c_t + 0.31c_{t-1} + u_{1t}$$

$$ser02 = -0.98c_t + 0.28c_{t-1} + u_{2t}$$

$$ser03 = -0.96c_t + 0.33c_{t-1} + u_{3t}$$

$$ser04 = -0.97c_t + 0.35c_{t-1} + u_{4t}$$

$$ser05 = -0.929c_t + 0.29c_{t-1} + u_{5t}$$

$$C_t = 7.5c_{t-1} + 0.1c_{t-2} + \varepsilon_{1t}$$

$$u_{1t} = 1.1 \times u_{1,t-1} - 0.1 \times u_{1,t-2} + v_{1t}$$

$$u_{2t} = 0.06 \times u_{2,t-1} + 0.07 \times u_{2,t-2} + v_{2t}$$

$$u_{3t} = -0.34 \times u_{3,t-1} - 0.29 \times u_{3,t-2} + v_{3t}$$

$$u_{4t} = 0.43 \times u_{4,t-1} + 0.18 \times u_{4,t-2} + v_{4t}$$

$$u_{5t} = 0.33 \times u_{5,t-1} + 0.31 \times u_{5,t-2} + v_{5t}$$

极大似然估计为 25.35，AIC 准则为 -2.9。

由模型估算得出的共同因子 C 即为大额交易所蕴含的洗钱风险先行指数，如图 1 所示。

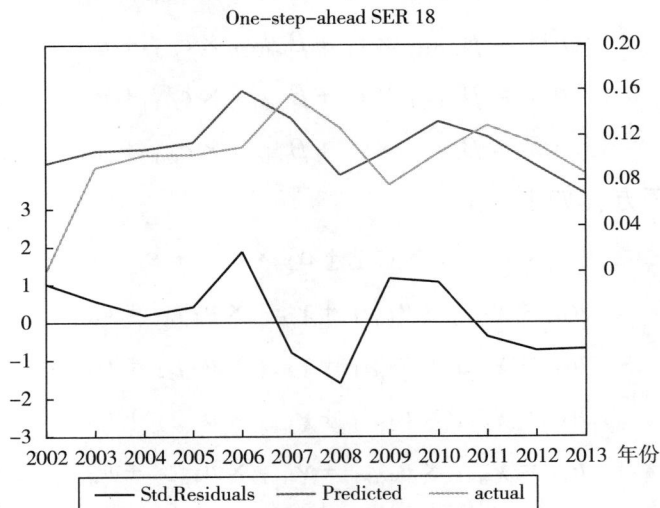

图 1　动态因子趋势

从图 1 中洗钱风险先行指数可见，大额交易蕴含洗钱风险增长率的总体趋势是趋于下降的，且先行指数的变化基本领先大额交易数量增加率 1 年左右，这与大额上报数据变化率的实际变化也是基本一致的。大额交易报送量在 2007 年之前数量很少，但总体上报送呈现增加趋势；在 2008 年大额交易报送量逐渐稳定，呈现稳中有升的特点，这一阶段虽然大额交易报送的数量不断增加，但是其增加速率有所下降，在 2009 年后大额交易报送量的增加速率不断上升，与这时间报送标准规范后各报告机构大量报送有关，此时期我国经济迅速发展，社会资金量增大、洗钱活动频繁；在 2011 年后，大额交易报送的总量还是在不断上升，但是增加速率已经开始下降，这与我国严厉打击反洗钱取得的成效也有直接关系，但由于大额报送量基数很大，因此大额交易所蕴含的洗钱风险的形式仍然很严峻。

2. 模型有效性分析——理论证明。对于洗钱风险先行指数的状态空间方程中要求扰动项不相关，我们有以下证明：

首先对于 $Y = \hat{\beta}_c$ 来说，$\hat{\beta}$ 的计算公式为

$$\hat{\beta} = (C'C)^{-1}C'Y$$

那么，证明 $\hat{\beta}$ 无偏性如下：

$$\begin{aligned}\hat{\beta} &= (C'C)^{-1}C'Y = (C'C)^{-1}C'(C\beta + \varepsilon + \mu) \\ &= (C'C)^{-1}C'C\beta + (C'C)^{-1}C'(\varepsilon + \mu) \\ &= \beta + (C'C)^{-1}C'(\varepsilon + \mu)\end{aligned}$$

如果上式中 $E(C'\varepsilon + C'\mu) = 0$，则方程中 OSL 估计值就是无偏的，否则就不是无偏估计量，计算结果误差较大。根据动态单

因子模型的使用条件，首先要假设动态因子的扰动项 ε 与 μ 符合正态分布且相互独立不相关，因此 $E(C'\varepsilon + C'\mu)$ 的值肯定为 0，模型系数在理论上无偏。

3. 扰动项互相独立的实证分析。为了进一步分析动态单因子模型在建立洗钱风险先行指数的可行性，我们需要确认模型中的扰动项 ε 与 μ 相互独立，通过使用假设检验的方法可以来验证以上假设。

若 $c_t = a_1 \times c_{t-1} + a_2 \times c_{t-2} + \cdots + a_n \times c_{t-n} + \varepsilon$

那么有

$$Y_t = a_1 \times c_{t-1} + a_2 \times c_{t-2} + \cdots + a_n \times c_{t-n}$$
$$+ a \times \varepsilon + b_1 \times c_{t-1} + b_m \times c_{t-m} + \mu (假设 m < n)$$

合并同类项得到下面两个公式：

$$\varepsilon = (a_1 + b_1) \times c_{t-1} + (a_2 + b_2) \times c_{t-2} + \cdots$$
$$+ (a_m + b_m) \times c_{t-m} + \cdots + a_n \times c_{t-n} + Y_t + r \times \mu$$

$$\mu = (a_1 + b_1) \times c_{t-1} + (a_2 + b_2) \times c_{t-2} + \cdots$$
$$+ (a_m + b_m) \times c_{t-m} + \cdots + a_n \times c_{t-n} + Y_t + a \times \varepsilon$$

要验证 ε 与 μ 相互独立，就是验证当 r 或 a 为零时，与之对应的解释变量对因变量是否有影响。例如，设原假设和备择假设为：

H_0：$r = 0$

H_1：H_0 不成立

当 H_0 为真时，正确的模型是

$$\varepsilon = (a_1 + b_1) \times c_{t-1} + (a_2 + b_2) \times c_{t-2} + \cdots$$
$$+ (a_m + b_m) \times c_{t-m} + \cdots + a_n \times c_{t-n} + Y_t$$

$$\mu = (a_1 + b_1) \times c_{t-1} + (a_2 + b_2) \times c_{t-2} + \cdots$$

$$+ (a_m + b_m) \times c_{t-m} + \cdots + a_n \times c_{t-n} + Y_t$$

据此进行有约束回归，得到残差平方和 S_r 与 S_a。

而 H_1 为真时，原模型的无约束回归得到的残差平方和为 S_1 和 S_2。然后通过 F 检验，若 S_r 约等于 S_1，S_a 约等于 S_2，则说明 ε 与 μ 相互独立，彼此之间是否存在不影响另一个扰动项。

本文对此只提出了理论上的证明，实际计算不在文中体现。

4. 似不相关分析。各状态方程的变量之间没有内在联系，但各方程的扰动项 v_{it} 之间存在相关性。例如，对我们选取的可疑报告报送量指标与主体数量指标的扰动项作为两个因变量，这两个状态方程所包含的自变量不同，表面上看这些状态方程间没有必然联系，但由于洗钱资金交易行为本身产生不可直接观测因子对可疑报告报送量指标与主体数量指标造成影响，故这些状态方程含有的扰动项 v_{it} 应该是相关的。如果扰动项存在相关性，将多个测量方程同时进行联合估计，理论上可以提高估计效率。

本文的似不相关回归模型的假定为：假设有 n 个随机扰动项 U_t 的测量方程，每个测量方程含有共同因子做解释变量，每个测量方程可以通过可观测变量的测量方程获得 m 个观测值（$m > n$），方程形式如下：

$$Y_t = \alpha + \beta \sum_t^{t-p} C_t + u_t$$

$$u_t = \sum_{i=t-p-1}^{P} \beta_i u_i + V_t$$

其中 $i = 1, 2, \cdots, n$

将所有测量方程放在一起可得

$$y \equiv \begin{pmatrix} y_1 \\ y_2 \\ \vdots \\ y_n \end{pmatrix} = \begin{pmatrix} X_1 & & & 0 \\ & X_2 & & \\ & & \ddots & \\ 0 & & & X_n \end{pmatrix} \begin{pmatrix} \beta_1 \\ \beta_2 \\ \vdots \\ \beta_n \end{pmatrix} + \begin{pmatrix} \varepsilon_1 \\ \varepsilon_2 \\ \vdots \\ \varepsilon_n \end{pmatrix} \equiv X\beta + \varepsilon$$

对于上式中扰动项的协方差矩阵有：

$$\Omega \equiv \mathrm{Var} \begin{pmatrix} \varepsilon_1 \\ \varepsilon_2 \\ \vdots \\ \varepsilon_n \end{pmatrix} = E \begin{pmatrix} \varepsilon_1 \\ \varepsilon_2 \\ \vdots \\ \varepsilon_n \end{pmatrix} \begin{pmatrix} \varepsilon'_1 & \varepsilon'_2 & \cdots & \varepsilon'_n \end{pmatrix}$$

$$= \begin{pmatrix} \varepsilon_1\varepsilon'_1 & \varepsilon_1\varepsilon'_2 & \cdots & \varepsilon_1\varepsilon'_n \\ \varepsilon_2\varepsilon'_1 & \varepsilon_2\varepsilon'_2 & \cdots & \varepsilon_2\varepsilon'_n \\ & & \vdots & \\ \varepsilon_n\varepsilon'_1 & \varepsilon_n\varepsilon'_2 & \cdots & \varepsilon_n\varepsilon'_n \end{pmatrix}_{nT \times nT}$$

假设同一方程不同期的扰动项不存在自相关，且方差也相同记第 i 个方程的方差为 σ_{ii}。则协方差矩阵 Ω 中主对角线上的第 (i,i) 个矩阵为 $E(\varepsilon_i\varepsilon'_i) = \sigma_{ii}I_T$。

假设不同方程的扰动项之间存在同期相关，即

$$E(\varepsilon_i\varepsilon'_i) = \begin{Bmatrix} \sigma_{ij}, t = s \\ 0, t \neq s \end{Bmatrix}$$

则协方差矩阵 Ω 中的第 (i,j) 个值 $(i \neq j)$ 为

$$E(\varepsilon_i\varepsilon'_i) = \sigma_{ii}I_T$$

综上可知，由于 Ω 不是单位矩阵，故用 OLS 估计这个多方程体系不是最有效率的，GLS 估计是比较有效率的。当各方程的扰动项互相不相关时，在似不相关回归模型中，各方程唯

一的联系就是扰动项之间的相关性。如果扰动项互不相关，则 Ω 是单位矩阵，GLS 系统估计与单一方程的 OLS 估计无区别；若各测量方程的扰动项之间相关性较大，则 GLS 带来的估计效率越大；本文每个测量方程中的解释变量完全相同，都是共同因子，故使用单一方程 OLS 估计，若共同因子的滞后变量不一致，可以使用 GLS 估计。

（四）各地区洗钱风险先行指数分析

近几年，洗钱行为从沿海经济发达地区逐渐向内陆蔓延，为更好地把握反洗钱监测分析方向，关注以"风险为本"的反洗钱监管模式，有必要从地区角度进行研究。一方面，由于不同区域内的洗钱风险不同，需要衡量和识别不同区域洗钱风险类别和程度，并在此基础上决定监管资源的投入方向和比例，以确保监管资源的合理配置，便于对不同的区域采取差异性的监测分析手段，有效提高资金监测和分析的针对性；另一方面，从宏观上把握洗钱情况，通过反洗钱宏观分析判断反洗钱重点监控地区，为微观的可疑交易分析提供方向。

假设我们根据动态单因子模型，基于广东、福建、云南、四川、湖北、宁夏这六个具有不同洗钱风险特点地区的相关模拟数据可以计算出得到相关省份/地区的洗钱风险状态图如图 2 所示。

分析图 2，得到如下结论：

（1）洗钱风险基本变化趋势分析。如果东南沿海各省和中部及内陆各省的洗钱风险都呈现增长趋势，结合近期的经济发展情况预测伴随着经济、金融等各方面的发展，此后该风险仍逐渐加大，这就给反洗钱监测和监管带来不断增长的压力。为

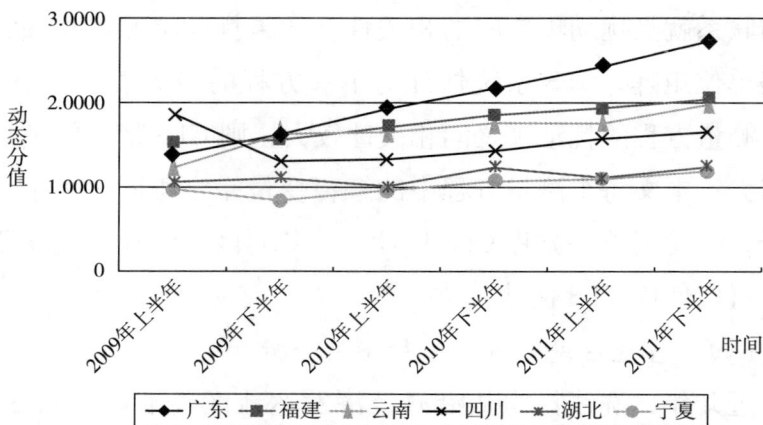

图2　地区动态时序

保证金融安全和社会稳定，相关机构要加强重视，同时反洗钱负责机构要不断提高监测分析手段，及时发现洗钱行为。

（2）六省洗钱风险排名分析。假设洗钱风险可能与地区经济发展情况及金融体系健全状况有正相关关系，洗钱风险会根据经济情况与金融稳定情况呈现递减趋势，从图2可看到区域洗钱风险排名。

（3）特定地区洗钱风险呈现一定特点。云南虽然作为中部省份，但洗钱风险却与东南沿海经济大省福建较为接近。这说明洗钱风险不仅与经济总量有着正相关关系，还与其他如地缘、当地经济结构、民族结构、人口结构等因素有相关关系，通过洗钱风险分析可以清晰地发现具有地域特点的高洗钱风险区域。

（五）各行业洗钱风险先行指数

使用动态单因子模型基于各行业或报告机构报送的数据及相关经济指标与金融指标，我们可以建立各行业的洗钱风险先行指数。发现不同行业潜在洗钱风险，有利于建立和完善反洗钱行业风险分类监管体系，提高监管的针对性，有效解决各行业洗钱风险监测问题。同时，对同一行业不同时间的洗钱风险进行分析，可以发现该行业洗钱风险变化趋势，有利于指导该行业反洗钱监测分析方向和力度，加强力量遏制该地区的洗钱发展趋势。

五、洗钱风险一致指数研究

（一）一致指标的选择

一致指标主要用于根据洗钱风险一致指标，通过动态单因子模型计算共同因子，最终建立洗钱风险一致指数。其中，一致指标除前述 7 项经济金融指标外，还应该包括与反洗钱监管相关的指标。

可疑交易统计：报告量、交易笔数、交易金额、涉及客户数、涉及账户数、涉及现金交易（笔数、金额）及占比、可疑交易方式统计。

大额交易统计：交易笔数、交易金额、涉及账户数、涉及现金交易（笔数、金额）、大于 1 亿元的跨境交易，大额交易方式统计。

通过上述指标的组合可以更好地反映当期洗钱风险程度。

《反洗钱法》规定，金融机构应当按照规定执行大额交易和可疑交易报告制度。《金融机构大额交易和可疑交易报告管理办法》（中国人民银行令［2006］第 2 号）要求，金融机构应当按照规定向反洗钱中心报告人民币、外币大额交易和可疑交易。大额和可疑交易报告是金融机构三大反洗钱义务中的基础义务，在预防和遏制洗钱犯罪上发挥着关键作用，也是金融机构反洗钱履职情况的综合反映。人民银行反洗钱部门履行监测分析职责，向执法机关移送的线索，也是基于大额和可疑交易而形成的。

因此，大额和可疑交易报告情况，能够较为客观、全面地反映出金融机构甚至国家面临的洗钱风险。本文选取的一致指标分为大额和可疑两类，现将各指标所揭示的洗钱风险含义阐述如下。

可疑交易统计指标：

目前，可疑交易报告工作逐步开始从规则为本向风险为本转变。以风险为本、提高可疑交易报告有效性的工作思路，使得近几年可疑交易报告总量不断下降。在可疑交易报告总量逐年下降、有效性逐步提高的情况下，分析可疑交易统计指标与洗钱风险之间的关系时，需要对相关变化趋势进行加工和解读。

1. 可疑交易报告量：金融机构上报的可疑交易报告份数。该指标逐年下降，表明可疑交易报告质量和有效性不断提升，而不能说明洗钱风险下降。

2. 可疑交易金额：可疑交易的累计金额，可以表示涉嫌洗钱犯罪的资金总量。由于近几年可疑交易报告总量下降，这一指标也呈现出逐年下降的趋势。近几年资金密集型犯罪依然猖獗，地下钱庄、非法集资等犯罪有增无减，因此该指标的下降趋势能够反映可疑交易报告有效性的提升，而不能说明涉嫌洗钱犯罪的资金交易总量下降。

3. 涉及客户数和账户数：可疑交易主体数及涉及可疑交

易的相关账户数可以表示涉嫌洗钱犯罪的可疑主体及账户总量。由于可疑交易报告总量下降，这一指标也呈现出逐年下降的趋势。近几年涉众型犯罪依然猖獗，网络赌博、传销等犯罪有增无减，因此该指标的下降趋势能够反映可疑交易报告有效性的提升，而不能说明涉嫌洗钱犯罪的主体和账户总量下降。

4. 涉及现金交易（笔数、金额）：可疑交易中涉及现金交易的笔数、金额。由于可疑交易报告总量下降，该指标也呈现出逐年下降的趋势。由于现金的不记名、难以追踪流转轨迹等特征，在当前现金管理过于宽松的大环境下，极易被洗钱分子利用。剔除社会现金使用变化趋势后，该指标能够反映现金交易的洗钱风险。

5. 可疑交易方式统计：可疑交易中使用各种方式进行交易的笔数。犯罪分子为逃避监测，往往会采用比较隐蔽的交易方式转移资金，不同的交易方式洗钱风险差异很大。ATM、网银、手机银行、第三方支付、现金等交易方式较难监测，洗钱风险较高。分析可疑交易中各交易方式的分布情况，可客观辨别哪些交易方式易于被犯罪分子利用。

大额交易统计指标：

一般来讲，大额交易的变化与经济发展速度保持一致。大额交易各类统计指标能够从多个角度反映当前经济活跃程度，以及经济主体的数量及其使用现金、跨境交易的情况。当前我国正处于改革深水区，由于经济结构剧烈变动、法制建设不够完善、产权制度不够清晰，经济总量的变动往往与洗钱犯罪密切相关。涉众型、资金密集型犯罪的高发态势，也客观反映了洗钱犯罪与经济总量之间的相关性。因此，统计分析大额交易指标能够较为客观地找出影响洗钱风险的因素，剔除反洗钱政策变动对本文分析的干扰。

1. 交易笔数：全部交易中达到大额标准的交易笔数。当前，经济总量与洗钱犯罪之间存在密切相关，洗钱犯罪的主要过程是将涉罪资金进行层层转移。大额交易笔数不仅能够反映经济活跃程度，而且也能够较为客观地反映洗钱犯罪的活跃程度。

2. 交易金额：大额交易的累计金额。该指标所反映的洗钱风险也与大额交易笔数基本一致。从已移送的线索看，各类型线索的涉及金额不断提高；从单个主体看，累计交易金额巨大与身份背景情况不符，是判断涉嫌洗钱犯罪的重要依据。

3. 涉及账户数：所有大额交易涉及的账户数，包括交易发起方和资金接收方。当前我国账户管理过于宽松，账户租借、售卖情况愈演愈烈。正常的经济活动所需的账户数量增长是有限的，大额交易所涉及的账户数量过快增长，往往蕴含着较为严重的洗钱风险。而且将资金在多个账户间层层转移也是洗钱犯罪的常用手段。因此，大额交易涉及账户数量的异常变化，能够反映洗钱风险。

4. 涉及现金交易（笔数、金额）：大额交易中的现金交易量。该指标的变化趋势与当前现金使用情况一致，大额现金交易总量虽有增加，但在大额交易总量中的比重正逐步下降。现金极易被犯罪分子用于洗钱。随着新兴支付手段的日益普及，现金在经济活动中的作用日渐式微，因此大额现金交易被用于洗钱犯罪的可能性大为增加。

5. 大于 1 亿元的跨境交易笔数：大额交易中大于 1 亿元的跨境交易笔数。该指标变化趋势与当前跨境资金流动量保持一致。跨境转移资金是犯罪分子洗钱的重要途径，逐渐成为反洗钱资金监测的重点领域。随着我国经济开放程度不断提高，人民币国际化在为实体经济注入活力的同时，也为跨境洗钱犯罪带来了便利。盘踞境外的犯罪团伙可通过 OSA、NRA、境外取现、虚假贸易等方式跨境转移资金。因此，跨境交易在衡量洗钱风险上的作用日益突出。

6. 大额交易方式统计：大额交易中使用各种方式进行交易的笔数。目前网银、第三方支付等新兴交易手段逐步渗入经济生活的方方面面，在推广使用新兴交易方式时，应同时关注其带来的洗钱风险。一般来讲，网银、ATM 等非面对面式的交易方式，仅需通过账号、密码、手机认证，洗钱风险较高。

（二）洗钱风险一致指数

评估洗钱风险一致指数的关键是选取有效的基准指标，我们建议使用每期的有效洗钱案例作为基准指标，使用洗钱风险一致指数与该基准指标在每个时期内进行比较，以便验证一致指数的有效性。在洗钱风险一致指数模型确认有效后，可以将该指数作为每一期洗钱风险程度的指示器，也可以用来预测下一期可能出现的洗钱风险程度。

在确定指数的评价方法后，建立洗钱风险一致指数，首先要从上述的大额指标、可疑指标、经济与金融指标中找出与基准指标相关性较大、有一定因果关系的指标；其次要通过动态单因子方法建立指数模型；最后分析指数与基准指标的趋势图，并进行合理业务分析，最终确认指数模型符合实际情况，并能充分表达洗钱风险的严重程度。

六、特定类型的洗钱风险指数研究

动态多因子模型[①]是以多个共同因子的时间序列作为自变量，建立反映全国或某地区的洗钱风险指数，探索动态多因子模型应用在特定类型的洗钱风险指数研究中。

由于洗钱行为受洗钱手法、金融环境等因素影响，使用动态单因子模型无法很好地反映多因子与因变量之间的线性/非线性关系。动态多因子模型的公式如下：

$$X_t = \Lambda F_t + e_t$$

使用动态单因子模型 2 预测模型：$y_{t+h} = \beta_F' F_t + \beta_w \omega_t + \varepsilon_{t+h}$

进行多因子的洗钱风险指数评估与预测，以某类型洗钱行为案例数量为因变量，假设所有变量的时间滞后为 2，可以建立如下指数模型：

$$y_{t+h} = \beta_1' y_{t-1} + \beta_2' y_{t-2} + \sum_{i=1}^{3} \beta_i A_{it} + \sum_{i=1}^{3} \beta_{it-1} A_{it-1} + \sum_{i=1}^{3} \beta_{it-2} A_{it-2} + AR$$

上述模型要求其包含的共同因子具有平稳性，因此反映洗钱交易行为的指标需要进行平稳性检验。假设可根据所有交易行为指标通过因子分析找出 3 类共同因子：金融活动额度因子、金融活动频度因子、金融活动特征因子；再对所涉及的 3 类共同因子采用月度同比变化率作为构建模型自变量的数据基础，并使用平稳性检验，使得经处理后共同因子基本都是平

---

① James H. Stock and Mark W. Watson. Forecasting Using Principal Components From a Large Number of Predictors.

稳的；最后，使用动态多因子模型进行特定类型洗钱风险的预测。

变量	检验类型（c，t，k）	ADF 值	1% 临界值	5% 临界值	Prob. **
金融活动额度因子	（c，t，1）	—	—	—	—
金融活动频度因子	（c，t，0）	—	—	—	—
金融活动特征因子	（c，t，1）	—	—	—	—

由于该模型计算量较大，且对结果的检验与分析复杂，本文鉴于篇幅所限只是提出思路，不再展开分析。

七、结论

（一）结论性评述

本文通过可获得的统计数据，检验动态因子分析方法在主体评估的准确性与宏观风险指数的可行性，但其实用性需注意：

1. 动态因子分析的计算量较大，需要合理选取原始指标。

2. 需要深度业务分析来发现结论中蕴含的数据规律。

3. 由于指标获取时间、计量单位不一致等原因，对指标数据的预处理会对动态因子分析方法产生重要影响。

虽然动态因子分析方法建立的洗钱风险评估模型及方法论体系存在些许不足，但是该方法有计量统计理论作为支撑，分析体系完善，分析结论有较强的可信性。

（二）现实指导意义

本文通过对动态因子分析方法的使用，建立了洗钱风险评估的方法体系。在宏观分析方面，通过动态单因子模型的应用，创造性地构建了洗钱风险先行指数与一致指数，以及特定类型的洗钱风险指数，可以满足反洗钱监测宏观分析工作的需要。

　　从国际反洗钱机构的洗钱风险分析方法来看，使用具有严密方法体系、可以量化且具有预测功能的风险指数模型是帮助反洗钱人员评估洗钱风险发展形势并快速定位洗钱风险严重地区和行业、打击金融犯罪的有力武器。因此，如何理论联系实际建立有效的监测分析模型，将宏观洗钱风险指数与反洗钱监测分析工作相结合，是我们继续研究的方向。

参考文献

　　[1] Stock, J. H. And Watson, M. W.. Forecasting inflation [J]. Journal of Monetary Economics, 1999, 44 (2): 293 – 335.

　　[2] Hubrich, K.. Forecasting euro area inflation: does aggregating forecasts by HICP component improve forecast accruacy? [J]. International Journal of Forecasting, 2005, 21 (1): 119 – 136.

　　[3] Min Qi. Predicting US recessions with leading indicators via neural network models [J]. International Journal of Forecasting, 2001, 17: 383 – 401.

　　[4] Robert Megna, Qiang Xu. Forecasting the New York State economy: The coincident and leading indicators approach [J]. International Journal of Forecasting, 2003, 19: 701 – 713.

　　[5] 陈磊，高铁梅：《利用 Stock – Watson 型景气指数对宏观经济形势的分析和预测》，载《数量经济技术经济研究》，1994 (5)。

　　[6] 《内地借道香港洗钱六重门：每年资金规模达 2000 亿》，http://money.163.com/13/0228/01/8OOVQ6NO00253B0H. html。

　　[7] 格兰杰因果关系检验，http://baike.baidu.com/link? url = wO5SLTbv69 – COGspoMYINsr9PQdrMWCEFvBGDTQvMsjj SP65hkgUiOzsOyj

Orz6jdAEwtGKjdpIPLVHOr _ G – OK。

［8］James H. Stock and Mark W. Watson. Forecasting Using Principal Components From a Large Number of Predictors，2002 American Statistical Association，Vol. 97，No. 460.

（2015 年 6 月）

第三部分　反洗钱国际经验借鉴

美国金融情报机构基本情况

陈邦来

2015 年 9 月，中国国家主席习近平应邀对美国进行国事访问期间，与美国总统奥巴马达成广泛共识，取得了一系列重要成果。其中包括：

"中美两国金融情报机构将签署关于反洗钱和反恐怖融资信息交流合作的谅解备忘录。根据该备忘录，中美两国金融情报机构将基于互惠原则在涉嫌洗钱和恐怖融资及其他相关犯罪的信息收集、分析和互协查方面开展合作。"

——习近平主席访美成果清单第十七项[1]

2015 年 12 月 10 日，在前期深入磋商交流基础上，中国反洗钱监测分析中心与美国对口机构——财政部金融犯罪执法局（FinCEN）在美国纽约签署关于反洗钱和反恐怖融资信息交流合作的谅解备忘录，圆满落实了习近平主席访美成果清单相应内容。中国人民银行副行长郭庆平和美国财政部助理部长丹尼·格雷瑟（Daniel L. Glaser）参加了签字仪式。

美国当地时间 2015 年 12 月 11 日晚，美国金融犯罪执法局（FinCEN）在其官方网站发布与中国反洗钱监测分析中心签署

---

[1] 《人民日报》，2015 – 09 – 26。

合作谅解备忘录新闻稿。全文如下①:

美国金融犯罪执法局局长 Jennifer Shasky Calvery 与中国反洗钱监测分析中心主任罗扬于本周签署了合作谅解备忘录,旨在构建中美两国金融情报机构合作框架并促进双方的交流与合作。本合作谅解备忘录为双方交换洗钱和恐怖融资信息,以防止不法分子滥用两国金融系统提供了机制保障。本合作谅解备忘录的签署实现了 2015 年 9 月两国元首会见时对此所提出的目标,并进一步丰富了中美经济与战略对话内容。

美国金融犯罪执法局局长 Calvery 女士称,"这份合作谅解备忘录为双方互惠性交换重要金融信息以打击当前日益猖獗的洗钱和恐怖活动奠定了重要基础。建立这座互惠的合作桥梁符合两国的核心利益,也可有益于防止两国人民受到犯罪分子和恐怖融资者所造成的危害。"

作为美国金融情报机构,美国金融犯罪执法局的职责是收集、分析并向执法机构及相关部门移送金融情报以协助打击洗钱和恐怖融资活动。美国金融犯罪执法局也同时承担联邦政府对反洗钱和反恐怖融资工作的监管职能。这两种职能的任务都是确保金融系统安全、打击洗钱行为并保障国家安全。美国金融犯罪执法局已签署了几十份此类合作谅解备忘录并通过埃格蒙特集团的安全网络交换信息以共同保障世界金融系统的安全。

中国反洗钱监测分析中心为美国金融犯罪执法局的中国对口机构,承担着相似的职责。尽管尚未成为埃格蒙特集团成员,但中国反洗钱监测分析中心拥有可提供给美国金融犯罪执

---

① 新闻稿译文由成景阳提供。

法局和美国执法机构调查人员珍贵的金融情报，可为美国金融犯罪执法局和美国执法机构调查者提供线索、曝光犯罪网络以协助阻止在繁复且紧密相连的世界经济活动中出现的不法行为。

本合作谅解备忘录规定所交换的信息各方只能按照对方所授权的范围和方式使用，并适用于相关的保密规定。

美国金融犯罪执法局（FinCEN）在各国金融情报机构中具有重要影响。下面根据 FinCEN 发布的相关文献，介绍该机构的一些基本情况。

一、FinCEN 的职责：通过促进调查和起诉金融犯罪进一步完善金融体系

该机构近年来一直实施的 2012—2016 财年战略计划强调：金融犯罪执法局（FinCEN）是美国财政部的一个局。FinCEN 通过有目的的金融行动直接支持财政部保护国家安全的战略目标，并通过促进政府财政的适度收支、增进市场完善（作为金融稳定和经济发展一项要素）、实行有效率的组织管理等，在更广泛的方面支持财政部其他战略目标。金融犯罪执法局局长向主管"恐怖主义和金融情报办公室"（TFI）的副部长（Under Secretary）报告工作。TFI 以专业分析为基础，运用财政部的广泛权力，对流向恐怖组织、对美国构成威胁的政权、毒贩以及其他犯罪分子的资金，采取先发制人的措施①。

---

① FinCEN 与外国资产管理局、国家税务局刑事调查部作为美国财政部的三大实体，在财政部副部长主管下的"恐怖主义和金融情报办公室"（TFI）的领导下，协同工作。TFI 还内设"恐怖融资与金融犯罪办公室"和"情报与分析办公室"。

现在，FinCEN 集分析、监管、国际交流以及信息共享等许多相互支撑的功能于一体。为执法部门提供支持仍居 FinCEN 所有工作的中心，既包括支持特定的金融调查和起诉，又包括提供对金融犯罪趋势和模式的战略分析。1990 年建立 FinCEN，就是基于调查、起诉洗钱和其他金融犯罪的目的，集中关于美国及国际金融体系的专门知识，用于分析信息并向联邦、州、地方以及国际一级执法部门传递信息。

1994 年，FinCEN 被赋予新职责，即实施和监管财政部关于金融业的规章，防止金融机构被犯罪滥用，要求金融机构保存记录以便执法部门追踪资金线索并报告指定金融交易信息。FinCEN 最初监管《1970 年现金和外国交易报告法》（2001 年《美国爱国者法案》对该法作了显著修订）条款的实施，该立法框架通常被称为《银行保密法》（BSA）。

FinCEN 履行美国金融情报中心（FIU）的职责：一个为反洗钱和反恐融资目的而负责接收、分析并移送金融信息所披露线索①的中央级全国性机构。1995 年 FinCEN 同来自其他司法管辖区具有类似金融分析功能的机构一起创建了埃格蒙特集团，以促进信息共享，支持执法机构调查。为增进金融情报机构在反洗钱和反恐融资国际信息交换中的独特作用，FinCEN 在埃格蒙特集团超过 125 个遍布全球的成员中继续发挥着主要作用。FinCEN 帮助强化各 FIU 在反洗钱和反恐融资方面的努力，提供埃格蒙特集团成员可以实行信息交换的安全系统，并且参与了该集团协调和工作小组的工作。

数据和用于分析的信息技术始终处于 FinCEN 工作的核心。

---

① Disseminating disclosures of financial information.

自建立之日起，FinCEN 就被预想用来维持一种政府范围的数据接口服务，针对因执行《银行保密法》而产生的金融报告和其他相关信息和数据。FinCEN 目前正在落实一个适应现代要求的信息技术框架，以便把数据、分析工具以及数以百计的联邦、州和地方政府机构的关键信息（Leverage Information）整合起来。

为履行支持调查和起诉金融犯罪的职责，FinCEN

- 根据法律授权发布和解释规章。

- 推动实施上述规章。

- 支持、协调其他联邦监管机构，分析合规检查数据。

- 处理根据 FinCEN 报告要求上报数据的收集、加工、存储、移送和保护。

- 维持一种政府范围内的数据接口服务，针对 FinCEN 数据和存在业务交叉的系统用户。

- 就制裁的确定和反洗钱反恐融资政策，同 TFI 内负责政策、情报和制裁的相应方面进行协调。

- 支持执法机构调查和起诉。

- 综合处理数据，提出把资源配置到国内外金融犯罪风险最大领域的建议。

- 共享信息，在反洗钱和反恐融资工作中与外国 FIU 同行相互协调。

- 为政策制定者、执法机构、监管机构、情报机构、其他 FIU 以及金融业提供分析支持。

二、FinCEN 的工作原则

FinCEN 以下列原则作为一切工作的基础，努力使员工跨越组织分工，将围绕战略计划展开的各项工作形成一个有机整体。

原则一：业绩与价值

FinCEN 对内追求高水平工作成绩，目的是为外部伙伴创造价值。这个机构里的每一个人都有责任主动采取成本效益好的方式取得成果、提供优质的客户服务并不断改进工作。FinCEN 通过监管框架、专业分析以及恰如其分的信息共享，促使金融业、执法机构以及被监管对象将资源集中到金融犯罪风险最大的领域，以此实现价值增值。

原则二：合作伙伴与协作

FinCEN 致力于最大限度地开展与合作伙伴的协作，以促进资源利用、提高成果的价值。FinCEN 定位独特，居于金融业、监管机构、执法机构以及各国合作伙伴间的十字交叉点，又在财政部和 TFI 范畴内，能够整合来自这些不同角度的观察，为调查和起诉金融犯罪提供全面综合的见解。比如，在掌握某项洗钱活动的运作情况，或一个具体的执法机构应如何利用金融数据开展调查的经验，或不同类型跨境钱币兑换的具体情况之后，FinCEN 把这些知识与适当的公共和私营机构分享，从而支持打击金融犯罪的全球努力。

原则三：全球视野

作为国家金融情报中心，FinCEN 始终持有看待问题的全球眼光。FinCEN 的监管方式也因为相互依存的全球市场的发展而不断演进，并且日益关注全球性金融机构在集团范围的反洗钱和反恐融资合规问题。FinCEN 认识到，美国作为世界最主要的经济体，是洗钱的主要目标；金融交易不受国界约束，因此与其他司法管辖区和国际主体的合作关系对在本国和境外调查和起诉违法活动，对在世界范围强化金融体系的适当透明，都是必要的。

原则四：先进技术手段

FinCEN 是一个信息驱动型机构。建立以成熟技术为基础的充分集成、安全、运行高效的系统，对 FinCEN 的内部作业，对形成安全地收集、储存、保护、分析和移送信息的能力以遏制金融犯罪，都至关重要。FinCEN 继续致力于吸收利用技术进步成果，以此实现对合作伙伴的服务与沟通，最大限度地提高运转效率。

三、FinCEN 的战略目标

根据该机构近年来一直实施的 2012—2016 财年战略计划，其战略目标与任务有以下几个方面。

战略目标1 提高金融体系透明度，防范金融犯罪

有效落实监管要求、确保监管规定持续实施，对提高金融体系透明度和防范金融犯罪都是必要的。FinCEN 承担着对其监管规定所涉及的范围广泛、数量浩大的金融产品、服务以及行业门类的监管职责。为实施《银行保密法》而出台的规章谋求通过要求金融机构设计并实施旨在防止犯罪滥用的方案、保存准确的交易记录使执法调查人员能够追踪资金去向、向政府部门报告指定交易，提高金融体系透明度和对金融犯罪的防范能力。

任务1.1 有效设计和平衡监管架构

FinCEN 利用来自执法、监管方面和来自金融业的见解，

并通过自己的分析来发现薄弱环节。在考虑针对这些薄弱点提出的监管要求的取舍时，FinCEN 必须在满足增强透明度和防范能力的需要与金融业成本，以及可能相应给客户带来的不便之间，认真平衡。在可能的地方，FinCEN 的目标是对提供相同功能金融产品的所有行业采用类似的监管要求，并把监管要求与金融业的盈利动机结合起来。例如，随着对欺诈与洗钱关联性的重视程度越来越高，金融业开始通过反洗钱措施获得反欺诈资源，功效显著。为实现此目标，FinCEN将：

——在金融业内对相似产品实施相似的监管要求；

——为金融业提供关于监管要求的指引；

——增强对违法活动的了解，发现正在显露的趋势和薄弱点；

——通过《银行保密法》顾问小组领导层通告监管行动；

——向金融机构通告正在显现的风险和趋势。

任务 1.2　有效、持续地实施监管要求

借助联邦和州监管机构对金融机构的检查，FinCEN 确保其监管要求得到有效和持续实施，并对被证明存在系统性或极端恶劣的不合规问题的金融机构采取执法行动。及时消除不合规问题对关闭犯罪滥用金融体系的缺口至关重要。为实现此目标，FinCEN 将：

——促进持续的、基于风险的合规检查；

——发现并提示合规薄弱点；

——实施适当处罚以促进合规；

——通过金融业的反馈，评估监管要求的有效性。

任务 1.3　推动形成强有力的全球反洗钱和反恐融资标准

犯罪分子对金融服务和产品的滥用不受国界限制，在全球范围削弱了金融体系的诚信基础。FinCEN 与 TFI 的政策部门、外国金融情报机构和监管机构一道工作，支持遏制洗钱、恐怖融资和其他金融犯罪相关制度安排的落实，包括率先推动跨国金融机构的反洗钱反恐融资合规。FinCEN 还支持美国与金融行动特别工作组（FATF）及 FATF 类型的地区组织密切合作，以推动国际反洗钱反恐融资标准的设计和执行。FinCEN 将继续与其全球伙伴一道努力，在世界范围促进反洗钱反恐融资政策和方案更加强有力。为实现此目标，FinCEN 将：

——在反洗钱反恐融资政策和形成最佳做法方面与 TFI 的政策部门加强合作；

——推进与外国金融情报机构和监管机构在反洗钱反恐融资规则及合规方面达成双边与多边协定；

——通过与埃格蒙特集团、FATF 和 FATF 类型的地区组织达成协议，促进建立更加强有力的全球反洗钱反恐融资体系。

评价措施与指标

为评价工作成效，FinCEN 将评估其信息交流对统一监管要求及合规的影响，还将对监管要求指引的满意度以及对实施强化标准计划的反馈意见进行评估。FinCEN 还将监测被联邦银行机构引用的违规水平，关注监管机构就实现 FinCEN 合规要求达成信息共享协议的百分比。

战略目标 2　通过分析和信息共享支持调查和起诉金融犯罪

尽管《银行保密法》成为法律已经 40 多年，但金融信息对执法、监管、政策制定的重要性，以及情报机构在防范违法活动中的作用比以往更大了。FinCEN 运用独特的专业知识并结合大量其他数据，分析根据《银行保密法》的报告要求所收集的信息，为执法机构调查欺诈、恐怖活动和毒品贩卖等提供广泛支持。FinCEN 通过与执法机构、TFI 相应方面以及其他试图侦查和起诉金融犯罪的国内外伙伴分享其战术分析、主动分析和战略分析获得的成果，最大限度地利用金融情报。

任务 2.1　提供高质量、有针对性的分析产品和服务

FinCEN 鼓励合作者作出反馈，以推动分析成果的完善提高，保证这些成果有助于合作伙伴对金融犯罪的侦查和起诉。例如，FinCEN 支持现行调查工作的分析产品旨在帮助识别犯罪分子之间的联系或找出违法资金。战略层面的分析产品发现违法活动的趋势和模式，可以被用于许多方面，包括主动调查别的调查目标、更加有效地部署调查资源，或完善遏制违法活动的政策。此外，FinCEN 出版的参考读物和提供的集中培训是为促进合作者对新技术和支付系统的了解、增强其追踪金融交易痕迹的能力而设计的，能够对调查和起诉违法活动提供基本帮助。为实现此目标，FinCEN 将：

——开发促进遏制金融犯罪和提高基于风险的资源配置效率的分析产品；

——提供参考手册和培训，推广有关金融体系的知识；

——寻求数据共享与整合的机会以提高分析产品价值；

——完善业务规则和流程，加强对大规模数据的分析。

任务 2.2　建立健全而有效率的信息共享途径

FinCEN 开发和维持着不少支持调查和起诉金融犯罪的信

息共享途径，既包括信息技术系统，又包括与政府部门和私营部门实体的合作关系。例如，FinCEN 确保《银行保密法》规定的金融报告连同其他相关数据以有效的、符合相应法律规章的方式，恰当地提供给 TFI 的相应方面和其他联邦、州以及地方政府机构的合作伙伴。在国际方面，FinCEN 是组成埃格蒙特集团的总数在 125 个以上的 FIU 之一，该组织的核心功能就是共享金融信息，支持国内和国外关于洗钱和恐怖融资的执法调查。FinCEN 依靠在综合反馈意见基础上提出分析性和监管方面的见解、利用信息提高自身产品与服务的价值，以及与适当的合作者分享信息，在各种各样的合作伙伴中发挥使社会价值最大化的杠杆作用。为实现此目标，FinCEN 将：

——提供适当的信息和数据接口，支持 TFI 和合作机构履职；

——支持美国机构向加入埃格蒙特集团的 FIU 提出调查请求；

——与埃格蒙特集团领导层和各 FIU 签订合作协议，推进国际信息交流；

——为执法机构的重大洗钱和恐怖融资调查提供获取金融机构信息的接口。

评价措施与指标

为评价这些工作的完成效果，将测定那些认为 FinCEN 分析产品对调查和起诉金融犯罪有价值的客户所占百分比，还将评估自己的工作效率、机遇以及外签协定和客户反馈。

战略目标3　确保金融报告和数据有效、完整和安全

FinCEN 的法定职责包括维持一种政府范围的数据接口服

务。正因为如此，FinCEN 有责任提供一个包含《银行保密法》所要求的金融报告和来自其他与调查起诉金融犯罪有关的机构的信息和数据的系统。这个系统为 FinCEN 内部用户和 1.2 万多个包括 TFI 相应方面在内的分布在数以百计的联邦、州以及地方机构的用户服务。这些机构依靠 FinCEN 提供准确、及时、可靠的信息，以识别洗钱、恐怖融资、欺诈、逃税，发现金融业存在的薄弱点。

任务 3.1　建立有效的信息收集和使用安排

FinCEN 收集和提供的信息应当可靠和完整，这点至关重要。从 2012 年开始，FinCEN 将把所有报告要求和报告工具转变为电子化，此前作为例外保留的纸质报送将尽快淘汰。这些努力将提高数据质量，支持财政部首先提出的推进无纸化环境的主张，并且有利于 FinCEN 把自己的信息和其他数据资源进行整合。FinCEN 还将致力于为国内外合作伙伴提供更好的工具用于信息的分析研究。这些工具将增加信息的价值，使 FinCEN 分析人员、执法机构和监管机构具有更好的判断能力。FinCEN 将提供必要指引，确保授权用户懂得如何正确使用这些信息和支持技术，并懂得保护信息安全的重要性。为实现此目标，FinCEN 将：

——提高金融报告的电子化水平；

——将其他相关数据整合进此项政府范围的数据接口服务；

——通过交流机制对信息用户就数据需求、使用和潜在变化情况开展培训；

——提供支持研究和分析的通用工具，并为用户提供使用培训；

——确保授权用户和信息接收者恰当使用 FinCEN 信息并保证信息安全。

任务 3.2　建成可靠而安全的技术设施

从 2012 年开始，随着之后几年不断提升功能，FinCEN 将提供一套更先进、灵活的技术系统，能够更迅速地响应不断变化的业务需求并随之升级。FinCEN 的系统建立在各机构能够共享的通用数据标准之上，这些数据交换标准降低了复杂性并提供一般都能理解的数据形式和定义，提高了对不同自动化系统的兼容性。以电子化手段收集全部金融报告使 FinCEN 能够核实信息并对信息进行充实加工，还能够建立更加有效的安全和审计手段，以增强数据的可靠性和完整性。FinCEN 将继续为各种合作伙伴提供一个数据管理框架和平台，以导入信息并获取关于信息管理运行模式的反馈意见。为实现此目标，FinCEN 将：

——开发和部署先进、灵活的技术解决方案；

——通过信息的标准化，以及信息的核实和充实加工，提高数据质量；

——确保数据、运用程序和系统的安全与保密；

——维持一个信息管理框架，并与有关方面开展合作。

评价措施与指标

为评价这些工作的完成效果，将测定那些认为 FinCEN 提供的信息对调查和起诉金融犯罪有价值的用户所占百分比。FinCEN 还将追踪电子报送系统的运行情况，并开展对数据授权用户的检查以确保信息得到安全保护和恰当使用。

四、FinCEN 的管理目标：为员工和管理人员营造富有创新精神和责任感的工作环境

FinCEN 寻求创造一种卓越、诚实和多样化的团队文化，目的是激励独特的协作、服务和业绩。支持该目标的工作系统确保本机构能够将人、技能、工具和技术很好地融为一体，去创造和维持这种文化。作为一个服务性机构，这种内在精神反映在 FinCEN 与 TFI 及与外部众多伙伴的合作关系中，同宣示的正式原则，即透明、参与和协作是一致的。此方面的任务有以下几方面。

任务 1　创建务实、负责、透明性的机构

FinCEN 为员工提供种种充电机会和项目，促进员工的能力开发和个人成长，比如领导能力开发、互助项目和岗位轮换。这些项目使员工在工作中能够摆脱组织分工的界限，对整个机构运转有更全面的认识。此外，这些项目为信息共享提供了关键机会，为员工适应业务升级做了准备，还提高了员工雇用期的满意度。作为一个信息驱动型机构，FinCEN 致力于推动信息技术方面的进步，以确保员工拥有实现机构任务的必要工具。心情满意且装备精良的员工队伍，将会目的明确地主动工作，取得成效，提供独具特色的服务。为实现此目标，FinCEN 将：

——吸引、开发并保有一支高素质且多样化的员工队伍；

——对业绩预期作出明确要求，并对完成情况给予及时反馈；

——完善信息共享和反馈；

——继续完善工作程序，鼓励创新；

——提高员工雇用期和满意度；

——推动信息技术方面的进步。

任务2　创建安全且环境友好的工作场所

与维持一种负责任的工作氛围相联系，FinCEN 为员工提供一个安全而环境友好的工作场所。本机构有关注员工个人安全问题的相应项目和计划，还制定了灾难事件应急预案。Fin-CEN 切实开展旨在保护环境、节约能源的工作实践，包括使用燃油替代汽车、启用一个综合再循环项目以及鼓励员工在家办公。FinCEN 还将继续探索其他有利于环保的工作方式。为实现此目标，FinCEN 将：

——提供安全的工作环境；

——强化节能环保工作。

评价措施与指标

将追踪多种指标以衡量目标的实现情况，包括雇用时间、留任率、员工满意调查、在家办公占比、环境影响等。

五、影响 FinCEN 战略目标实现的外部因素

该机构近年来一直实施的 2012—2016 财年战略计划强调，从长期看，FinCEN 必须积极应对种种挑战，包括：

——财政环境　在关注削减赤字的大背景下，各级政府均致力于把资源集中用到风险最突出的领域并取得实效，对此 FinCEN 要助一臂之力。FinCEN 将同财政部、其他机构以及国会一道工作以完成自己的职责，同时确保自己所拥有的资源按照效率高、效果好的方式配置。

——立法　正如其他联邦机构一样，FinCEN 可能会受制于新的立法规定。为应对法令的不断变迁，FinCEN 应当与可能影响金融和反洗钱反恐融资监管框架及内部运行的立法进程并肩同步，这有助于 FinCEN 就立法新取向作出迅速而负责任的回应。

——国际标准　全球反洗钱反恐融资标准既随金融犯罪性质和范围的衍变，也因处置风险的时机各异而不断调整。国际标准的变化以及外国合作伙伴的期望，对 FinCEN 的监管职责和作为金融情报机构的功能，都可能产生影响。FinCEN 寻求继续作为全球同行的领导者，并将通过同 TFI 相应方面及 FATF 的合作，在相关国际组织内与这些机构同步发展。

——技术　技术进步创造了提高效率、以更少的税收资源提供更好的服务的机会。技术既为金融产品和服务的创新，也为犯罪分子滥用这些渠道的企图提供了便利。FinCEN 将继续努力保持与变化同步，实现用于收集、加工、分析、移送和信息安全保护的信息系统的现代化。

——数据安全　FinCEN 最优先考虑的是自己所管理的敏感信息的数据安全。本机构必须确保金融机构报送信息的安全收集和移送，保护信息在合作伙伴尤其是执法和监管机构间共享。FinCEN 有责任维护系统而可靠的程序，保护所收集数据的完整，确保所有用户都能够正确保护和使用数据。

——国家安全威胁和金融犯罪　FinCEN 在 TFI 应对金融犯罪风险以及国家安全相关威胁的努力中起着关键作用。不法分子将企图继续躲避调查并利用高流动性、全球化金融体系的薄弱点。FinCEN 有责任继续开展分析，发现金融犯罪的趋势、类型以及美国和国际金融体系的薄弱环节，并继续运用监管手段遏制不断变化的风险，尤其是金融新产品或服务方面的风险。

——国际和国内合作　增强金融体系的完整性对国内外许多不同组织的合作提出了要求。只有加强金融部门、执法机构、TFI 的政策部门、监管机构、外国 FIU、情报机构以及其他政府机构的合作，才会有所作为。

六、FinCEN 的内部组织结构

FinCEN 内设局长办公室和 5 个业务处，每个处室由若干科室（Office）组成。此外，首席法律顾问办公室为 FinCEN 提供法律服务，并向财政部法律总顾问办公室报告。

局长办公室　局长办公室由 FinCEN 的顶级管理人员和工作人员构成。该办公室建立、监督和执行 FinCEN 履行其使命的政策。除主任和副主任外，这个单位包括安全办公室、跨部门事务及工作场所管理办公室、公共事务办公室，以及国会联络员（the Congressional Liaison）。

首席法律顾问办公室（Office of Chief Counsel）　首席法律顾问办公室的律师及工作人员为 FinCEN 官员在如下方面提供法律意见：与执行《银行保密法》和其他 FinCEN 作为法定当局有关的监管规定，国内和国际方面关于信息管理的法律，机构间信息共享，执法行动和程序中的信息使用，与反洗钱工作相关的国际法问题，以及行政管理法律。该办公室还就职业道德问题提供建议和培训。

分析联络处（Analysis and Liaison Division）　负责分析银

行保密法数据和其他信息，产生支持国内执法行动和情报机构客户需要的分析产品；作为 FinCEN 与国内执法机构的联络处，为国内执法和监管机构获取 FinCEN 数据提供直接而安全的通道。

　　该处的分析产品涉及众多领域，从与传统主题相关的报告到政策层面关于金融犯罪威胁的评估。根据 FinCEN 的战略计划，分析资源正在向成熟的分析业务倾斜，这些分析体现 FinCEN 在银行保密法数据、金融交易以及在整合海量数据方面的独特专长。该处由如下科室组成：联络事务办公室、特殊项目开发办公室、执法支持办公室、情报支持办公室，以及趋势与专题分析办公室。

　　国际项目处（International Programs Division）　该处负责：FinCEN 与国际对口机构的合作，主要是埃格蒙特集团内 FIU 之间的金融信息交换；根据其他 FIU 的信息需求提供战术性分析报告，并从其他 FIU 获取支持美国执法和监管机构的类似信息；就国际利益方面的问题，提供战略分析报告。FinCEN 通过多种双边协议推动与外国同行的此类信息交流和分析，并在埃格蒙特集团的 FIU 中发挥主导作用。该处由全球联络办公室、全球支持办公室组成。

　　管理项目处（Management Programs Division）　该处对 FinCEN 整个机构的运转非常重要，负责财务、计划、工作状况测定、人力资源以及后勤支持。FinCEN 的助理主任也是首席财务官（Chief Financial Officer），负责保证账实相符，保证会计、会计报告和财务管理政策的执行。该处由 6 个科室组成：财务管理办公室、管理服务办公室、人力资源办公室、培训办公室、项目管理办公室以及物品管理办公室。

　　监管政策与项目处（Regulatory Policy and Programs Divisi-no）　该处负责：依据 FinCEN 实施银行保密法和作为其他法定当局的监管权，联合其他处室发布规章、规则和解释性指引；协助联邦和州监管机构对金融机构进行更持续、有力的银行保密法合规检查；对违反银行保密法的金融机构采取适当的执法行动；开展对金融机构、执法当局和监管机构的业务拓

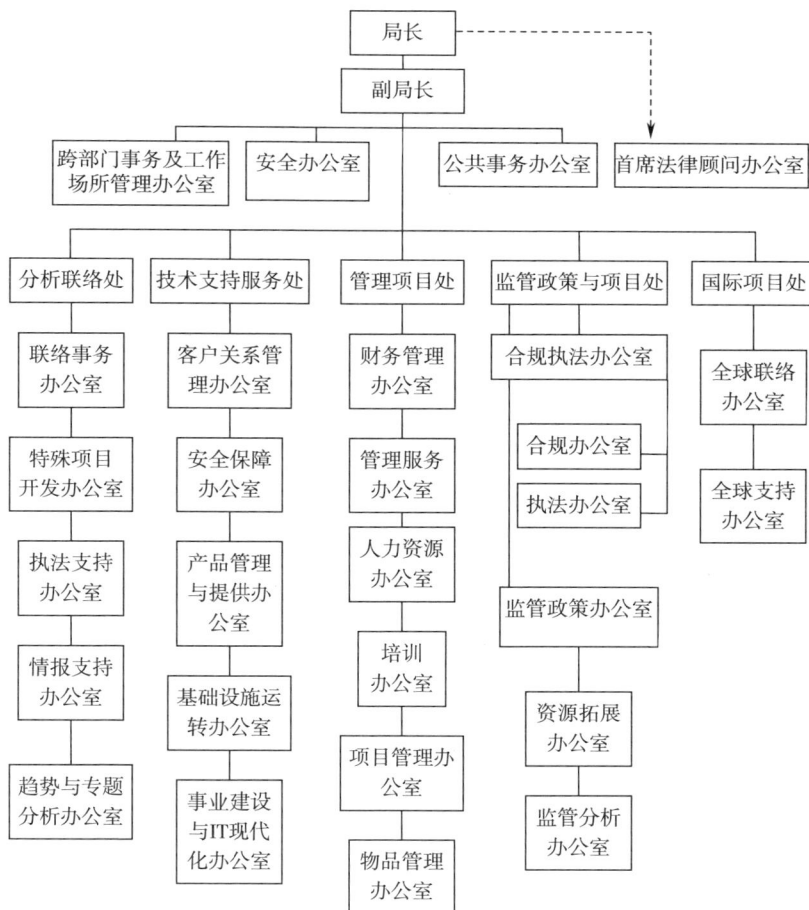

FinCEN 内设机构一览

展；提供综合分析支持。该处由如下科室组成：监管政策办公室、合规办公室、执法办公室、资源拓展办公室、监管分析办公室。

技术支持服务处（Technology Solutions and Services Division） 由 FinCEN 首席信息官（Chief Information Officer） 领导的技术支持服务处，在收集、加工银行保密法数据和其他数据，管理支持 FinCEN 日常运转的技术设施方面发挥广泛作用。2007 财年 FinCEN 调整 IT 技术力量，重构服务提供模式，对银行保密法数据的报告要求与数据完整性、对提供给国内外合作伙伴的服务、对 IT 现代化给予更多关注。该处由 5 个科室构成：客户关系管理办公室、安全保障办公室、产品管理与提供办公室、基础设施运转办公室、事业建设与 IT 现代化办公室。

（2015 年 12 月）

澳大利亚金融情报机构工作现状

易晓晶

澳大利亚交易报告和分析中心（AUSTRAC）近日在其官网公布了《2014—2015 财年 AUSTRAC 年报》（以下简称《年报》），详细呈现了其工作成果、工作方向和工作目标。

一、AUSTRAC 2014—2015 财年业务概览

（一）可疑交易报告接收业务

全澳经 AUSTRAC 注册、符合报送条件的报告机构共 14040 家，较上年增长 45%；2014—2015 财年，AUSTRAC 接收交易报告 9636.97 万份，较上年增长 5.74%，其中，接收涉嫌恐怖融资的可疑情况报告（SMRs）份数同比增长 300%。

（二）境内外合作业务

截至 2016 年 3 月，AUSTRAC 已与境内合作机构签署 42 份谅解备忘录（MOU），2014—2015 财年向合作机构移交可疑情况报告 93137 份，较上一财年增长 21%；国际情报交流 857 份，新签 7 份国际交流法律文本，目前与 AUSTRAC 建立情报交流关系的国际机构增至 77 家。此外，AUSTRAC 在 2014—2015 财年还担任了金融行动特别工作组（FATF）和亚太反洗钱组织（APG）主席，并积极参与埃格蒙特集团战略规划，与国际合作伙伴分享有关洗钱和恐怖融资风险的

信息。

（三）打击经济犯罪

以打击涉税犯罪为例，2014—2015 财年，AUSTRAC 数据用于 16038 起涉税案件，涉及征税金额 4.66 亿澳元。至此，过往十年中，AUSTRAC 数据服务于涉税案件的相关总金额已达到 25 亿澳元。

（四）反洗钱监管

2014—2015 财年，AUSTRAC 一如既往依法对反洗钱违规行为采取强硬措施。例如，2014—2015 财年 AUSTRAC 对世界最大汇款网络服务商之一 Money Gram 处以创纪录的罚款（累计近 50 万澳元）；取缔了 8 家企业的注册资格。

二、工作改进

快速发展变化的经济金融环境为 AUSTRAC 的工作带来挑战，为更好地发挥其金融情报中心的职能，2014—2015 财年 AUSTRAC 在多个方面改进了其工作，具体表现在以下几个方面。

（一）深化战略目标

AUSTRAC 最初的主要职能是收集和分析可疑交易、国际资金转移和大额现金等各种报告，随着职能的不断扩展，其战略目标深化为打击洗钱、恐怖融资、包括人口走私和逃税在内的严重有组织犯罪，通过依法对威胁金融系统完整性的境内外犯罪活动的履职行动，增强澳大利亚经济。

（二）调整组织架构

2014 年 11 月 17 日，保尔（Paul Jevtovic APM）接任约翰

（John Schmidt），成为 AUSTRAC 新一任首席执行官。本财年 AUSTRAC 拥有 262 名员工，其中男性 112 人、女性 150 人。2015 年 7 月 1 日，AUSTRAC 调整了其机构设置，主要变化包括：将所有业务工作并入一个部门，更换一些部门名称和职能，将改革列为一项重要工作。除了调整机构设置，首席执行官还为该机构的领导成员设定了一个包含"合作"、"激励"和"改革"三个元素的领导者框架，旨在确保跨地区、跨国界工作的领导成员在打击严重有组织犯罪工作方面有能力进行监管、发现、了解、回应并重视。

（三）开发使用新的情报系统

2014—2015 财年，AUSTRAC 开发新的情报系统——AI（AUSTRAC Information）经新南威尔士犯罪局、新南威尔士警察局、澳大利亚税务局试用后，目前已向全澳的合作机构开放。2014—2015 财年合作机构在线查询 AUSTRAC 数据库 182.5 万次，相当于每天 5000 次、每分钟 3.4 次。

（四）实施 AUSTRAC 行业缴纳制度

2014 年 5 月，澳大利亚政府宣布实施 AUSTRAC 行业缴纳制度，以此替代以前的 AUSTRAC 监管税。行业缴纳是对报告机构征收款项，用于贴补监管和金融情报费用。

（五）为报告机构减负

一方面谨慎对待国家相关违规条例，通过为报告机构持续提供加强手段和服务来降低风险，另一方面流程化与报告机构的对话，使报告机构更容易从 AUSTRAC 获得所需回应。此外，AUSTRAC 还就将在 2015—2016 年度推出的"新顾客尽职调查要求"与报告机构进行商议，此新要求将进一步为报告机构减轻监管压力。

三、出版成果

为给报告机构提供更多指引，2014—2015 财年 AUSTRAC 公开发行了一些出版物，主要包括以下几种。

（一）《2014 年澳大利亚恐怖融资》

该报告向公众和行业机构公布了关于恐怖融资的重要信息、澳大利亚恐怖融资的主要特征以及恐怖分子筹集和转移资金的主要手段。

（二）《2014 年类型和案例报告》

该报告于 2014 年 12 月发布，其中包含 AUSTRAC 数据用于合作机构调查的 20 个真实案例。自 2015 年中开始，AUSTRAC 的案例将载入其网站"学习"板块供搜索。

（三）《战略分析大纲》

《战略分析大纲》为政府和行业机构列明了洗钱和恐怖融资的风险、趋势和手法。2014—2015 财年 AUSTRAC 发布了两份《战略分析大纲》，一是《利用房地产洗钱》，列举了与房地产行业相关的 10 种洗钱手法、薄弱点和特征；二是《利用法律执业者洗钱》，列举了与法律执业者相关的 5 种洗钱手法、薄弱点和特征。

（四）《AUSTRAC 合规指南》

2014 年 9 月，AUSTRAC 通过互联网发布了新的合规指南。该指南是原《AUSTRAC 监管指南》的替换版本，主要是简化、合并了一系列指引内容，向报告机构阐述其基于《反洗钱和反恐怖融资法》和《金融交易报告法》的法律责任，并帮助报告机构设计、开发并实施系统和内控，以降低洗钱和恐怖融资风险。

四、FATF 互评估

2014 年 8 月，FATF 评估组对澳大利亚的反洗钱和反恐怖融资体系进行了评估，其中包括对 AUSTRAC 进行为期两天的现场评估。2015 年 2 月，评估组向 FATF 巴黎全会递交了对澳大利亚的评估结果，FATF 于 2015 年 4 月公布了相关评估报告。报告正面肯定了澳大利亚反洗钱和反恐怖融资体系，指出其成熟、精密、拥有良好的法律和机构框架；同时也详细列明了需要改进的工作，以及完善法律和操作的建议。从 2015—2016 财年开始，澳大利亚将通过几年努力，结合 FATF 互评估以及反洗钱和反恐怖融资体系的完善进程，把相关工作做得更好。

（2016 年 3 月）

美国可疑交易报告数据质量现状

张旭辉

　　2014 年 7 月，美国金融犯罪执法局（FinCEN）发布首期《可疑交易报告统计分析报告》（SAR Stats），这是之前《可疑交易报告评论：基于数量分析》的改版。本期以报告机构 2012 年 3 月 1 日至 2013 年 12 月 31 日提交的 1369529 份可疑交易报告（111 报表）中所包含的数据为统计分析基础[①]，采用定量分析和趋势分析相结合方法，既检验了新报表的实施效果，也发现了适用中存在的问题，并提出改进对策。总体而言，新版统一的可疑交易报表及电子报送方式使得填报可疑交易更加便捷，数据所反映的行为特征更加明显，可疑交易报告的有效性和价值得到较大提升。

一、主要内容

　　报告分为概述、目前趋势、可疑交易报告描述部分聚焦、领域透视、数据说明五个部分。首先介绍了可疑交易报表调整的背景以及具体内容，通过分析统计时段内的 1369529 份

---

　　① 2012 年 3 月 1 日至 2013 年 3 月 31 日，报告机构可自愿适用 FinCEN 可疑交易报告新格式（111 报表），从 2013 年 4 月 1 日起，必须适用新格式。FinCEN 可疑交易报告（111 报表或 SAR）已经取代了适用于不同行业的各种单独报表，即存款机构的 TD F90 - 22.47 报表、货币服务商的 109 报表、赌场和纸牌俱乐部的 102 报表、证券和期货行业的 101 报表。

可疑交易报告，着重总结了可疑交易报告中所反映的目前可疑行为趋势、列举了可疑交易报告中存在的问题并提供了改进建议；在"可疑交易报告描述部分聚焦"中，剖析了新兴支付方式，尤其是比特币涉及洗钱的相关问题；在"领域透视"部分，展示了证券/保险业可疑交易行为特征，梳理了可疑行为与产品类型和支付手段的关系；"数据说明"部分阐述了可疑交易行为的统计方法以及可疑行为发生地的确定依据。

本期统计分析报告也细分行业类别，分别提供了存款机构、货币服务商、证券/期货公司、保险公司、赌场和纸牌俱乐部、其他类型的金融机构按照年度/月度/地域的可疑交易报告数量、按照降序排名的可疑行为类型、可疑行为涉及的产品类型/工具类型/支付手段等各项统计情况表。

二、几点启示

（一）可疑交易报告在支持个案调查和宏观分析上发挥重要作用

根据《银行保密法》提交的数据（BSA data），尤其是可疑交易报告，在美国联邦和州层面的执法调查和金融监管中扮演着不可或缺的角色。仅 2014 年上半年，已有 350 多家来自联邦、州和地方的执法部门、监管部门、自律组织以及州检察官办公室的数以千计的侦查、分析和调查人员通过 FinCEN 端口对根据《银行保密法》提交的数据开展了 100 万余次查询。除支持个案调查外，FinCEN 基于可疑交易报告形成的趋势分析及综合统计报告，也是指引相关部门关注新的犯罪类型和手法、潜在案件高发领域和区域的重要参考。

（二）可疑交易报表的要素设置及填报要求是决定报告质量和价值的关键因素

2012 年 3 月，FinCEN 发布了新的单一可疑交易报表格式（111 报表，Form 111）[①]，取代了之前多行业可疑交易报表并存的局面。[②] 单一报表格式整合了信息收集的方式，有利于更加强大的数据模型和工具的实施，这是有效分析更大规模数据（包括确认新的模式、比较不同行业的趋势）所必需的，也是对跨行业业务不断增长所带来影响的回应。采用新的可疑交易报表也是与重要利益相关者磋商的结果，其核心在于削减多行业报表产生的冗余，并保留获取更具针对性违法类型的能力，避免新增行业报表所带来的繁杂程序。[③]

111 报表包含五部分内容[④]：主体信息、可疑行为信息、发生可疑行为的金融机构信息、报告主体信息以及可疑交易描述。除可疑交易描述部分外，前四部分需要以勾选或简要填写

---

① 2012 年 3 月 1 日至 2013 年 3 月 31 日，报告机构可自愿适用 FinCEN 可疑交易报告新格式（111 报表），从 2013 年 4 月 1 日起，必须适用新格式。FinCEN 可疑交易报告（111 报表或 SAR）已经取代了适用于不同行业的各种单独报表，即存款机构的 TD F90 – 22.47 报表、货币服务商的 109 报表、赌场和纸牌俱乐部的 102 报表、证券和期货行业的 101 报表。

② FinCEN 首个可疑交易报表（SAR – DI）适用于存款机构，随后，FinCEN 发布了适用于赌场、货币服务商、证券和期货行业的可疑交易报表，考虑到上述行业的差异性，这种方式最初是有效的。随着行业的发展以及数据量的增加，更为简化的方式显然更加有效。例如，每种特定行业的报表要求 FinCEN 保留各自的《文书消减法》所要求的管理和预算办公室（OMB）控制编码。并且根据《文书消减法》的要求，可疑交易报表的任何变化都需要正式向公众征求意见。

③ 每种特定行业的报表要求 FinCEN 保留各自的《文书消减法》所要求的管理和预算办公室（OMB）控制编码。并且根据《文书消减法》的要求，可疑交易报表的任何变化都需要正式向公众征求意见。

④ 具体内容及要素设置参见附件 2：《FinCEN111 报表要素设置》。

的方式提供 90 项要素信息①，其中 35 项为必填要素。

　　"可疑行为信息"部分包含 19 个要素项，其中 10 个要素（如交易构造手法、其他可疑特征、涉嫌洗钱的特征）项下都非常详细地列举了备选清单（清单均以"其他"作为兜底选项），填报人员据此可以更清晰地获取更广泛的可疑行为类型。以交易构造手法为例，新报表向填报人员提供了多种通常与构造性交易相关的可疑交易行为选项。如果出现了现有选项无法涵盖的行为类型，填报人员可以在相关要素项下的"其他"选项中简要描述可疑行为的类型，而以往的报表只有一个通用的"其他"选项。细密的行为分类以及标准化的选项提高了新报表所收集数据的准确性，并为多元化、多层次的数据深入分析和利用提供了基础。例如，通过对"其他"选项的深入分析，可以发现新的可疑行为特点和趋势，并可对其提炼总结，添加到相关要素项下的备选清单中，丰富可供填报人员选择的可疑行为类型。

　　FinCEN 几乎对所有的要素项目均提出了具体的填报要求。例如，对于所有必填要素项目，即使填报人员不掌握相关信息，也不能留空白，必须明确填写"不知道"，并在"可疑交易描述"部分说明不知道的原因。对于最关键的"可疑交易描述部分"，FinCEN 指出，描述的目的是清晰、完整、简洁地呈现交易的可疑点，描述的质量决定了分析和调查人员发现潜在犯罪的程度。描述部分包含了前四部分要求在此作出解释说明

---

　　①　为与其他金融交易报告兼容，FinCEN 在 111 报表中预留了字段，111 报表共有 98 个要素编号，其中第 46 项、第 71—77 项下均为空白，因此实为 90 个要素项。有些要素项下可能包含多个要素子项，另有一些要素只适用于特定行业，因此，报告机构根据新报表提供的要素总数并不必然为 90 个。

的要素信息以及填报人员认为需要补充的其他重要信息。Fin-CEN 列出了填写描述部分的 24 个要点，如不能简单重复前文已经提供的信息，尽可能按照时间顺序描述复杂的交易行为，分析交易是独立的还是与其他交易相关联。对于跨境资金转移，尽可能追溯资金的来源与去向，以及是否已有司法程序涉及该交易等。

（三）可疑交易报告仍存在需要改进方面

尽管可疑交易报告的电子填报指南对各要素项如何填报都提出了明确具体的要求，但由于填报人员的理解不到位或责任心不强，FinCEN 也发现了一些不符合填报指南要求（尤其是在"其他"选项方面）而导致数据有效性降低的主要问题：

1. 使用范围宽泛缺乏主题的表述，如银行保密法/构造性交易/洗钱，或者仅为银行保密法、构造性交易或洗钱；或者仅重复类型描述而不提供任何细节，如在恐怖融资类型下的"其他"条目仍填写"恐怖融资"。

2. 对可疑行为不作描述，只是概括为异常或异常行为、可疑或可疑行为等。

3. 可疑描述缺乏可疑交易行为中所使用的产品或工具类型等关键细节。例如，数以千计的报告只包含"冒空"一个词，缺少确保报告有效性的具体描述，如空头支票、信用卡透支等。细节描述可以更清晰地展示行为趋势，更有利于执法人员确定调查的范围。

4. 填写禁止使用的词语（如没有、不适用、其他、相同、同上、未知以及××等），或只填写金额、日期或序号等没有意义的内容。

5. 备选清单中存在符合违法行为特征的选项，填报人员仍使用"其他"选项。

填写"其他"选项的目的是为了提供更多信息以提高查询效率，增加更多结构化违法行为类型是为了提高报告的准确性，如果填报人员不准确使用、不认真填写，将会适得其反。对此，FinCEN 提供了如何填写"其他"选项的最佳实践，供填报人员参照执行。

三、工作建议

（一）加强对可疑交易报告的综合统计分析

可疑交易报告不仅是协助个案调查的直接依据，也是总结发现特定行业、领域、地域洗钱趋势和潜在洗钱风险的重要参考。FinCEN 本期报告就是对新报表试行后特定时期收集的1369529 份可疑交易报告综合统计分析的成果，既有按照行业、时间、地域、可疑交易行为类型、可疑行为涉及的产品类型/工具类型/支付手段等进行的可疑交易报告数量细分统计，也有围绕比特币相关问题开展的趋势分析，以及针对证券/保险业可疑交易情况的领域透视。这种对可疑交易报告进行综合统计分析的视角、方法以及有关具体内容，都值得我们借鉴。

（二）完善要素设置，加强对填报工作的要求和指导

FinCEN 新报表对原有并行的多种报表进行了整合细化，要素设置更加合理细密，填报要求更加具体严格，这是保证可疑交易报告质量的重要基础。例如，"可疑行为信息"部分包含了 10 个反映可疑交易类型的要素项，这些要素项采用了"结构化选项 + 其他描述"的填报方式，通过由一般到具体的

要素链条，勾勒出可疑交易的基本面貌。在"涉嫌洗钱的特征"要素项下，就列举了"不同面值钞票间兑换"、"可疑的公款支付"、"无故使用诸多账户"等13个固定选项，并将可键入的"其他"选项作为兜底。这样的行为分类及选项设置，既方便填报人员勾选，便于系统进行结构化处理和统计分析，也能及时发现总结新的可疑特征和行为方式。

　　FinCEN也对每个要素项如何填报作出了细致的规定，并且根据新发现的趋势或存在的问题适时调整要素项下所列选项的内容及有关填报要求。在中心讨论发布新的大额和可疑交易报告要素表的过程中，可参考FinCEN的做法，进一步完善要素设置，加强对填报工作的要求和指导。

（2014 年 10 月）

FinCEN 短期内下调特定地区现金
交易报告起点方法的启示

陈　婕

美国金融犯罪执法局（FinCEN）于 2015 年 4 月 15 日发布《特定地区报告指令》（以下简称《指令》），要求佛罗里达州迈阿密地区的特定报告机构向 FinCEN 报告单笔或累计金额在 3000 美元以上的指定交易并采取额外报告要求。该《指令》有效期 180 天，从 2015 年 4 月 28 日至 10 月 25 日。

一、主要内容

该《指令》要求，美国 5 个邮政编码的特定地区中，出口电子器件（包括手机）的报告机构（包括其代理商、分支机构和特区经营人），在单笔交易或多笔相关交易中，接收货币超过 3000 美元时，须通过《银行保密法》电子报送系统填报 FinCEN 的"现金交易报告表"（即 8300 表）。此处的"货币"既指美国或任何其他国家发行的铸币和货币，也包括各种支票，如"银行支票"、"银行汇票"、"旅行支票"或"汇票"等。

在填报时，若"现金交易报告表"和该《指令》的要求出现冲突，以该《指令》为准。

在客户识别要求方面，报告机构须获取客户的电话号码和有效身份证件的复印件，包括驾驶执照或身份证件、军官证或军事身份证件、非居民外侨登记证件、外国身份证件、护照以及关于客户姓名、地址和照片的系列有效文件组合。

若交易涉及第三方，报告机构须从客户处获取书面证明，说明其是否代表他人交易。若是，则必须同时报告交易实际受益人的信息及其电话号码。

报告机构必须报告交易的附加信息，包括交易涉及的商品描述、商品接收人的姓名和电话号码以及商品将送达的地址。

该《指令》规定，根据上述要求报告的交易，也需保存五年相关记录。

二、启示

（一）降低起报金额是有效打击洗钱及其上游犯罪的必要手段

该《指令》将"现金交易报告表"的报送金额从 10000 美元降低至 3000 美元，是为了有效打击美国特定地区涉及南美洲贩毒集团的非法活动。

在修订现行"2 号令"过程中，中国反洗钱监测分析中心收到相关执法部门的正式意见，普遍认为我国现行大额交易标准的设定金额偏大，难以满足发现、追踪涉嫌犯罪资金线索的实际需要，特别是影响监测涉恐、涉毒等资金交易规模通常较小的严重犯罪的有效性。FinCEN 的做法印证了我国执法部门的这种需求。

（二）根据反洗钱实际需要，对起报金额进行灵活调整

FinCEN 的《特定地区报告指令》是针对特定地区、在特

定时间段采取的措施。这种根据实际需要，灵活调整起报金额的做法，有助于我们拓宽工作思路。

（2015 年 4 月）

国际反洗钱监管处罚案例

易晓晶

一、美国 FinCEN 对一券商处以两千万美元民事罚款

2015 年 1 月 27 日，美国金融犯罪执法局（FinCEN）和美国证券交易委员会（SEC）决定就 Oppenheimer 公司故意违反《银行保密法》（BSA）的行为对该公司处以两千万美元的民事罚款。这家总部设在纽约的证券交易商承认没有建立和实施适当的反洗钱程序、未能对外国某账户进行充分的尽职调查、没有遵守美国《爱国者法案》第311条款规定的要求。

（一）主要案情

FinCEN 确认，2008 年至 2014 年 5 月期间，有 16 名客户通过 Oppenheimer 公司在五个州的分支机构从事可疑交易活动，包括买卖低投资价值股票（通常是低值、交易量稀少、易被操盘手操纵并套利的高度投机性质股票）。Oppenheimer 公司对客户无合理原因购买、流转大量无记名或非流动的低价值股票，或是立即变现并转移收益的可疑交易行为均没有履行报告义务。此外，Oppenheimer 公司尽管标注某外国金融机构客户为"高风险"，却未评估该机构的特定风险或开展适当的尽职调查。由于对外国金融机构交易监控不足，导致对相关账户的大

量可疑交易失于监测或调查。

2005 年，Oppenheimer 公司曾因类似违规行为被 FinCEN 和 SEC 处以 280 万美元的民事罚款；2013 年，因违反证券法和未履行反洗钱要求，该公司被美国金融行业监管局（FINRA）处以 140 万美元的罚款。FinCEN 负责人表示，显然这家公司必须改变其合规文化。

（二）处罚理由

FinCEN 的民事罚款判定书称，Oppenheimer 公司反洗钱工作不到位的主要表现有以下几方面：

1. 未能按规定实施反洗钱程序。

（1）该公司虽然意识到低价值股票交易的风险，并有关于持续监测客户账户可疑交易的制度和程序，但没有安排人员系统地审查客户的低价值股票交易。

（2）该公司的内部机制造成信息共享的局限性。例如，包括反洗钱合规在内的合规职能由几组人员分别完成，尽管综合各组审查的信息可能发现可疑行为，但各组均无法掌握全面信息；此外，工作人员缺乏上报可疑交易报告的意识，公司也没有安排专人负责上报可疑交易报告。

2. 未能按规定对国外有关账户实施尽职调查。该公司的反洗钱制度规定要对开户的外国金融机构进行专门的客户尽职调查。但 2007 年 7 月，Oppenheimer 公司将巴哈马的一家证券交易商客户标注为"高风险"，2008 年 5 月此客户开始使用在 Oppenheimer 公司的账户进行交易，Oppenheimer 公司却没有采取任何措施对该客户进行风险评估和尽职调查，也没有向该客户所在国家的反洗钱或监管体系获取信息。类似地，Oppenhei-

mer 公司在其书面的反洗钱制度中规定反洗钱部门要定期审查所有外国金融机构的账户，却没有设置适当的程序去执行这些规定，这家巴哈马的证券交易商客户多次为不知名的第三方存入并变现股票，Oppenheimer 公司均没有开展合理的监测或调查，由此违反了《银行保密法》。

3. 未能按《爱国者法案》第 311 条款实施特殊措施。第 311 条款旨在预防、监测、起诉国际洗钱和恐怖融资。该条款授权 FinCEN 负责人指定某国外金融机构为"高度关注洗钱目标"，并要求美国金融机构针对这些国外金融机构采取特定措施，包括禁止美国金融机构为这些国外金融机构开立或保留账户，要求对有关账户进行尽职调查以预防这些国外金融机构间接使用代理账户。证券交易商须告知代理账户的所有人其代理账户不能被指定为"高度关注洗钱目标"的金融机构使用。

2006 年 3 月至 2007 年 3 月，FinCEN 曾依照第 311 条款指定三家国外金融机构为"高度关注洗钱目标"，但 Oppenheimer 公司没能按要求禁止为三家公司开立代理账户，也没能就代理账户采取上述特定措施。FINRA① 早在 2011 年对 Oppenheimer 公司进行审查时就已提醒其履行上述工作要求，但直到 2014 年 Oppenheimer 公司才最终履行。尽管 Oppenheimer 公司未与三家被指定为"高度关注洗钱目标"的国外金融机构建立业务关系，但该公司的不合规行为埋下了风险隐患。

---

① FINRA：The Financial Industry Regulatory Authority，美国金融业监管局。

二、澳大利亚 AUSTRAC 近期对两家企业处以罚款

（一）处罚一家违规汇款服务商

2015 年 1 月 21 日，AUSTRAC 就 Money Gram 公司违反《澳大利亚反洗钱和反恐融资法》的行为对该公司处以 12.24 万澳大利亚元的罚款。Money Gram 公司是全球最大的汇款网络服务商之一，代理网络遍布 200 多个国家和地区，其在澳大利亚境内拥有约 800 家附属机构。该公司此次受罚的原因是使用非注册的汇款机构提供汇款服务。

根据《澳大利亚反洗钱和反恐融资法》，所有从事汇款服务的机构必须向 AUSTRAC 注册。AUSTRAC 在 2014 年的合规评估中发现，Money Gram 公司通过 6 家未向 AUSTRAC 注册过的附属机构开展汇款服务。AUSTRAC 负责人表示："汇款行业是国际公认特别容易被犯罪分子利用的渠道，AUSTRAC 密切监管澳大利亚的汇款机构，以确保汇款服务商实施必要的措施识别、管理并减少洗钱风险和其他风险。不履行反洗钱和反恐融资义务的企业面临着被犯罪分子利用、被 AUSTRAC 依法处罚、声誉严重受损的风险。"

AUSTRAC 在其网站上公布了汇款机构的公开版注册信息，使得客户和其他企业在与汇款服务商发生业务前，可以查询汇款服务商的注册情况，包括有关的注册资格。

（二）处罚一家违规在线赌博经纪

2015 年 2 月 6 日，AUSTRAC 就 Classic Bet 公司违反《澳大利亚反洗钱和反恐融资法》的行为对该公司处以 1.02 万澳元的罚款。Classic Bet 是澳大利亚的一家在线赌博经纪公司，

被罚原因是自 2014 年 3 月 26 日营业以来，该公司一直没有申请登记加入 AUSTRAC 的报告机构名册。

AUSTRAC 在常规行业监管工作中发现，Classic Bet 未能做到反洗钱和反恐融资合规。因此，Classic Bet 同时还收到了一份书面合规指引，要求任命一位经 AUSTRAC 负责人认可的外部审计师进行洗钱和恐怖融资风险评估，并制订实施合规的反洗钱和反恐融资方案。

AUSTRAC 负责人表示在线赌博是国际公认特别容易被犯罪分子利用的渠道，"所有提供在线赌博服务的企业必须登记加入 AUSTRAC 的报告机构名册，必须拥有识别、减轻和管理洗钱和恐怖融资风险的程序。向 AUSTRAC 登记确保企业得以被监管，从而尽可能减少其被犯罪分子滥用的几率。"

三、FinCEN 处罚一宾夕法尼亚银行

美国金融犯罪执法局（FinCEN）近日对宾夕法尼亚邓莫尔区第一国民社区银行（FNCB）故意违反《银行保密法》（BSA）的行为处以 150 万美元的民事罚款。

据悉，宾夕法尼亚的两位最终被定罪的前法官 Michael Conahan 和 Mark Ciavarella 卷入了一个长达五年的司法腐败案件。这家银行承认未能上报有关非法收益交易的可疑行为报告（SAR）。两位前法官滥用其法官职位获利，包括把成千上万的青少年送到能为其带来经济利益的拘留所。Conahan 加入了 FNCB 董事会，并通过其控制的该银行的账户处理非法活动收益。尽管多个风险指示提醒存在可疑活动，但直到 2009 年 Conahan 第一次认罪前，FNCB 一直没有形成任何关于这些账户

的可疑行为报告。

FinCEN 负责人表示："这一刑事案件影响了成千上万孩子和家长的生活。银行有责任发现并报告可疑行为，执法机构依赖这些有价值的信息。FNCB 没有及时形成可疑行为报告，没能向执法机构提供追踪数百万美元腐败资金的重要信息。"

Conahan 利用他在 FNCB 的账户隐匿非法所得。Conahan 的账户和其他几个 FNCB 账户之间发生的这些未报告的可疑交易触发了提醒 FNCB 存在潜在非法活动、需要上报可疑行为报告的风险提示。这些风险提示包括：（1）一张 2007 年的执法传票，要求提供关于 Conahan 和其他个人和实体的信息——尽管银行回应了传票，但没有对涉及的账户进行任何深入分析或评估账户风险；（2）账户早在 2005 年就开始交易，其中包括很多单日内发生的大额、整数美元交易；（3）与账户余额不相符的异常交易量。尽管存在大量风险提示，在这段时期内，银行一直没有针对涉及的任何账户形成可疑行为报告。

2015 年 2 月 27 日，货币监理署（OCC）也对 FNCB 违反《银行保密法》（BSA）的行为予以处罚。在 FinCEN 开出的 150 万美元罚单中，50 万美元交由 OCC，另外的 100 万美元交由美国财政部。FinCEN 负责人就 OCC 在调查行动中给予的支持和配合表达感谢。

四、FinCEN 确定安道尔私人银行为"高度关注洗钱目标"[①]

2015 年 3 月 10 日，美国财政部金融犯罪执法局（Fin-

---

① 参考链接：1. FinCEN 新闻稿 www. fincen. gov/news _ room/nr/pdf/20150310. pdf，2. 案件调查公告 www. fincen. gov/news _ room/nr/files/BPA _ NOF. pdf，3. 拟采取的特别制裁措施 www. fincen. gov/news _ room/nr/files/BPA _ NPRM. pdf。

CEN）在其官方网站发布通告宣布，依照《爱国者法案》第311 条款，确定安道尔私人银行（BPA）为"高度关注洗钱目标"，并同时发布相关的案件调查和拟制裁措施公告。FinCEN 认为，有情报表明安道尔私人银行的高层管理者在知情情况下为涉嫌代理跨国犯罪集团的第三方洗钱者操作交易，拟对该机构采取特殊制裁措施。

安道尔私人银行是该国五家银行之一，在西班牙、瑞士、卢森堡、巴拿马、乌拉圭设有分支机构，在北美、欧洲和亚洲的主要金融中心均有代理行关系，包括四个美国代理账户。

FinCEN 认定，安道尔私人银行的违规行为大部分发生在总部，违规交易涉及有组织犯罪、境外腐败，以及其他刑事犯罪的收益，通过其在四家美国银行持有的直接代理账户进入美国金融系统，并利用这些账户处理了上千万美元非法资金。

（一）主要案情

FinCEN 在其案件调查公告中列举了安道尔私人银行高层管理者的三例违规事实，分别涉及俄罗斯、委内瑞拉和中国。

1. 向第三方洗钱者 Petrov 提供实质性援助。Petrov 为俄罗斯腐败犯罪组织工作，通过贿赂西班牙官员获取利益特权和合同。当一家西班牙银行拒绝 Petrov 最高信用贷款的申请后，安道尔私人银行的一位高管帮助其从另一家西班牙银行获取了最高信用贷款。这位高管还协助 Petrov 和其他俄罗斯商人在安道尔私人银行开立账户、伪造单据掩盖资金来源、设立壳公司和基金转移与有组织犯罪相关的资金。当 2013 年 2 月 Petrov 及其同伙因涉嫌洗钱被西班牙执法机构逮捕时，洗钱金额达 5600 万欧元。Petrov 同时还被怀疑与美国联邦调查局（FBI）的

"十大通缉要犯"Mogilevich 有关联。

2. 接受高额佣金为委内瑞拉第三方洗钱者处理交易。委内瑞拉第三方洗钱者向安道尔私人银行提供虚假合同，以证明其交易与包括国有石油公司在内的委内瑞拉公共机构相关。安道尔私人银行的一位高管却将这样的合同作为"客户尽职调查"的依据，同时，还协助涉案第三方洗钱者设立壳公司，并伙同本行其他高管处理委内瑞拉的非法交易，仅利用这个壳公司转移的资金就达 20 亿美元，其中 2011 年 1 月至 2013 年 3 月期间在美国处理的交易金额达 5000 万美元。2014 年，安道尔私人银行继续利用美国金融系统操作有关的资金交易。该行累计为这个委内瑞拉洗钱阴谋处理了近 42 亿美元的交易。

3. 接受贿赂为第三方洗钱者高平（音译）处理转移巨额现金。高平为一个从事贸易洗钱和贩卖人口的跨国犯罪集团代理交易，与安道尔私人银行建立关系并利用该行为这家跨国犯罪集团和众多西班牙商人洗钱。2011 年至 2012 年 12 月，高平通过同伙向安道尔私人银行高管支付高额佣金，使接受现金存款存入安全账户，并最终将资金转移到设在中国的可疑壳公司，转移到中国的资金累计达 2000 万欧元。西班牙执法机构于 2012 年 9 月因涉嫌洗钱逮捕了高平。

（二）FinCEN 拟采取的制裁措施

依照《爱国者法案》第 311 条款授权，FinCEN 将安道尔私人银行确定为"高度关注洗钱目标"，并就依法将采取的特别制裁措施发布了公告，公告中建议采取的特别措施将在 60 天公示期结束后正式生效，届时，美国境内的金融机构将被禁止为安道尔私人银行和替该行处理交易的其他国外银行开立或保留账户，特别制裁措施同时要求美国境内的金融机构要对国外银行的直接代理账户实施"特别尽职调查"，以防范涉及安道尔私人银行的任何交易。

FinCEN 认为，其建议采取的特别措施不会影响美国金融机构的公平竞争环境，不会给国际支付、清算和结算系统带来显著的负面影响，也不会影响美国的国家安全和对外政策。FinCEN 呼吁其他国家对安道尔私人银行采取类似的制裁措施。

（三）美国《爱国者法案》第 311 条款及制裁措施

2001 年 10 月 26 日，美国总统乔治·沃克·布什签署《爱国者法案》。该法案延伸了恐怖主义的定义，扩大了执法机关可管理的活动范围，同时在该法案第 311 条款授权财政部长确定任何外国政府、机构、各类账户和各种交易为"高度关注洗钱目标"，从反洗钱和反恐怖融资角度单边认定某家金融机构对美国金融体系诚信构成威胁。美国财政部部长将此权力转授其所属的金融犯罪执法局（FinCEN）局长，后者有权根据美国法典 5318A（b）（5）（简称"第五特别措施"）对这些"高度关注洗钱目标"采取具体的反制措施，如要求相关金融机构保留更多或更长时间的账户资料、关闭账户，禁止其为受制裁目标提供金融便利，对外国在美银行账户加以限制，等等。具体制裁措施内容依案件调查结果而定，并提前在联邦登记簿（Federal Register）上予以公示，公示期满之日，有关制裁措施立即生效。

五、FinCEN 首次对虚拟货币交易商处以民事罚款

2015 年 5 月 5 日，美国金融犯罪执法局（FinCEN）与美国北加利福尼亚地区检察官办公室（USAO – NDCA）共同决定，对 Ripple Labs 公司及其全资子公司 XRP 公司故意违反《银行保密法》关于虚拟货币交易商注册登记和反洗钱内控相关规定的行为，处以 70 万美元的民事罚款。Ripple Labs 公司和 XRP 公司提供虚拟货币"XRP"的转移和交易服务，2015 年，"XRP"市值占虚拟货币市场第二位，仅次于"比特币"。

（一）处罚事由

为落实《银行保密法》的规定，2013 年 3 月 18 日，FinCEN 发布指引，要求虚拟货币交易服务商作为货币服务商向 FinCEN 登记注册。直到 2013 年 4 月 29 日，出售虚拟货币"XRP"的 Ripple Labs 公司没有向 FinCEN 登记注册，而该公司仅 2013 年 4 月就销售"XRP"约 130 万美元。同时 Ripple Labs 公司没有持续实施适当反洗钱程序以防范其产品被洗钱及恐怖融资分子利用。

2013 年 7 月，Ripple Labs 公司成立全资子公司 XRP 公司，后者全盘接替 Ripple Labs 公司成为"XRP"的销售方。2013 年 8 月初，XRP 公司向第三方机构出售"XRP"，同年 9 月 4 日，XRP 公司向 FinCEN 登记为货币服务商。尽管 XRP 公司因为其所从事的业务必须遵从 BSA 和其他法规对虚拟货币销售者的诸多规定，尽管 XRP 公司存在向第三方机构出售大量虚拟货币的事实，该公司却未实施有效的反洗钱程序，例如：（1）

2013 年 9 月 26 日以前，未能制定书面反洗钱制度；（2）向第三方机构出售虚拟货币大约 6 个月以后才设置反洗钱合规官；（3）内部控制不完善，不能合理保证遵守 BSA 相关规定；（4）2014 年 3 月以前没有进行反洗钱风险评估；（5）从事虚拟货币出售近一年时间都没有操作其反洗钱程序，也没有对其反洗钱程序进行独立审查，直到 Ripple Labs 公司卷入一项刑事调查。此外，XRP 公司没有按要求上报与一些金融交易相关的可疑交易行为，包括：（1）2013 年 9 月 30 日，XRP 公司通过电子邮件与第三方谈判一笔 25 万美元的交易时，告知第三方需要填写"了解你的客户"表格，以便继续进行交易，当第三方拒绝并威胁要找其他不需要填写这个表格的其他"XRP"销售者时，XRP 公司回复同意放弃客户尽职调查继续进行交易。而有公共信息显示，这位第三方交易者曾因涉嫌邮寄、储存爆炸装置被判有期徒刑。（2）2013 年 11 月，XRP 公司因为怀疑海外客户资金来源的合法性而拒绝了一笔 32 万美元的交易，却没有就此上报可疑交易报告。（3）2014 年 1 月，一位马来西亚顾客试图购买"XRP"，并透露希望通过个人银行账户进行企业交易，XRP 公司因此拒绝了这笔交易，但没有就此上报可疑交易报告。

（二）处罚及整改内容

1. 罚款。Ripple Labs 公司和 XRP 公司同意向 FinCEN 缴纳 70 万美元民事罚款，其中包括美国北加利福尼亚地区检察官办公室（USAO – NDCA）没收的 45 万美元。

2. 业务重组。30 天内转移相关业务到 Ripple 贸易（允许终端用户通过 Ripple 查看、管理、流通"XRP"的服务），转移后向 FinCEN 注册为"Ripple 贸易—货币服务商"。此后任何涉及"XRP"的交易要通过这个在 FinCEN 注册过的 Ripple 贸易进行，要按货币服务商的有关规定对 Ripple 贸易的用户进行客户身份识别，促进现有用户尽快转到 Ripple 贸易并进行客户身份识别，确保 180 天以后 Ripple 贸易不接受未经客户身份识别的用户。

同时，Ripple Labs 公司、XRP 公司和 Ripple 贸易要就其货币服务业务持续在 FinCEN 注册。

3. 反洗钱合规整改。

（1）实施有效的反洗钱程序、风险评估和法律规定的其他措施，设置反洗钱合规官确保日常遵守《银行保密法》及其实施条例的规定。

（2）45 天内按《银行保密法》有关合规要求制订反洗钱培训计划，同时抄送 FinCEN 和美国检察官办公室。

（3）45 天之内向涉及业务的每个员工提供培训，并向 FinCEN 和美国检察官办公室书面报备培训时间、员工姓名、培训证书等文件材料。

（4）60 天内指定一家独立的、外部的、合格的机构，每隔两年持续审查合规程序并评估该程序是否能合理满足《银行保密法》和 FinCEN 有关规定对货币服务商的要求，并将审查结果同时上报 FinCEN 和美国检察官办公室，对审查发现的不足要及时纠正。

（5）60 天内按要求升级现有分析工具，并按要求提供包括交易对手、资金流向、分散程度等信息。

（6）180 天内审核前三年涉及的所有累计 2000 美元资金或

其他财产的交易，并就以下有合理理由怀疑为可疑行为的交易发现后 30 天内上报可疑行为报告：（A）涉及非法活动的交易；（B）试图掩盖非法资金的来源、性质、所有权或控制权的交易；（C）通过构造性交易或其他方式规避监管的交易；（D）与背景不符或没有明显目的的交易；（E）利用货币服务业务进行违法活动的交易。

（7）持续监控可疑交易并报告风险。

（8）确保所有通过其进行的交易符合资金转移规定。

（2015 年 5 月）

金砖国家反洗钱专家会议综述

刘红艳

2015 年 4 月，金砖国家（BRICS）反洗钱专家会议在莫斯科召开，会议由俄罗斯主办，巴西、印度、中国、南非派代表参加。

一、会议主要内容

这是金砖国家反洗钱部门召开的第一次单独会议。会议由俄罗斯联邦金融监测局（Rosfinmonitoring）主办，主要讨论 FATF 第四轮互评估的筹备工作，重点是国家洗钱风险评估工作经验及培训合作。会议主要围绕 5 个议题：（1）俄罗斯应对 FATF 第四轮互评估的准备方案草稿；（2）商学院参与金砖国家联盟与反洗钱/反恐融资网络学院联合会议动议；（3）首批参与 FATF 第四轮互评估的国家经验：反洗钱/反恐融资体系有效性报告的突出问题、国家洗钱风险评估是互评估过程的关键要素；（4）俄罗斯联邦金融监测局在俄罗斯反洗钱体系中的作用；（5）俄罗斯洗钱风险评估中心（CRA）及其简要运行情况。其中第四项议题由俄罗斯联邦金融监测局局长契哈琴亲自介绍，谈及国际追逃追赃合作事宜。

另外，会议还听取了各国反洗钱整体工作的简要介绍并进行现场答疑。问题主要集中在以下方面：金融情报机构是否具有刑事调查权、如何证明金融情报机构运行的有效性、金融情报机构在资产追逃方面开展的工作、金融情报机构员工招募的标准和培训要求、金融情报机构数据库是否受到过黑客攻击。

二、相关金融情报机构介绍

(一)巴西金融情报机构

巴西金融情报机构(Council for Financial Activities Control – COAF)于 1998 年成立,设在财政部下,但有相对独立性,其领导由总统任命,现有职员 53 人,主要承担情报分析和反洗钱监管职责,不协调政策制定,但可发起相关的政策制定。接收可疑交易报告和现金交易报告,线索接收部门包括联邦警察、检察部门、税务部门、反恐部门和反腐败部门。巴西金融情报机构是埃格蒙特集团成员,与 39 个国家和地区签署了情报交流谅解备忘录。2014 年接收现金报告和可疑报告 150 万份,对外移送 3000 份线索,开展 13 万小时(数据存疑)的反洗钱监管,实现了无纸化办公。通过报送年报、发布类型报告、向金融机构反馈等方式披露其运行的有效性,接受内部和外部审计,其预算只用于系统建设等工作性支出,人员费用由财政部承担。

(二)南非金融情报机构

南非金融情报机构设在财政部下,大约 150 人,主要承担情报分析、反洗钱监管和反洗钱政策制定等职责,税务部门是其最主要的线索使用部门。2014 年接收可疑交易报告约 30 万份,移送线索约 800 份,阻止挽回金额约 7 亿美元(数据存疑)。与 50 多个国家签署情报交流谅解备忘录,是埃格蒙特集团成员。南非在操作层面的信息共享执行得较好，监管方面各个部门也能参与，但执法和司法层面的数据未集中采集，未来需要改善。

（三）印度金融情报机构

印度金融情报机构设在财政部下，于 2004 年成立，其核心职能——接收、分析、移送均为在线完成，是埃格蒙特集团成员。

（四）俄罗斯金融情报机构

除金融情报机构的核心职能外，俄罗斯联邦金融监测局还负责其他未有监管部门的报告机构的监管，同时负责制定单一监管标准，并协调其他监管机构的政策制定。俄罗斯中央银行负责大部分报告机构的监管职责。

俄罗斯约有 15 万报告机构，每天大约收到 10 万份报告，其接收的报告分为自主提交的可疑交易报告和强制性报告（等值 1.5 万美元以上的现金报告和休眠账户的第一笔交易），二者占比大概为 6∶4，并接收个人、企业和机关团体举报。97%的报告以电子形式提交，大概 0.1% 的报告由于数据不完整等原因被自动退回。

俄罗斯联邦金融监测局面对海量报告和夹杂其间的垃圾数据，采用风险为本的分析方法，并借助相关软件进行筛选。其数据库分为三层，即原始数据库、清洁数据库和分析数据库，实际工作中使用清洁数据库和分析数据库，二者内容一致，但分析员可以对分析数据库进行自主标注和添加。其使用类型学模型和情景模拟对数据进行分析，同时结合该工作对报告机构提出进一步工作要求，以提高数据质量。

2014 年开展金融调查大约 4 万起。金融调查分为基础评估（primary assessment）和高级评估（advanced/drill – down assessment），前者仅依靠内部数据库，后者可借助于其他国内、国际资源。如可进入其他行政执法部门数据库，补充可疑交易报告的缺失信息。5 月底，俄罗斯联邦金融监测局还将对其分析人员的职业标准进行界定。

线索接收部门由法律界定。其对外移送的线索分为两大类，一类关注于上游犯罪，未确定是否涉及洗钱，后续还可接受执法部门进一步查询；另一类则具有洗钱的特定指标，内容相对完整。除主动移送外，其还接受协查。俄罗斯联邦金融监测局认为其线索质量较高。俄罗斯联邦金融监测局被称为盈利机构，因相关机构每年根据其情报可挽回巨额损失。此外，俄罗斯联邦金融监测局从多种角度统计大量数据，如不同犯罪类型、地区、金融机构、国家等，以证明其工作的有效性。

俄罗斯联邦金融监测局建设有单一信息系统（Rosfinmonitoring single information system），整合多个系统功能，至少包括以下内容：报告机构的中央登记系统、非现场监管系统（包括自动评级功能）、资金监测分析系统、国家洗钱风险评估系统。该系统具有很好的图形化展示功能，可根据实时数据进行动态调整，如报告量排名前十位的机构、每家报告机构的多维度数据、金融调查个案分析（类似于 I2 界面，移动鼠标即可显示相关公司登记信息等）、战略分析（分地区、行业的洗钱风险展示）等。俄罗斯洗钱风险评估中心为一个单独的物理空间，设有一个 40 英寸左右的液晶显示屏，可现场展示上述内容。洗钱风险评估系统是在原有数据库基础上建设，该信息系统大约将于 2015 年底完成开发，届时各报告机构在数据库中将有单一链接展现，俄罗斯联邦金融监测局的 8 个地区机构也将拥有和总部一样的信息资源。该信息系统由俄罗斯联邦金融监测局进行需求梳理，并外包开发。俄罗斯联邦金融监测局拥有的信息资源使其在近期的货币危机中可以定位到投机的个人，还可以对政府财政开支进行跟踪监控。

俄罗斯联邦金融监测局利用信息系统对每个报告机构进行打分评级，衡量其反洗钱工作表现，并划分为四种监管等级。在监管层面，还关注发起行和目标行是否报告同一份可疑交易报告、通过其他渠道资源获知的未报告的交易金额等问题，以衡量其监管措施是否到位。

俄罗斯联邦金融监测局正在制定法律，授权金融机构可以中止交易或业务关系，相关法律已提交国会并在媒体公布。

对于大家一致认为是难题的协调工作，俄方意见是一定要让部长级层面人员介入，充分调动政治资源，例如俄罗斯每三个月召开一次非法金融活动的部际工作组会议，均为部级领导参加。

（五）几点思考

1. 巴西、俄罗斯、南非的金融情报机构职能具有共同特点，均同时承担反洗钱监管和情报分析职责，且反洗钱监管均只限于未有行业监管部门的领域，印度情况不明。

2. 统计数据及其背后的"故事"，在现场评估及其他对外（包括国内）交流中将具较大说服力。材料的翔实和数据的支撑是应对效果的重要保证。俄方作为主办方，熟悉具体情况和数据，强调情报有效性数据的分类和整理，是对现场评估的合理预演。此外，巴西、俄罗斯、南非的金融情报机构虽均承担监管职能，但其核心职能（接收、分析、移送）数据仍是介绍重点。

3. 综合性信息系统平台、实时数据、良好的展示界面可以有效支持决策。俄方信息系统建设的目的是为支持迅速决策，整合了反洗钱工作的相关领域，可以互为补充支持。俄方也认为垃圾数据不可避免，投入了大量人力进行数据清洗。同时强调对模型指标根据其实际使用表现进行动态调整。

（2015 年 5 月）

APG 互评估与国家风险评估研讨会综述

孙　贞

2015 年 8 月下旬，亚太反洗钱组织（APG）互评估与国家风险评估研讨会在韩国首尔召开。会议主要内容是评估方法（2013 年版）和 APG 第三轮互评估情况。来自世界银行、APG 秘书处，以及韩国、澳大利亚、加拿大、俄罗斯、泰国、斯里兰卡和孟加拉国的 FIU 的专家出席会议。

一、APG 互评估程序和金融行动特别工作组（FATF）评估方法

APG 第三轮互评估于 2014 年开始，计划于 2023 年结束，每届年会将讨论约 5 个互评估报告。

APG 成员可通过以下任一方式接受评估：（1）由 APG 进行互评估。（2）同为 FATF 和 APG 成员，由 FATF 和 APG 联合或由国际货币基金组织或世界银行进行互评估。若该成员同时又为其他 FATF 式区域组织（FSRB）成员，则可由 FATF、APG 和该 FSRB 进行评估。（3）由国际货币基金组织、世界银行等国际金融机构（IFIs）进行评估。（4）对于也为其他 FSRB 或国际金融中心监管者组织（GIFCS）成员但非 FATF 成员的 APG 成员，由 APG 联合 FSRB 或 GIFCS 进行评估，或由 IFIs 进行评估。

APG 互评估程序分为现场评估前准备工作、现场评估、现场评估后起草概要和互评估报告等步骤。

(一) 现场评估前准备阶段

在现场评估至少 6 个月前,APG 秘书处会与被评估成员协商整个评估过程时间表,包括现场评估的日期。被评估成员有义务说明其符合 FATF 标准以及其 AML/CFT 体系的有效性,并向评估团提供相关材料。所有信息和材料应以电子形式提供,且应提供英文版和原语言版的所有的法律、法规、指引和相关文件。

被评估成员应仔细填写技术合规更新问卷,同时提供关于任何新的或修订的法律法规、指引及相关体制框架的背景信息、风险及背景信息,采取的符合每一 FATF 建议标准的措施信息等,并指出自上轮互评估报告后其 AML/CFT 体系未发生变化的区域。

另外,被评估成员应在现场评估前至少 4 个月提供基于评估方法所列的 11 个直接结果的有效性信息。

评估团成员通常包括至少 4 名评估专家,由至少 1 名法律、金融、执法专家(主要从 APG 成员中抽取)以及 APG 秘书处人员组成。评估团成员应熟悉 FATF 标准且在现场评估前参加过 2013 年版评估方法评估员培训。通常,评估团成员中还应至少有 1 名成员进行过之前的互评估工作。在联合评估中,评估团将由评估员和来自 APG 和 FATF 或 FSRB 或 GIFCS 秘书处人员组成。在现场评估前约 3 个月,评估团根据其对有关材料和文件的审阅,向被评估成员提供技术合规(不需要包括评级和建议)评估初稿,初稿中将包括对潜在技术缺陷的描述、分析和排列。被评估成员将有 1 个月的时间对关于技术合规评估初稿进行澄清并提出意见。

在现场评估前 6 个月，APG 成员、FATF 和 FSRBs 将被邀请提供他们与被评估成员间国际合作的相关信息。有关信息应在现场评估前至少 3 个月提供。评估团和被评估成员还可寻求来自被评估成员提供或请求国际合作主要国家（地区）的特定反馈，这些反馈可以是关于被评估成员国际合作水平的总体经验、肯定性案例和否定性案例。

在现场评估前 1 周，评估团将向被评估成员分享技术合规评估修改稿以及有效性关键问题/发现初步讨论提纲。

在现场评估前 2 个月，被评估成员应与秘书处一起准备现场评估项目计划并协调现场评估后勤保障工作，并在现场评估前 2 周与评估团进行最终确认。

（二）现场评估阶段

秘书处与评估员先进行半天的准备会议，再用 7—8 天时间与被评估成员公共部门和私人部门的代表进行会谈，再用 1—2 天时间完成互评估报告初稿。评估团将在结束会议时向被评估成员提供其主要发现的书面摘要。整个现场评估的总时间约为 10 个工作日，根据被评估成员的具体情况可能会延长。

（三）现场评估后起草概要和互评估报告阶段

在现场评估结束后到在全会讨论互评估报告之间通常有 25 周的时间。评估团将用 6 周时间协调和润色互评估报告初稿（包括主要发现、潜在注意事项、优先建议、初步建议和评级），之后将初稿发送给被评估成员。被评估成员将有 4 周时间进行审阅并向评估团提出意见，评估团应做好准备回应相关问题。

在收到被评估成员对互评估报告初稿的意见后，评估团将用2周时间审阅、作进一步修改，并准备概要。约在现场评估后12周，被评估成员和评审员将会收到互评估报告二稿和概要。

在APG互评估程序中，将针对每一个互评估形成质量和连续性评审小组，审查互评估报告二稿及有关文件，以确保互评估报告的质量和连贯性。每个互评估将分配至少3名评审员，其中，至少2名来自APG，至少1名来自FATF、其他FSRB、GIFCS、国际货币基金组织或世界银行或其他观察员组织。评审员将分别有2周时间审查现场评估前的评估范围评注文件及现场评估后的互评估报告二稿，并向APG秘书处提供意见以分发给评估团。

在收到评审员意见后，评估团将在考虑这些意见后准备第三稿互评估报告和概要，并将第三稿文件发送给被评估成员提供意见。

评估团和被评估成员应共同解决第三稿互评估报告中任何存在分歧的内容，以便APG在年会召开5周前向成员和观察员分发第三稿互评估报告供其考虑。如在技术合规或有效性方面存在重大分歧，被评估成员和评估团应在年会前8周举行面谈（或视频、电话会议），并在面谈会议前至少6周通知各参会方。被评估成员则应在面对面会议前至少1周向评估团提供额外的书面意见和材料。

在全会召开前至少5周，APG将向所有成员和观察员提供修改过的概要和互评估报告（终稿）、质量和连续性评审小组结论以及评估员和被评估成员对互评估报告终稿的反馈。各代表团将有 3 周时间提供对互评估报告和概要的书面意见，尤其是他们希望在全会上讨论的具体问题。根据互评估报告和概要以及收到的意见，秘书处将联系被评估成员、评估团和评审员并准备在全会讨论的优先和实质性问题（通常为 5—7 个）。

全会讨论时，每个互评估报告平均花费 2 小时，程序为：评估团简要陈述报告中发现的关键问题，并可对概要和互评估报告中的任何事项提出意见；被评估成员作简要开场陈述；全会讨论发现的优先问题，通常由秘书处进行简要介绍，评估员和被评估成员提供其他信息；足够时间来讨论被评估成员的 AML/CFT 体系和 ML/TF 风险总体情况、优先行动、评估建议、被评估成员对互评估中的反馈，包括评级、已采取的行动和关键发现等；在时间允许的情况下，对其他提出的问题进行讨论。

全会讨论后，互评估报告和概要将提交全会通过。在全会讨论通过后，评估团将对所有文件做必要的修订，秘书处将在全会后 1 周内向被评估成员发送修改的报告，被评估成员必须在 2 周内向秘书处确认终版互评估报告的准确性或对任何排版或类似错误提出意见。

根据有关要求，所有互评估报告在全会通过后和发布前，要提供给 FATF 秘书处和所有其他评估机构进行可能的全球质量和连续性审查程序。在该程序完成后，所有的互评估报告和概要将发布在 APG 网站上。没有上述审查程序的报告将在全会通过后 6 周内发布。

二、经验分享：已接受新一轮互评估的成员

澳大利亚 AUSTRAC 的专家分享了澳大利亚接受 FATF 第

四轮互评估的 5 个经验教训：（1）互评估工作要尽早准备和开展，尽早对技术合规和有效性进行自评估，发现问题，解决问题；（2）形成国家层面的工作协调机构，部长或高级别官员参与，并使私人部门和非营利机构等参与其中；（3）形成统一口径，意见不同时，达成共同的解释及解决分歧的步骤；（4）展示成果，说明 AML/CFT 体系行之有效，用最佳案例、实践和数据说话；（5）主动开展工作，包括与评估团建立和谐融洽的关系、积极解决或寻求解决问题的方法、思考如何通过互评估帮助本国（地区）AML/CFT 改革。此外，还从 AUSTRAC 的角度介绍了澳大利亚开展国家恐怖融资风险评估的一些情况：澳大利亚用了约 18 个月的时间完成了恐怖融资国家风险评估；澳大利亚政府给予 AUSTRAC 两千万澳元额外资金支持其提高打击恐怖融资的能力；利用 AUSTRAC 数据库信息以及其他各种信息去识别和评估恐怖融资的渠道，并与恐怖融资调查机构联合研究、分析、起草报告后，交国家安全机构作进一步补充、验证和润色，从而通过多方合作完成国家恐怖融资风险评估。

斯里兰卡 FIU 的代表介绍了斯里兰卡接受 APG 第三轮互评估和开展国家风险评估的情况。斯里兰卡在世界银行的帮助下，采用世界银行的国家风险评估方法于 2014 年 10 月完成了国家风险评估。2015 年 7 月 APG 全会讨论通过了斯里兰卡的互评估报告。

三、经验分享：评估员或评估机构

加拿大皇家骑警的专家分享了其作为评估员参与马来西亚

互评估的情况。在现场评估前准备阶段，评估员回顾上轮评估报告及后续报告和进展报告、审阅新材料并提出问题。在现场评估时，该专家作为执法专家，重点关注马来西亚在建议29（金融情报机构）和建议30（执法和调查部门职责）等方面的合规性和有效性，如金融情报机构的独立性和自治性、金融情报被执法和调查机构使用的有效性等。

世界银行的专家介绍了其对刚果、突尼斯和埃塞俄比亚三个非洲国家开展评估援助工作的情况。这三个国家的经济发展水平都不高，刚果资源丰富，但经济以现金为基础、金融业发展程度较低；突尼斯的AML/CFT体系在2011年革命后已经瘫痪，地区恐怖主义问题严重；埃塞俄比亚刚刚进行了第一次评估，其互评估报告于2015年6月在东南非反洗钱组织（ESAALMG）发布，该国地区形势仍不稳定、经济孤立、外汇管控严格，不允许非本国居民在埃塞俄比亚银行开户，从埃塞俄比亚国内向国外汇款属非法行为，只允许境外向埃塞俄比亚国内汇款。

此外，韩国KoFIU的专家总结了一些国家风险评估的经验教训。如挪威的例子说明所有相关政府部门都要参与国家风险评估工作，来自执法机关的信息和数据至关重要；比利时的例子说明只收集已知的可疑信息是不够的，国家风险评估的重点应在本国是否正确理解洗钱和恐怖融资风险，而不是某些风险被降低；澳大利亚、西班牙的例子说明国家风险评估应是最新的，不同行业、不同部门的风险评估可以分开进行和准备。总之，国家风险评估是各国实施风险为本方法至关重要的一部分，各国应充分理解本国洗钱和恐怖融资风险，而各部门的充分参与是国家风险评估成功的关键因素。

四、将要接受新一轮互评估的国家

俄罗斯、泰国和孟加拉国的代表分别介绍其接受新一轮互评估的准备工作。俄罗斯将于 2018 年接受互评估，评估将由 EAG 和 MONEYVAL 联合进行。泰国将于 2016 年 10 月至 11 月接受 APG 第三轮互评估现场评估。孟加拉国则计划于 2015—2016 年接受 APG 第三轮互评估。

五、体会

本次研讨会以经验介绍为主，使参会者对 APG 第三轮互评估的过程与时间表、新的评估方法和国家风险评估等方面有一个更好的理解与认识。正如与会嘉宾所分享的，新一轮互评估工作是以新 FATF 40 项建议（2012 年）和 FATF 评估方法（2013 年）为标准进行的，不仅考察成员实施 FATF40 项建议的技术合规情况，还考察 11 个直接目标评估成员实施 FATF 建议的有效性情况，对每一参加评估的国家（地区）都是新的挑战，也是各国（地区）梳理本国（地区）洗钱/恐怖融资体系、识别洗钱/恐怖融资风险，从而制定和改进反洗钱/反恐怖融资国家战略和具体措施的过程。新一轮评估要求各国（地区）进行的国家风险评估工作从国家层面协调多个部门、多个行业有效地参与其中，可以分成多个工作组，设立各项工作的最后期限，按期向中央协调机构和部长共同报告工作进展，完成国家风险评估工作。

（2015 年 11 月）

FATF/GAFILAT 反洗钱与反恐怖融资类型学会议综述

房海滨

2015 年 9 月 6 日至 12 日，反洗钱金融行动特别工作组（FATF）与拉丁美洲金融行动特别工作组（GAFILAT）在墨西哥联合举办了反洗钱与反恐怖融资类型学专家会。会议主要围绕恐怖组织财务管理、恐怖融资中互联网和社交媒体的使用、外国恐怖分子或团伙的融资，以及利用自然资源进行恐怖融资等主题进行讨论。来自中国、美国、俄罗斯、法国、德国、加拿大、韩国、墨西哥、南非和印度等国家（地区）的 FIU 或有关部门，以及来自联合国、埃格蒙特集团和 FATF 等国际组织的 120 多名代表参加会议。

一、讨论内容

（一）恐怖融资方式

恐怖分子融资方式呈现多样化特征。常用的融资方式仍然在使用，如国内外恐怖组织、极端组织和势力的支持，社会资助，个人储蓄与资产变卖等。此外，恐怖分子亲属及重要关系人的支持呈上升趋势，除资金支持外，他们还为恐怖分子提供旅行、出入境、生活等方面的帮助和掩护，为其开展恐怖活动提供便利。由于年龄较小恐怖分子的学生身份，他们更容易将获得的学生贷款、短期贷款等资金用于恐怖活动。部分慈善和公益组织打着慈善和公益的旗号募集资金，暗地里资助恐怖活动。

（二）互联网和社交媒体在恐怖融资中的使用

Twitter、微信、QQ、Facebook 等互联网社交媒体会被恐怖分子利用，他们在社交媒体上散布极端宗教思想，召集支持者，募集资金，发布恐怖图片和视频信息。统计信息显示，15—35 岁男性极易受到此类信息影响，有些人甚至在论坛等网上社区公开支持恐怖组织或活动。与恐怖分子有社会关系的人员也经常通过互联网社交媒体进行非法活动，恐怖活动培训也会利用此类工具。

（三）从叙利亚、伊拉克等敏感地区返回的高危人员

在叙利亚、伊拉克等敏感地区接受极端宗教思想蛊惑或参加恐怖组织的培训后，返回长期居住地或所在国的人员，被称之为"返回人员"，他们通常成为新的恐怖分子或恐怖高危人员，其行为和恐怖活动更难以发现和监控，所以对返回人员要格外加以重视，并采取相关措施，确保不漏掉任何蛛丝马迹。

（四）高风险旅行者

部分国际旅行者的行为与一般旅行者存在明显差别：一是旅行前出售个人财产，包括房屋等不动产、汽车等高价值物品，股票、基金、信托、保险等资本市场投资品种等；二是通过各种渠道兑换外币，并关注个人携带或兑换的货币上限；三是旅行目的地在打击 ISIS 战区或其周边地区；四是清空或关闭其名下所有银行账户。

（五）私营部门在反恐融资中的作用

金融机构等私营部门应充分发挥自己的优势，积极支持执

法机构，配合其对恐怖分子的有关调查。金融机构要充分利用其掌握的客户信息和交易信息进行深入分析和挖掘，及时发现异常交易和潜在恐怖威胁，支持 FIU 获得充分信息打击恐怖融资。

（六）反恐怖融资存在的问题和困难

实践中存在诸多问题和困难：一是现金交易。取现和存现，割裂了资金链条，难以追溯资金的来源和去向。用现金作为商品交换的媒介，使交易资金游离于银行体系之外。二是 ATM 的使用。利用 ATM 存取现金，是一种非面对面交易，详细的交易地址难以获得。三是各国 FIU 间缺乏有效信息共享，难以全面掌握反恐融资的新经验和恐怖融资的发展趋势。四是信息的快速获得和处理效率低下，妨碍了反恐融资工作的顺利开展。

二、工作建议

第一，提高报告机构的反洗钱和反恐怖融资工作意识，做好"了解你的客户"工作，特别是对网银、电话银行等非面对面业务的客户加强尽职调查，做到在开户时和开户后的持续关注，提高该类客户信息的准确程度，使线索能准确落地，便于后续可疑资金监测和执法调查工作顺利开展。反洗钱监管部门包括 FIU 要指导报告机构正确有效地填报涉恐可疑交易报告，扩大打击恐怖融资情报来源。

第二，加强对跨境交易的监测分析。跨境交易联系着境内外的不同主体，特别是要关注交易一方涉及恐怖活动敏感地区的交易。

　　第三，鉴于现金在恐怖融资与洗钱过程中的独特作用，恐怖分子有现金使用偏好。建议加强现金管理，及时修订我国现金管理条例，中国反洗钱监测分析中心要加大对现金交易的监测分析力度。

　　第四，通过名单管理，强化反恐怖融资监测分析能力。针对返回人员、高危旅行者、恐怖分子及其重要关系人的监测分析，都需要相关名单的支持，因此中国反洗钱监测分析中心应加强与其他反恐有关部门的信息共享与合作。

（2015 年 10 月）

EAG/UNODC/ITMCFM 联合研讨会综述

韩 晴

2015 年 9 月，欧亚反洗钱与反恐融资小组（简称 EAG）/联合国毒品与犯罪办公室（简称 UNODC）/国际金融监测方法与培训中心（简称 ITMCFM）联合研讨会在莫斯科召开，会议主要内容是国际毒品犯罪及打击涉毒洗钱形势。

一、会议概况

会议旨在加深各国及区域组织对禁毒工作实践的了解。通过交流经验、反映并解决国际合作中的问题，加强金融情报机构之间及其与国内外执法部门的合作，有效打击毒品收益洗钱活动。会议介绍了各参会国（地区）毒品犯罪的趋势和洗钱特点及禁毒工作的法律框架和实践经验，并就有效开展反毒资清洗合作展开讨论。

中国代表介绍了我国毒品犯罪的反洗钱法律框架、工作机制和 2015 年初在"通道行动"中与吉尔吉斯斯坦的合作案例，以及中国反洗钱监测分析中心在协助打击毒品犯罪方面的工作框架、工作方法及境内外合作情况，指出立法差异及境外协查请求中的情报可追查性弱（如只提供交易主体名称的英文拼写）是阻碍我国有效开展跨境合作的突出问题。前者加大毒品犯罪跨国追查和执法难度，后者导致境外协查困难或情报难以发挥应有价值。

在打击毒品犯罪领域，尽管执法部门始终处于主导地位，但 FIU 的作用是不可缺失和不可替代的。在响应执法部门的同时，FIU 能够结合本国国情，充分发挥以情导侦及情报枢纽作用。

二、部分国家毒品犯罪形势及打击涉毒洗钱工作动态

白俄罗斯　受地缘特点影响，该国成为全球毒品贩运的重要中转站。据介绍，近年来合成毒品在该国迅速泛滥，2014 年此类毒品占比已达 2/3。同年该国监管部门将列入管理的合成药品种类由 6 种增加到 14 种。针对合成毒品多利用互联网贩售并常使用电子支付的特点，该国同时也加大了对电子支付的监测分析及管理力度，借此侦查并协助打击合成毒品犯罪。

印度　该国 FIU 在协助打击毒品方面发挥了情报枢纽作用。一是联合执法部门、监管部门牵头制定并持续优化毒品犯罪指标，以此作为报告机构识别潜在涉毒交易的参考；二是通过接收报告机构的各类报告、向执法部门传输监测分析结果，并整编、协调不同执法部门的协查请求。

俄罗斯　该国 FIU 制定反洗钱工作手册，对一般工作流程、常用方法和工作技巧做出详细说明和资料汇编。如通过汇编的银行卡 Bin 码（银行卡号前六位）可快速确定发卡机构并区别签约的清算组织（Master、Visa 或银联等）；通过汇编各国护照号码格式快速确定所涉主体的国籍；总结出通用可疑指标，如巨额交易金额、频繁汇款但未在汇款机构开户、频繁向同一自然人发生汇款收付、非居民银行卡频繁发生资金收付

等。俄罗斯 FIU 对其职员开展易制毒化学品和常见合成毒品的品种及合成原理等方面培训同时，还针对两类毒品的主要销路、常用交易方式等特点开展专项资金交易监测分析。

非洲　非洲长期以来是毒品犯罪重灾区。近年来，非洲已由过去的毒品消费国逐步转型为新精神活性物质生产国，由南美及拉美贩毒组织控制的当地团伙在西非地区猖獗组织毒品犯罪活动。非洲地区制贩毒品总量逐年提升，加之向欧洲的人口偷渡问题，导致非洲毒品经欧洲销往各国的概率提高。部分非洲偷渡者将吸、贩毒等犯罪活动转移到他国。特别是，有与会专家提及目前大量非洲籍人员居住于我国广东地区，并提示对上述人员进行风险梳理，关注高危人群，加强对潜在犯罪行为的监控。

毒恐合流　部分案件侦办结果显示，毒品犯罪和恐怖活动之间存在密切联系。恐怖分子往往从事人口、枪支等走私，与贩毒集团合作贩运毒品。尽管毒恐合流已是事实，但与会专家表示，暂未掌握 FIU 通过资金监测分析发现此类案例。

三、启示

第一，加强与禁毒部门合作。中国反洗钱监测分析中心一方面要及时深入了解国内毒品犯罪特点和地域分布，有针对性地开展涉毒资金监测分析；另一方面要强化联合监测分析机制，拓宽发掘涉毒线索途径。第二，开展毒品犯罪类型学研究。密切关注国内外动向，建立毒品犯罪相关指标或指引，指导报告机构识别并上报涉毒资金交易。第三，关注非洲籍人员涉毒犯罪情况。第四，关注毒恐合流现象。

（2015 年 9 月）

IMF "风险为本反洗钱/反恐融资监管"研讨班综述

孙 贞

2015 年 10 月，国际货币基金组织（IMF）在新加坡举办"实施风险为本方法的反洗钱/反恐怖融资监管"研讨班。研讨班根据金融行动特别工作组（FATF）新 40 项建议中有关风险为本监管的条款，从客户、产品服务、地理区域和销售渠道四个维度，引导学员认识如何在法律监管框架、银行业、证券业和保险业方面实行反洗钱/反恐怖融资风险为本监管。

一、FATF 关于风险为本和监管的建议

（一）评估风险与适用风险为本方法的建议（建议 1）

2012 年修订的 FATF 新 40 项建议，增加了关于"风险评估与适用风险为本方法"这一贯穿全篇的建议，要求各国（地区）：

1. 识别、评估和了解本国的洗钱与恐怖融资风险，并采取相应措施，包括指定某一部门或建立相关机制协调行动以评估风险，配置资源，确保有效降低风险。

2. 在风险评估基础上，适用风险为本的方法，确保防范或降低洗钱和恐怖融资风险的措施与已识别出的风险相适应。该方法应当作为在反洗钱与反恐怖融资体制内有效配置资源，实

施 FATF 建议要求的风险为本措施的必要基础。

3. 如发现风险较高，应确保其反洗钱与反恐怖融资体系能充分解决这些风险。如发现风险较低，可以决定在特定情况下，允许对某些 FATF 建议采取简化的措施。

4. 要求金融机构和特定非金融行业与职业，识别、评估并采取有效措施降低洗钱与恐怖融资风险。

风险为本方法的基本原则是，当风险较大时，各国（地区）应要求金融机构和特定非金融职业与行业采取强化措施管理和降低相关风险；当风险较低时，则允许采取简化措施。然而，一旦怀疑涉嫌洗钱或恐怖融资，则不得采取简化措施。

（二）关于金融监管的建议（建议 26 和建议 27）

FATF 建议指出，各国（地区）应当确保金融机构受到充分的监督和管理，并且有效地执行 FATF 建议。主管部门或金融监管机构应当采取必要的法律或监管措施，防止犯罪分子或其同伙持有金融机构的重要或多数股权，或成为金融机构重要或多数股权的受益所有人，或掌握金融机构实际管理权。

各国（地区）不应当批准空壳银行的设立或允许空壳银行继续运营。对遵守核心原则的金融机构，在实施与洗钱和恐怖融资相关的审慎监管措施时，应当采用与反洗钱和反恐怖融资监管相类似的措施。对并表集团的反洗钱与反恐怖融资监管，同样适用以上方法。

各国（地区）应当对其他金融机构进行许可、登记注册和充分管理，要考虑本行业的洗钱与恐怖融资风险而进行监管。至少应当要求提供资金或价值转移或货币兑换服务的金融机构进行许可或注册，并要受到有效监测，以确保符合国家（地区）反洗钱与反恐怖融资合规要求。

同时，为进行有效监管，监管机构应当拥有足够的权力，监督、监测、包括检查金融机构，确保金融机构遵守打击洗钱和恐怖融资的要求。监管机构应当有权要求金融机构提交所有与合规监管相关的信息，并有权按照相关要求，对不遵守要求的行为进行处罚。监管机构应当有实施一系列惩戒和经济处罚的权力，包括吊销执照、限制或中止金融机构业务的权力。

上述有关 FATF 建议为各国（地区）实施风险为本方法的反洗钱/反恐融资监管提供了理论和框架基础。各国（地区）监管机构应根据这些原则，结合各自洗钱和恐怖融资风险状况，实施风险为本监管。

二、如何实施风险为本方法的反洗钱/反恐融资监管

反洗钱与反恐融资风险为本方法，意味着各国（地区）、相关履职机构和金融机构应识别、评估并理解其所暴露的洗钱/恐怖融资风险，同时采取相应措施有效降低这些风险。风险为本方法允许各国（地区）在符合 FATF 要求的框架内，采取更加灵活的措施，更有效地配置资源，采取与其风险性质相一致的预防性措施，达到最有效地打击洗钱和恐怖融资的目的。

有效的风险为本制度的建立反映一个国家（地区）的法律法规体系，金融部门的性质、多样性和成熟度及其风险状况。而获得准确、及时和客观的洗钱/恐怖融资风险信息是有效的风险为本方法的前提。国家应建立相应机制，向所有权力机

关、金融机构及其他利益相关方提供核实风险评估结果等信息。

评估洗钱/恐怖融资风险意味着，国家（地区）、权力机关、金融机构和特定非金融职业和行业应明白已识别出的洗钱/恐怖融资威胁将造成何种影响。通过分析所获得的信息，他们应理解这些风险发生的可能性，以及风险一旦发生可能对单个机构、整个行业和整个国家（地区）经济等造成的影响。根据风险评估的结果，洗钱/恐怖融资风险通常被划分为高、中高、中、中低以及低等级别。这些等级划分将有助于理解洗钱/恐怖融资风险，从中找出需要最优先解决的风险。因此，风险评估不仅仅是数量和质量信息的收集，更重要的是形成有效降低风险的基础，并保证这些信息是最新和相关的。这也要求权力机关、银行等机构挑选经验丰富、值得信赖、素质合格的员工进行风险评估。

在合理评估和理解洗钱/恐怖融资风险的基础上，银行等机构以及权力机关决定采取最合理有效的方式降低其识别到的风险：应采取强化措施管理和降低高洗钱/恐怖融资风险；允许适用豁免或简化措施管理低洗钱/恐怖融资风险。在判断和决定风险等级和采取何种措施时，应充分考虑和理解该机构、行业或活动的种类，目标客户，提供的产品或服务，地理区域等因素。

同时，有效实施风险为本方法需要权力机关和银行等机构在如何适用风险为本方法和如何解决洗钱/恐怖融资风险等方面达成共识。在遵照风险为本方法的法律法规框架基础上，银行等机构可以在一定程度上自行解决其识别到的风险，而权力机关和监管机构也应发布指引，指导银行等金融机构履行风险为本的反洗钱/反恐怖融资法律义务。权力机关和银行等机构间保持有效沟通和相互支持对于成功实施风险为本方法至关重要。

三、监管机构的风险为本方法

风险为本方法的目的在于形成与已知洗钱/恐怖融资风险相适应的预防和降低风险的措施。风险为本方法适用于监管机构思考如何配置资源，以及如何有助于金融机构适用该方法。

FATF 相关建议和释义要求监管机构在理解本国（地区）洗钱/恐怖融资风险和通过现场及非现场方式获得金融机构风险状况所有信息的基础上，向更高洗钱/恐怖融资风险区域配置监管资源。

监管机构应理解被监管行业、被监管机构和集团面临的洗钱/恐怖融资风险，并利用各种信息来源以识别和评估风险。对于行业风险，监管者应考虑国家风险评估结果、国内或国际类型学研究成果、监管专家意见以及金融情报机构的反馈等；对于单个被监管机构，监管者应考虑其固有风险的程度，包括该机构产品服务的性质和复杂性、机构规模、商业模式、管理模式、金融会计信息、产品服务输出渠道、客户构成、地理位置等，同时也应考察该机构的现行管控措施，包括风控政策质量、内控措施执行情况等。监管机构应定期审查对被监管行业和机构洗钱/风险融资风险状况的评估结果，而当某机构情况发生变化或出现新威胁时，应重新审查评估结果。

对洗钱/恐怖融资高风险区域，监管机构应配置更多监管资源，根据风险程度决定定期评估的频度和力度。当无法对所有金融机构进行详尽监管时，监管机构应优先考虑更高风险区域。监管机构可以通过以下方式调整其监管方式：调整信息检查强度、调整现场或非现场反洗钱/反恐怖融资监管类型、调整反洗钱/反恐怖融资持续监管的频度和性质，以及调整反洗钱/反恐怖融资监管的强度。

监管机构应根据其监管中发现的问题，审查并更新其洗钱/恐怖融资风险评估，必要时还应考虑反洗钱/反恐怖融资监管方法、法规和指引是否足够。在符合保密要求情况下，监管机构可适时将发现的问题与被监管机构沟通，使其加强并优化风险为本方法。

另外，监管机构应在与利益相关方充分沟通基础上，发布相关指引，指导被监管机构履行打击洗钱和恐怖融资职责。指引可以表明监管者期待的结果、高标准的要求和以风险为本的规则，包括监管者对相关法律法规的释义、具体反洗钱/反恐怖融资控制措施最佳适用方法等。监管机构也应考虑发布相关指引，指导金融机构如何以发展包容性金融的方式履行反洗钱/反恐怖融资法律义务。对于存在多个监管机构的情况，监管机构之间应加强沟通，避免出现矛盾的法规释义，必要时考虑发布联合指引。

四、金融机构的风险为本方法

对银行、证券和保险业等机构，风险为本方法适用于机构如何配置其合规资源、组织内控措施和内部构架、实施相应政策措施阻止并发现洗钱/恐怖融资。

金融机构包含广泛的金融产品和服务，它们可能与不同的洗钱/恐怖融资风险相关。金融机构在评估和降低其洗钱/恐怖融资风险时，应注意这些不同。

在风险评估阶段，金融机构应根据自身状况采取合适风险评估方法。在识别和评估洗钱/恐怖融资风险时，应考虑以下因素：自身业务的性质、规模、多样性和复杂性；目标市场；已识别的高风险客户数量；自身业务或客户活动面向的国家（地区），尤其是腐败或有组织犯罪高发的国家（地区），反洗钱/反恐怖融资措施不利的国家（地区）、FATF 列名清单国家（地区）；销售渠道，包括金融机构直接与客户交易或通过第三方进行客户尽职调查的情况；内部审计和监管发现的问题；自身和客户交易数量和规模等。金融机构在评估风险时应充分考虑业务负责人、客户经理的意见及国家风险评估、政府间国际组织及国家发布的制裁名单以及 FATF 和相关组织发布的反洗钱/反恐怖融资互评估报告、类型学研究等文件，并定期和在情况发生变化或出现新威胁时审查其评估结果。风险评估结果应经高级管理层批准，反映并说明本机构风险偏好和风险程度，从而使机构制定出与风险评估结果相一致的降低洗钱/恐怖融资风险政策措施。

在降低风险阶段，金融机构应根据洗钱/恐怖融资风险评估结果制定并实施相应政策和措施，如采取强化或简化的客户尽职调查、持续监测、向金融情报机构报告可疑报告等措施。

同时，有效的内控制度和有力的高层治理对金融机构实施风险为本的反洗钱/反恐怖融资至关重要。金融机构合规官应持续监测本机构内控制度的执行情况，同时金融机构应对反洗钱/反恐融资管控是否足够、是否合规进行审计。

总之，有效实施风险为本方法，需从法律制度中体现风险为本要求，需从客户、产品服务、销售渠道和地理区域等因素对洗钱/恐怖融资风险进行正确识别和评估，制定并实施合理的风险管理和解决措施。监管机构、金融机构和特定非金融行业与职业及其他利益相关方应共同努力，适用风险为本方法，打击洗钱和恐怖融资活动。

（2015 年 11 月）

APG "金融情报机构安全保卫"会议综述

张　煜

　　2015 年 11 月，亚太反洗钱组织（APG）在尼泊尔加德满都召开"2015 年反洗钱类型"研讨会的"金融情报机构的安全保卫工作"分会，会议议题为"金融情报机构在业务流程、人员、文件和信息安全等方面的安全策略的制定与实施操作指引"。

一、主要议题

　　物理安全　物理安全是金融情报机构安全运行的基础，基本要求包括办公环境、人员进出、身份识别和建筑规划等。埃格蒙特集团使用五级安全等级矩阵来指引各国金融情报机构的物理安保工作。

　　人员安全　包括人员审查规程、职业操守和工作技能培训等，会议强调禁止金融情报机构工作人员参与个人金融利益事项或在附属的特定组织中兼职，并建议定期对工作人员开展安全警示培训。

　　文件安全　金融情报机构在保护、披露敏感文件时应严格遵循安全保密规定，培训工作人员识别和保护敏感文件，防止未经授权的、无意的文件泄露，并通过安全保密培训、会议或其他教育媒介增强工作人员保护文件的安全意识。此外，埃格蒙特集团还提供文件敏感等级标准指引，分为最高机密级、秘密级、机密级、受限制公开级和无限制公开级五个等级。

信息系统安全　信息系统安全是金融情报机构履行反洗钱职责、开展监测分析的重要保障。为增强信息系统的安保能力，埃格蒙特集团建议加强两方面的建设：一是在信息系统建设过程中，以权威信息系统安全标准为指引开展系统建设，并推荐金融情报机构参考使用 ISO27001 标准，该国际标准针对信息系统制定了 11 个安全领域、39 个控制对象、133 个控制点，还向金融情报机构提供安全问题列表与安全网站，展示国际上发现的主要软件漏洞与安全风险；二是信息系统需要进行风险和脆弱性评估，并基于评估结果进行安全风险评价，以帮助金融情报机构更好地认识信息系统存在的漏洞、面临的威胁，更好地完善信息系统的安全保卫能力。

二、参会体会

增强金融情报工作的安全保护意识　金融情报机构首先要加强内部工作人员安全保密教育，通过各种培训和会议提高工作人员职业操守、安全操作技能，时刻将人员、文件的安全保密工作放在首位。

金融情报机构安全保卫工作的持续性　金融情报机构受办公环境、技术发展、人员变化的制约，新脆弱点和威胁不断出现，面临的安全风险持续变化，没有百分之百安全的解决方案。因此金融情报机构的安全保卫工作是一个持续的风险管理过程，需要不断地识别恶意行为、发现威胁、评估脆弱性，加强物理、人员、文件和信息系统安全，以实现对安全风险的有效控制。

安全保卫工作需大量资源投入　金融情报机构的安全保卫工作需要不断投入大量资源来降低安全风险，而可控的安全风险可确保金融情报机构运行的持续性和服务的有效性，提高金融情报机构的国际形象，并谨防技术和信息的泄露。因此，主管部门应给予金融情报机构足够的政策、财务支持，保证投入的资源满足安全保卫工作的需要，进而加强金融情报机构的安全保卫能力。

三、建议

（一）持续改进中国反洗钱监测分析中心（以下简称反洗钱中心）的安全保卫基本措施

目前，反洗钱中心已经按照《信息安全等级保护管理办法》的相应安全等级保护标准对已有信息系统进行升级改造，目前已经基本符合信息系统该级安全等级保护的要求，并通过了安全保护等级测评，在物理设施、人员、文件、信息系统方面还参考了相关安全规范，确保反洗钱中心在接收、处理、掌握和分发信息时受到严格保护，基本符合 FATF 建议中有关 FIU 信息安全与保密的要求。

目前埃格蒙特集团对金融情报中心的物理设施安全提供较全面的安全指引，包含建筑、环境、来访控制、监控设备、人员规模、公共空间等多方面的安全要求。随着反洗钱中心在打击洗钱犯罪和涉恐融资犯罪方面的作用日益重要，将来面临物理设施威胁的可能性不断增加，因此未来反洗钱中心应加强物理设施的安全保护措施建设，不断增强物理设施的安全水平，确保反洗钱中心的物理设施安全保护与所承担的责任相符。

（二）信息系统建设可参考国际信息系统安全标准

与我国发布的《信息安全等级保护管理办法》相比，埃格蒙特集团提供的信息系统安全指引在内容分类和技术可行性方面有一定先进性，可通过参考国际安全标准与先进经验，继续完善反洗钱中心信息系统的安全措施，改进安全技术，使得反洗钱中心的信息系统在安全保护层面进一步向国际先进水平靠拢。

（三）通过定期的风险评估提高反洗钱中心信息系统安全保护能力

为了在现实环境中识别不同环境下信息系统存在的特定脆弱性和威胁，评估其实际发生的概率和可能导致的危害，并采取正确的应对措施，可考虑设计加强反洗钱中心信息安全保卫能力的安全加固方案，参照国家安全等级保护标准定期开展信息系统的风险评估，将反洗钱中心面临的安全风险控制在一个可控安全体系中。

（四）利用国内外安全保卫经验降低中心的安全风险

针对安全问题和安全漏洞，目前国内外均已形成较成熟的安全技术与解决方案，反洗钱中心可在相关风险评估机构的配合下，主动跟踪已发现的软件漏洞、已识别出的安全威胁，以及解决安全问题的有效措施，主动采取措施降低信息系统整体安全风险的严重程度，持续推进信息系统的安全保卫工作。

（2015 年 11 月）

FATF 第二十七届第三次全会及工作组会议摘要

孙 贞

2016 年 2 月 15 日至 19 日，金融行动特别工作组（FATF）第二十七届第三次会议及工作组会议在巴黎召开。

一、全会情况

FATF 将恐怖融资作为工作重点，本会重点关注恐怖融资。

第一，通过《FATF 打击恐怖融资综合战略》（*Consolidated FATF Strategy on Combating Terrorist Financing*，以下简称《战略》）以现有工作为基础，反映恐怖融资最新发展情况，指出全球恐怖主义威胁加剧，列出 FATF 及全球网络采取应对恐怖融资威胁的关键政策目标和优先行动，包括确保全面理解目前恐怖融资威胁、确保 FATF 标准提供全面的打击措施，以及确保各国采取有效行动打击恐怖融资。《战略》列明的目标不仅针对 FATF 本身，也适用于各个国家。为此 FATF 采取了一系列行动。

一是关注加强有效的信息交换。国际、国内政府部门间，以及与私营部门间的合作与信息交换对于有效打击恐怖融资至关重要。在本会前，FATF 分别与私营部门和打击"伊斯兰国"融资联盟（CIFG）举行特别会议，通报《战略》内容，加强与私营部门和其他多边国际组织的合作与信息交换。另外，2015 年 12 月 FATF 特别全会要求各成员提供关于各自面临的恐怖融资风险以及在国际国内层面、政府部门间、与私营部门间和私营部门之间有效信息交换的障碍等信息。FATF 对收集到的信息进行了初步分析，确认信息交换确实存在一些障碍，但也注意到许多克服障碍的好的实践和工具。FATF 将对信息作进一步分析，以识别在各层面加强信息交换的措施。各 FATF 式区域性组织（FSRBs）也将开展类似工作，应对信息共享方面的挑战。

二是考虑是否有必要修改 FATF 打击恐怖融资标准。FATF 同时对是否有必要修改 FATF 标准进行了分析，以将近期联合国安理会关于恐怖主义和恐怖融资的决议，如安理会决议 2199 号和 2253 号整合入 FATF 标准中。

三是评估并加强打击恐怖融资措施的执行情况。2015 年，FATF 评审了 199 个国家（地区）执行 FATF 建议 5 和建议 6（恐怖融资刑罚化和定向金融制裁）关键要素的情况，并于 2015 年 10 月发布了评审报告，其中，22 个国家（地区）存在基础性问题：未将恐怖融资刑罚化，或无权执行定向金融制裁。报告发布后，12 个国家（地区）通过了紧急立法解决了上述问题，但有 5 个国家（地区）被增列入 FATF 黑名单中。FATF 要求仍存在问题的国家（地区）采取紧急解决行动，包括必要时向相关机构寻求技术援助，并向 FATF 国际合作审查工作组（ICRG）报告进程。而在执行建议 5 和建议 6 方面存在不太严重问题的 FATF 成员将在 2016 年 6 月全会上报告其解决相关问题的情况。FSRB 成员也将在其所在 FSRB 组织中接受同样的程序。

另外，FATF 修改了反洗钱/反恐怖融资体系评估方法，加入禁止外国恐怖主义战斗人员融资相关要求。

第二，巴西因仍未能解决互评估中的严重缺陷问题被予以通报。FATF 对巴西仍未能解决其在 2010 年 6 月第三次互评估报告中暴露的严重缺陷问题表示极大的担忧。尽管巴西在冻结恐怖主义资产方面取得进展，但巴西仍未将恐怖融资刑罚化，须作进一步努力以满足 FATF 标准要求。FATF 要求巴西履行其 FATF 成员义务，制定打击恐怖融资立法。如果巴西在下届 FATF 全会时仍未有足够立法解决上述问题，FATF 将考虑对巴西采取进一步后续程序措施。

第三，发布更新的《货币或价值转移服务商风险为本方法指引》。

第四，修改《FATF 和 FSRBs 高级别原则和目标》（*FATF/FSRB High – Level Principles and Objectives*）。

该文件规定 FATF 和 FSRBs 的权利和义务，以及 FATF 和 FSRBs 之间的关系。

第五，密切关注金融机构"去风险化"（de – risking）发展情况，考虑对包括在代理行的背景下合理执行去风险化方法提供指引。

二、风险、趋势和方法工作组（RTMG）会议

会议主要涉及恐怖融资实操性问题。

国际刑警组织（Interpol）在会上介绍了其进行恐怖融资调查的工具和机构，已形成 5800 份外国恐怖主义战斗人员档案数据库。Interpol 近期呼吁各国提供详细信息以更新数据库。

欧洲刑警组织（Europol）介绍近期成立的欧洲反恐中心，该中心负责协调 28 个成员国反恐行动，提供全天候操作支持，主要工具有恐怖融资追踪项目（TFTP）、旅客姓名记录库、跨境申根信息系统。

澳大利亚介绍 2015 年 12 月由澳大利亚和印度尼西亚 FIU 联合主办的东南亚恐怖融资峰会情况。

荷兰介绍 2016 年 1 月海牙召开的关于外国恐怖主义人员会议。

联合国毒罪办正在发起 ISIL 恐怖融资研究项目，将研究恐怖融资与有组织犯罪的联系，课题领导者将与 RTMG 和其他国际组织合作。

埃格蒙特集团介绍 2016 年 2 月通过的 ISIL 报告，强调加强支持多边信息共享工具和模块，关于 ISIL 融资第二阶段研究将关注外国恐怖主义战斗人员促进网络。

法国和澳大利亚介绍预付卡和电汇涉及的恐怖融资缺陷。

英国和马来西亚介绍恐怖融资国家风险评估的经验。

另外，本次会议上，秘书处对此前收集到的恐怖融资信息问卷进行初步分析，强调各国识别的风险与 FATF 此前工作一致。问卷反馈显示出国际信息共享和与私营部门信息共享方面存在问题。

（2016 年 2 月）

第四部分　反洗钱技术基础探讨

可扩展商业报告语言
在反洗钱领域的应用初探

刘 云 胡 蓉

可扩展商业报告语言 XBRL 是在 XML 在业务报告信息交换方面的一种应用，作为我国国家标准，广泛应用于信息报送、金融监管等领域。本文结合反洗钱信息收集工作的特点，分析了在反洗钱数据收集领域运用 XBRL 的优势和基本环节，重点结合相关国家标准、金融行业标准以及反洗钱领域现状探讨建立分类标准这一关键问题。

一、XBRL 技术简介

可扩展商业报告语言（eXtensible Business Reporting Language，XBRL）作为可扩展标记语言（eXtensible Markup Language，XML）在财务报告信息交换领域的一种应用，由美国注册会计师霍夫曼等人于 1998 年提出，通过对用于电子报告的 XML 进行了改进，使其能够将报告内容分解成不同的数据元，并根据信息技术规则对数据元赋予唯一的数据标记，以及对数据元之间的复杂关系予以准确描述。除技术优势外，XBRL 的推广也较为成功，全球范围内从上市公司信息披露、会计信息化到金融监管等领域均有广泛应用。以合规领域为例，美国证券交易委员会（SEC）就采用 XBRL 作为信息报送标准①，美国 Sarbanes – Oxley Act、加拿大 Bill 198、英国 Combined Code、Turnbull Report 和 Companies Bill、德国 KonTraG、Code of Corporate Governance 等合规工作中均使用了 XBRL②。2005 年 4 月波士顿第 11 届 XBRL 国际会议上，SEPBLAC 主任 Gabriel Panizo 介绍了 The Anti – Money – Laundering XBRL Taxonomy Project③，就是 XBRL 在反洗钱领域的一个应用案例。

　　2000 年，国际 XBRL 指导委员会发布了 XBRL 规范第 1 版，2003 年发布 2.1 版后，技术趋于成熟。2003 年，我国上海证券交易所开始实施基于 XBRL 规范的上市公司定期报告电子化报送，揭开了 XBRL 在国内运用的序幕。2005 年，上海证券交易所自主开发的中国上市公司信息披露分类标准成为中国第一个获得 XBRL 国际认证的分类标准（Taxonomy）④。在财政部的支持下，2007 年 XBRL 中国地区组织——XBRL China 成立。2010 年《可扩展商业报告语言（XBRL）技术规范》（GB/T 25500—2010）作为国家标准发布后，财政部向全国推广企业会计准则通用分类标准⑤，银监会组织制定了"银行监管报表

---

　　①　参见 xbrl. sec. gov。

　　②　XBRL 国际组织网站提供了 XBRL 在各国的应用情况。合规领域的反洗钱（Anti – Money Laundering）、反欺诈（Fraud & Abuse）等方面均有 XBRL 应用，参见 XBRL in Compliance Process，http：//www. xbrl. org/。

　　③　中国反洗钱监测分析中心胡蓉提供了 The Anti – Money – Laundering XBRL Taxonomy Project 介绍 PPT，其计划：（1）搭建一整套覆盖全程的 XBRL 报送体系；（2）在 XBRL – ES 下成立工作组；（3）建立可操作的 Taxonomy；（4）逐步迁移到 XBRL。

　　④　参见《JR/T 0021—2004 上市公司信息披露电子化规范》。此外，证券业基于 XBRL 技术的信息披露要求很多，如《证券投资基金信息披露 XBRL 标引规范》（证监会公告〔2008〕35 号）等。

　　⑤　参见《关于全面推进我国会计信息化工作的指导意见》（财会〔2009〕6 号）、《企业会计准则通用分类标准》（财会〔2010〕20 号）。

可扩展商业报告语言（XBRL）扩展分类标准"用于银行业监管数据收集①。

二、反洗钱信息处理工作的难点

反洗钱数据处理工作需要从数千家报告机构收集和处理大额交易、可疑交易（行为）报告和其他数据信息，主要的困难有以下几方面。

（一）数据量大，行业覆盖面广

根据最近三年人民银行网站发布的中国反洗钱报告，中国反洗钱监测分析中心每年接收到大额交易报告数亿笔，可疑交易报告数千万笔。报告机构所属行业广泛，目前已覆盖了银行业、证券期货业、保险业、信托公司等六类金融机构、保险资产管理公司、支付清算组织和非金融支付机构，未来还可能延伸到更多领域。

（二）报告信息量大，结构、内容复杂，准确性要求高

各行业业务差异很大，其大额交易报告和可疑交易报告数据要素分别有数十个，要素之间的逻辑关系较为复杂。数据接收入库和差错处理均较为困难。由于反洗钱工作的严肃性，要求数据信息准确无误，否则可能面临较大的法律责任。

（三）信息格式灵活，能够快速响应业务变化

近年来反洗钱业务的发展变化很快，报送主体、报送数据要素也在变化，要求报告格式灵活，能够根据业务变化进行及

---

① 参见银监会、财政部《关于发布银行监管报表可扩展商业报告语言（XBRL）扩展分类标准的通知》（银监发〔2011〕100号）、《关于印发银行业扩展分类标准的通知》（财会〔2012〕23号）。

时调整。

因此，反洗钱数据收集需要同时解决好数据量大、内容复杂、报文格式灵活、处理高效的难题，而 XBRL 技术兼具灵活性和规范性，且具有丰富的金融行业应用案例，非常适合于反洗钱业务报告处理。

三、XBRL 在反洗钱数据处理中的优势

从 2007 年开始，反洗钱数据收集使用 XML 报文，而 XBRL 正是由 XML 发展而来，符合 XML 规范同时兼有行业特点。使用 XBRL 后报文类型仍然是 XML，但灵活性将大大提高。XBRL 具有如下优势。

（一）准确、规范地描述复杂报告信息

XBRL 成为企业财务信息报告、上市公司信息披露、金融监管报表等对准确性要求极高领域的行业标准，一是从技术层面能够对精确定义的数据元和数据元之间上下文关系进行精准描述、对复杂报告提供灵活支持；二是从管理层面由行业主管部门组织制定和发布的分类标准（Taxonomy）作为国家标准、行业标准向从业机构推广，具有权威性和规范性。在反洗钱领域应用 XBRL，可使交易报告具有更好的准确性和规范性。

（二）报告具有灵活性，数据项变化或校验规则变化后，不必修改原有应用程序

XBRL 通过修改链接库即可体现新规则，而不必修改应用，使得反洗钱交易报告具有灵活性，可对数据项进行增减、对校验

规则进行调整，而数据报送方和接收方不必修改原有程序①，从而快速、低成本地响应业务变化。例如，通过修改 XBRL 报送模板即可实现对新行业反洗钱交易报告的支持，而不必再另行建立或改造数据接收平台。②

（三）实现更加灵活的数据展示

XBRL 的一大特点就是"一次录入，多处使用"，数据以 XBRL 格式录入后（按 XBRL 标准定义、扩展名为 XML 的数据文件），可针对应用特点提供灵活多变的展示，数据格式不再拘泥于传统的电子表格 xls、文档 doc、面向打印或出版的 pdf 等少数几种固定格式。因此，除数据收集应用外，XBRL 还可根据数据统计、人工分析、信息交互、协查、线索形成等不同业务的特点提供多样性的数据展示，实现"一份数据，多种展示"。

（四）提高数据信息的准确度

数据从报告机构端收集后，在一定时间窗口内，报告机构还可进行差错处理，如纠错、删除、补正、信息补充核实等操作，使用链接库来检查校验要素的变化，易于实现要素字段级的精确纠错、删除及其他形式的差错处理。③

---

①　使用 XBRL 技术时，在分类标准里添加新元素、在链接库中加入与之相关的关联关系之后，不用修改任何应用程序，计算机系统就能识别新加入元素的意义。详见参考文献［2］。

②　运用 XBRL 快速响应业务规则变化的案例：《证券投资基金信息披露 XBRL 标引规范（Taxonomy）》（中国证券监督管理委员会公告〔2008〕35 号）规定，"本规范适用于基金管理公司、基金托管银行等信息披露义务人完成信息披露义务，也适用于监管机构、研究分析机构、会计师事务所、投资人以及信息服务公司、传播媒体等依托 XBRL 技术进行基金披露信息的传播、分析和再加工等。除公开披露的基金信息外，本规范还预留了监管信息接口，以作扩展。"新业务通过 XBRL 模板的动态调整来支持，"本规范将根据陆续发布的基金信息披露 XBRL 模板进行部分调整，届时，网站上的技术文档将通过自动更新的方式发布，不再另行公告。"

③　根据目前的数据采集接口规范，信息的粒度从粗到细可分为报文级、交易级和要素字段级三类。大额交易的纠错和删除在交易级进行，可疑交易报告的纠错和标注在报文级进行，均未达到要素字段级。粒度越细，信息处理的难度越大，处理时间也可能相应延长。

　　此外，XBRL 报告在数据存储、清洗校验、查询分析等方面均有若干优势。① 因此，XBRL 在数据校验、报文处理、信息展示等方面将带来极大的便利，不仅能够提高数据质量，还可简化数据处理过程，提供样式灵活的数据展现和查询分析。

四、运用 XBRL 的关键问题

　　XBRL 技术应用到反洗钱信息处理领域，面临的问题包括分类标准的建立、实例文档的生成和管理、数据传输、存储、ETL 等，其核心是建立适合反洗钱业务规则的分类标准。本文不讨论技术环节，着眼于建立反洗钱通用分类标准。

　　反洗钱通用分类标准指采用 XBRL 语言表述的反洗钱业务准则。通用分类标准的架构包括逻辑设计和物理结构两个方面。逻辑设计是将反洗钱领域关于信息处理的各种业务规则映射到 XBRL 语言上的方法，物理结构是指分类标准各文件和文件夹的具体层级设计和组织方式。通用分类标准的架构可参照国际财务报告准则分类标准 2010 年版进行设计，可借鉴国内《银行监管报表 XBRL 扩展分类标准》（银监发〔2011〕100号）、《企业会计准则通用分类标准》（财会〔2010〕20 号）等 Taxonomy 的架构，即物理结构保持一致，逻辑设计采用基本相同的方法。

　　按照 XBRL 规范，分类标准 Taxonomy 包含 1 个核心模式文件和 6 个链接库。其中核心模式文件中包含了 Taxonomy 所使用的全部元素（即数据元清单），链接库包括列报链接库、计算链接库、定义链接库、标签链接库（包括中文和英文标签）、

---

① 技术细节参见参考文献［3］。

参考链接库和公式链接库，用来实现业务规则。

本文对建立反洗钱 Taxonomy 的探讨如下。

（一）数据元清单

数据元（Data Elements）指是用一组属性描述定义、标识、表示和允许值的数据单元，在特定的语义环境中被认为是不可再分的最小数据单元，通常包括中文名称、英文名称、标识符、定义、数据类型、数据格式、值域、计量单位、上下文关系等内容。

数据报送接口规范定义了数据字典和部分校验规则，是反洗钱数据元的基础。参照《银行间市场基础数据元》（JR/T 0065—2011）、《征信数据元　个人征信数据元》（JR/T 0065—2011）、《存款数据元》和《贷款数据元》（银发〔2012〕150号）等文件，本文对大额交易和可疑交易（行为）报告的数据要素分为如下六类：

1. 人员类：个人信息相关要素，如（交易主体、交易对手、代办人、负责人、个人股东、控股股东/实际控制人、投保人、受益人等个人的）姓名、国籍、职业、证件类型和证件代码等；

2. 机构类：法人机构信息相关要素，如（金融机构、交易主体、交易对手、法人股东等机构的）名称、证件类型和证件代码等；

3. 日期、时间、期间类：以年月日、年月日时分秒等形式描述时间日期的要素，如报告生成日期、交易日期、开户日期、销户日期、受益权转让日期等；

4. 地址类：地址描述及编码（如行政区划代码）要素，

如机构所在地、客户详细地址、交易发生地、金融机构网点所在地行政区划代码等；

5. 数量金额类：如客户总数、账户总数、交易金额、可疑交易总笔数、受益权变更次数等；

6. 行业特定业务类：与特定行业有关的数据要素，包括各行业反洗钱特有的大额交易特征、可疑交易特征；适用于银行业的账户类型、账号、交易方式，用于唯一标识一笔交易的业务标识号等；适用于保险业的保险合同号、保险种类等。

仅从数据元定义的角度看，目前已发布的金融行业标准中已包括大部分的反洗钱数据要素。上述分类的前5类要素均可在现有的行业标准中找到与之对应或含义接近的数据项。① 第6类"行业特定业务类"，包括可疑特征、可疑程度、采取措施、可疑行为描述、业务标识号等，则需要按照不同行业反洗钱的业务特点自主定义。

（二）业务规则描述

反洗钱领域的业务规则主要通过各个行业的《接口规范》和《校验规则》来表达，但需要按照 XBRL 的要求进行修改、补充和完善。要素字段的基本规则包括数据类型、长度、取值范围、选填/必填等。本文对要素之间的关系则初步分为如下几类：

1. 数量关系：如大额交易报告中，所有交易金额累计应大于或等于大额特征对应的金额限额；交易总数、交易主体总数应等于交易明细中的对应数量；

---

① 如《银行间市场基础数据元》（JR/T 0065—2011）中与金额、利率、比率等有关的数据元，与日期、时间、期限有关的数据元，与机构的基本特征有关的数据元等。

2. 时序关系：如报告生成日期不早于交易日期、交易日期不早于开户日期、账户销户日期不早于开户日期等；

3. 整体—部分关系：如"姓名/名称" + "身份证件类型" + "证件号码"三个要素共同确定一个主体，三个要素必须同时填写完整才有意义（该规则适用于交易主体、代办人、受益人、股东、投保人等个人及法人主体）；"币种" + "交易金额"两个要素确定交易金额；

4. 上下文关联关系：如根据证件类型，按照不同的规则对证件号码进行校验；根据交易方式，确定是否有交易对手，以及交易对手是个人还是法人机构等。

另外，可疑行为描述、采取措施等字段文本描述较多，信息自由填报的空间较大，参照有关行业分类标准的要求，从规范填报的角度，还需进一步明确要素内容（如先区分涉嫌犯罪类型或采取措施类型，再作相应描述），便于数据校验及后续的查询分析。

结合 Taxonomy 核心模式文件中的数据元清单，使用链接库描述上述业务规则，后续技术环节本文暂不讨论。

建立分类标准 Taxonomy 就是在上述数据元和业务规则的清晰描述之上，按照 XBRL 规范定义维度（Dimensions）、公式（Formula）、函数（Functions）、样式（Inline）和版本（Versioning），实现用 XBRL 来描述特定业务的过程。①

（三）分类标准的发布和推广

按照标准化的思路建立分类标准，参照《银行业标准化工作指南》（JR/T 0116—2014）描述的过程，包括立项、起草、

---

① 技术细节本文不作讨论，详见参考文献［3］。

征求意见、审查、批准等若干阶段，需要行业主管部门、反洗钱报送机构、专家学者、标准化主管部门等众多单位和个人的参与，是一项系统工程。[①]

这里需要指出，分类标准是否成为国家标准或行业标准，并不是运用 XBRL 或者 XML 的先决条件。只要从定义好符合 XBRL 规范的分类标准，即可进行后续的技术工作，包括实例文档的编写和验证，以及数据传输（上传、下载、压缩、加密等）、数据校验和清洗、查询分析等。

从 XBRL 在我国财政部、证监会、银监会、国资委、石油石化等部门应用案例来看，建立一个初步的分类标准，充分利用 XBRL 的可扩展性，随着业务的发展不断对分类标准进行修改完善，具备一定条件后再进行标准化立项申报，是建立和推广分类标准的必由之路。[②] 相应地，分类标准发布后，也极大地促进了 XBRL 在特定行业的应用。

需要特别说明的是，限于作者对 XBRL 理解，本文对上述数据元清单、业务规则、分类标准等问题的讨论并不完备，仅

---

① XBRL 是一项国际认证的标准，一国专注于某个领域的分类标准可申请作为国际标准，如上文介绍的我国第一个取得 XBRL 国际认证、由上海证券交易所自主开发的中国上市公司信息披露分类标准。www. XBRL – cn. org 是 XBRL 中国地区组织的官方网站，提供了国内外 XBRL 应用的最新情况，以及我国 XBRL 分类标准。

② 《证券投资基金信息披露 XBRL 标引规范（Taxonomy）》（中国证券监督管理委员会公告〔2008〕35 号）规定，"本规范适用于基金管理公司、基金托管银行等信息披露义务人完成信息披露义务，也适用于监管机构、研究分析机构、会计师事务所、投资人以及信息服务公司、传播媒体等依托 XBRL 技术进行基金披露信息的传播、分析和再加工等。除公开披露的基金信息外，本规范还预留了监管信息接口，以作扩展。"新业务通过 XBRL 模板的动态调整来支持，"本规范将根据陆续发布的基金信息披露 XBRL 模板进行部分调整，届时，网站上的技术文档将通过自动更新的方式发布，不再另行公告。"另据 www. XBRL – cn. org 的介绍，石油和天然气行业分类标准（财会〔2011〕22 号）、国际气候变化分类标准（2014 年版）、国资委财务监管报表分类标准（国资发评价〔2014〕110 号）等领域的分类标准的建立也经历了类似过程。

作为有关工作内容的基本介绍。从实践的角度，运用 XBRL 具有一定复杂性和技术难度，需要从业务、技术、行业发展等方面进行综合评估。

五、结语

使用 XML 报文收集反洗钱数据，8 年来为反洗钱监测分析工作提供了良好的支持。随着技术的发展，在反洗钱交易报告收集和处理中，XML 还能做得更多、更好，XBRL 就是方向之一，我国各行业 XBRL 标准的出台及其广泛应用已充分体现了这一趋势。

在反洗钱领域使用 XBRL 能够更好地完成数据收集和处理，随着《银行业监管报表可扩展商业报告语言分类标准》、《企业会计准则通用分类标准》等规范文件的实施，金融行业各领域的分类标准将更加精细和成熟。研究 XBRL 技术，有助于进一步提高 XML 应用水平、提升反洗钱监测分析能力，推动信息工作的标准化和规范化。

参考文献

［1］可扩展商业报告语言（XBRL）技术规范（GB/T 25500—2010）。

［2］吕科，谷士斌：《 XBRL 数据集成处理与分析》，电子工业出版社，2008。

［3］刘世平，罗黎明，董凤江：《XBRL 实用案例剖析》，经济科学出版社，2010。

［4］李为：《XBRL——监管的革命》，载《证券市场导报》，2009（1）。

〔5〕 Financial Reporting Taxonomies Architecture 1. 0, Corresponding to XBRL 2. 1 Recommendation 2003 – 12 – 31 with Corrected Errata 2005 – 04 – 25. http：//www. xbrl. org/.

〔6〕 XBRL Global Ledger Taxonomy Framework 2014. Candidate Recommendation 15 October 2014. http：//www. xbrl. org/.

〔7〕 秦天保，方芳：《XBRL 在银行业非现场监管中的应用》，载《计算机系统应用》，2006（3）。

〔8〕 上海证券交易所上市公司分类标准，上交所网站。

〔9〕 征信数据元　数据元设计与管理（JR/T 0027—2006），中华人民共和国金融行业标准，中国人民银行发布。

〔10〕 征信数据元　个人征信数据元（JR/T 0028—2006），中华人民共和国金融行业标准，中国人民银行发布。

〔11〕 证券投资基金信息披露 XBRL 标引规范（Taxonomy），中国证券监督管理委员会公告〔2008〕35 号。

〔12〕 上市公司信息披露电子化规范（JR/T 0021—2004），中华人民共和国金融行业标准．中国证券监督管理委员会发布。

〔13〕 关于全面推进我国会计信息化工作的指导意见（财会〔2009〕6 号）。

〔14〕 企业会计准则通用分类标准（财会〔2010〕20 号）。

〔15〕 关于发布银行监管报表可扩展商业报告语言（XBRL）扩展分类标准的通知（银监发〔2011〕100 号）。

〔16〕 关于印发银行业扩展分类标准的通知（财会〔2012〕23 号）。

〔17〕《破解数据迷局——上证所 XBRL 建设综述》，载《上海证券报》，2006 – 10 – 23。

〔18〕 关于全面推进我国会计信息化工作的指导意见（财会〔2009〕6 号）。

〔19〕银监会、财政部关于发布银行监管报表可扩展商业报告语言（XBRL）扩展分类标准的通知（银监发〔2011〕100号）。

〔20〕中国反洗钱报告（2013）. http：//www. pbc. gov. cn。

〔21〕银行业大额交易和可疑交易报告数据报送接口规范（2008年修订）（银发〔2008〕248号）. http：//www. pbc. gov. cn/。

（2015 年 3 月）

对反洗钱数据质量工作的思考和建议

刘 云

一、数据质量的含义

良好的数据质量是做好反洗钱监测分析工作的基础。本文讨论的数据质量主要指由报告机构报送的大额交易和可疑交易报告的数据质量，应包括有效性、全面性、及时性、准确性和规范性五方面的要求，具体如下：

有效性，指数据对监测分析工作的情报价值；

全面性，指数据报送机构履行法定反洗钱报送义务时，应按照指定的格式，提供大额交易或可疑交易报告各要素所含的全部信息，以及有助于反洗钱监测分析、线索研判等工作的辅助信息；

及时性，指在大额交易发生后或识别为可疑交易（行为）后，数据报送机构应在尽可能短的时间内报送相应的报告，如果发现数据存在差错遗漏，以及对数据使用部门提出的补正要求，应在尽可能短的时间内响应和处理；

准确性，指数据报送机构应确保数据的采集和报送应尽可能做到准确无误、与客观事实一致，不存在加工处理错误或人为弄虚作假等情况；

规范性，指数据符合指定的格式要求，包括数据接口规范、数据校验规则，以及对数据补正、补充、核实等方面的格式要求。

在上述五个方面的要求中，数据的有效性主要由数据使用者评判；全面性可通过报告详尽程度、要素缺失情况等内容反映；及时性可通过若干计算交易发生到报送的时间等指标评价；准确性则很难评判，严格地说需要对报告机构的原始数据与中国反洗钱监测分析中心（以下简称中心）数据两端核对才能确认，或者从数据的纠错、删除等差错处理中部分体现；规范性可通过报文入库得到正确回执的比例等指标来评价。

全面、及时、准确是对大额交易和可疑交易报告的共性要求。此外，可疑交易报告应更加强调有效性，而大额交易报告因其数据量巨大，要具有规范性。

本文主要围绕数据的全面性、及时性、准确性和规范性进行讨论。

二、提高数据质量的方法、措施及评述

提高数据质量的方法分为技术手段和管理手段两大类。

（一）技术手段

1. 使用信息技术手段，在数据接收环节进行入库校验。对数据接口格式进行精确定义，并依据复杂规则进行检查校验的方式在数据交互应用中较为普遍。[①] 中心数据接收环节按"接

---

① 查阅有关数据接口应用的接口文档，行内应用如《标准化存贷款综合抽样统计监测系统数据接口规范》（银办发〔2012〕192 号）、《理财及资金信托统计监测管理信息系统数据文件接口规范》（银办发〔2010〕229 号），行外应用如《上海证券交易所 level - 1 行情说明书》、《上海证券交易所竞价撮合平台市场参与者接口规范说明书》（参见上海证券交易所网站市场服务栏目，www.sse.com.cn/marketservices），以及基于 XBRL 国家标准的数据规范，如《银行监管报表可扩展商业报告语言（XBRL）扩展分类标准》（银监发〔2011〕100 号），在数据定义和检查校验方面均采用了类似的技术。

口规范"和"校验规则"进行数据字段长度、类型及基于字段填写规则的校验，经过多年实践，校验规则日趋完善，系统实现也较为成熟。

保持业务灵活性与强化数据接收入库校验是一对矛盾。校验越严格、校验级数越多，对报告机构来说差错处理就越复杂、补录的数据也越多；对于中心来说技术实现难度越大、修改越困难，对新业务的支持就越有限、响应业务新需求的时间也越长。在一定的技术条件下，校验越严格，规范性就越好，但及时性可能变差（如信息补录需要更多时间；因为格式或内容问题被拒收，修改或补充信息后再次报送带来延误等）、全面性也可能变差（如缺少必填要素而导致某些报告无法通过校验），且校验始终不能解决准确性问题，如收付方向相反、金额错、日期错等。

2. 使用统计、计量方法，对存量数据或新增数据进行检验。与统计报表不同，本文试图探讨用统计、计量模型来改进数据质量，这类方法目前中心使用较少。举例如下：

（1）运用本福特定律及统计检验进行金额数据的初步鉴别。本福特定律（Benford's Law）的基本思想是：在大量自然发生的数据中，首位数字出现的概率呈现对数分布，即数字1—9共9个数字里1出现在首位的概率约为30%，从1到9概率递减①，呈现对数分布，如图1所示②。

会计、统计、税收、金融以及证券市场的数据可以很好地

---

① 对 Benford's Law 更详细的定义和公式推导，参见 http：//mathworld. wolfram. com/BenfordsLaw. html。

② 数据来源：数学百科全书，http：//mathworld. wolfram. com/BenfordsLaw. html。

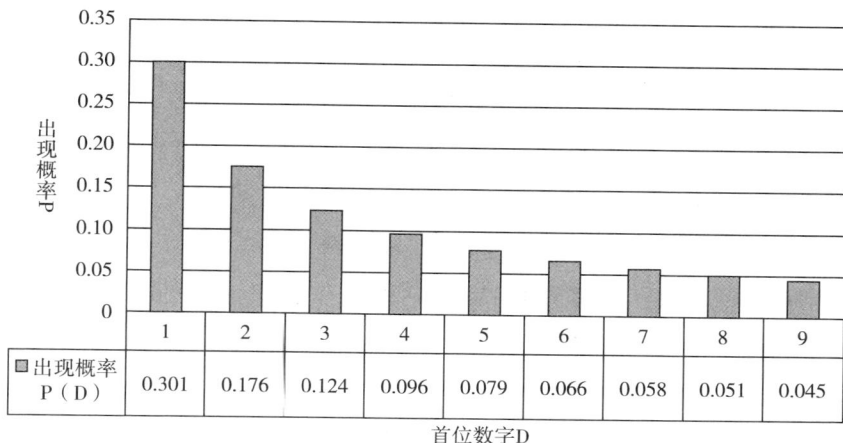

出现概率 P（D）	0.301	0.176	0.124	0.096	0.079	0.066	0.058	0.051	0.045

首位数字D

图 1　数字 1—9 首位出现的概率

符合本福特定律[①]，如果数据存在弄虚作假或拼凑修改，这种规律可能被破坏，如用于 GDP 统计数据质量检查、上市公司财务数据检验等领域。[②]

　　本福特检验具有简便易行、成本低、保密性好的优点。对反洗钱中心来说，该方法有助于发现金额数据可能存在的错误，即以某一报告机构一定时间段内报送的"交易金额"数据作为样本，提取金额数值的首位，分别记录数字 1—9 出现的次数，即可得到样本中数字 1—9 出现的概率。如果与先验概率不符，可采用参考文献［3］—［8］中的方法，结合其他模型作进一步检验，达到初步鉴别的作用。

---

　　① 　详见参考文献［5］。

　　② 　国家统计局科研所《统计研究》2013 年第 8 期刊登了国家社科基金重点项目"国家统计数据质量管理问题研究"（09 AZD045）的阶段成果之一、厦门大学经济学院统计系刘云霞、曾五一著《关于综合利用 Benford 法则与其他方法评估统计数据质量的进一步研究》一文，"将 Bendord 法则与异常值探测、数据挖掘技术等方法相结合，构造一种检验统计数据质量的组合方法，并用该方法对我国保险行业 2006—2011 年主要财务指标的数据质量进行评估；实证结果证明这种方法合理且有效。"类似的文献还有很多。

（2）根据要素缺失情况判断资金收付方向是否有错。跨行资金转账交易中，资金的付方理应比收方掌握更多信息①，据此假设：在大额交易的双边报送要求下，同一家银行报送的数据，交易主体作为资金付方时，交易对手要素信息缺失的情形应优于交易主体作为收方的情形。如果该假设成立，则对某些类型的交易可根据要素缺失情况判断资金收付方向是否出错。鉴于过去曾出现过特定交易中资金收付方向相反的问题，研究资金收付方向与其他变量之间的关系，找到可能的检验方法，有助于提前发现此类错误。

（3）根据报告机构的报送行为估算报送量，预警数据量异常。反洗钱报送是一项持续性工作，大额交易应在交易发生后指定时限内报告，自 2006 年以来一直采用客观标准，因此大额交易报送量（如总笔数、主体总数、金额累计等）应相对稳定，据此可进行两方面的分析：一是根据单个机构历史报送情况，用时间序列方法估算未来短期报送量，并与未来实际值进行比较；二是计算资产规模、客户数量接近的同类报告机构（如股份制银行、城商行、村镇银行、外资银行等）报送量均值，用于判断个别机构的报送量是否合理。数据量波动较大的情形可能与报告机构方的人员变更、系统改造等情况对应，此时数据出现差错遗漏的可能性也较大。

总之，统计、计量模型需要结合反洗钱中心实际进一步探

---

① 基于如下假设：1. 资金支付/转账是一种理性行为，有明确的目的；2. 付方为确保资金足额、如期支付到收方，会提供准确的收方信息，如账号、姓名/名称、开户行等，以确保支付目的达到，而收方只关注到账时间、金额；3. 通常情况下转账费用均是付方支付，付方会选择安全、便捷、费率低的方式完成支付，而收方在满足资金如期足额到账的前提下，对费用、支付方式不在意。

索。比如根据报送行为估算报送量、预警数据量异常，一方面要进一步完善方法，明确指标、计算公式、适用范围等细节，另一方面也要通过解决实际问题来完善方法、验证有效性，进而形成需求、研发系统功能。实施统计、计量方法也需要一定的数据支持，甚至需要借助外部研究力量。在起步阶段，建议从敏感程度较低的数量金额类数据（如报文个数、主体个数、交易金额等）入手反复试验，形成一定方法后再逐步扩展。

（二）管理手段

本文所谓"管理"措施，主要指由监管者或第三方着手对数据报送进行的检查复核，而不只是依赖于报告机构自身的合规管理，包括以下几方面。

1. 机构接入的测试验收。在报告机构接入反洗钱中心数据报送平台时，应从源头上严把数据质量关。中国人民银行内部如科技司、国库司、清算总中心、征信中心等单位的有关管理办法①，均对接入条件、接入方式、管理要求、办理手续、信息变更、权责义务等作出规定。如征信中心的接入管理措施包括：对采用接口方式接入的新机构进行接口测试和验收、对金融机构和金融机构软件开发商进行培训、对采用非接口方式接入机构的录入人员进行考试等。

从源头上控制是最有效的措施，需要建立技术标准统一要求。主要挑战在于机构数量较多、涉及行业较多，特别对于数

---

① 参见《银行业金融机构加入、退出支付系统管理办法（试行）》（银发〔2007〕384号）、《网上支付跨行清算系统相关管理办法》（银发〔2010〕159号）、《融资性担保公司接入征信系统管理暂行规定》（银发〔2010〕365号）、《中国人民银行金融城域网入网管理办法》（银办发〔2013〕151号）、《中国人民银行支付系统参与者监督管理办法》（银发〔2015〕40号）等。

量众多的地方法人机构，除依靠人民银行分支行、人民银行软件开发中心（金融电子化公司）外，可委托第三方机构提供检测服务。

2. 数据质量考核评价。围绕质量评价目标，建立由若干定性与定量相结合的评价指标组成评分体系，由数据使用单位（如公检法部门、人民银行反洗钱部门等）进行评分和反馈，得到一个综合评分，从而对各报告机构的数据报送情况进行评判，或对同一地区不同机构（如地方法人机构、二级法人机构等）的报送情况进行评判。

金融机构较为看重政府监管部门对其具体工作的评判或排名，这种排名可能成为金融机构的上级机构或内部管理部门对该项工作的评判意见。[①] 因此，建立数据质量指标体系并对报告机构评分、分类排名[②]，有助于调动金融机构反洗钱工作的积极性。

3. 数据两端核对。反洗钱中心数据收集工作处于数据流下游，且缺少检查比对手段，依靠校验无法判断交易报告数据是否符合事实（准确性）；同时，数据从报告机构到反洗钱中心要进行复杂的处理，每个处理环节都可能出现错误。因此，按照一定的规则，从反洗钱中心数据处理的末端进行抽样，按照

[①] 笔者 2014 年在云南省玉溪市金融办工作期间，按照当地《银政合作考核评价办法》（玉政发〔2013〕131 号），由市金融办牵头对辖内 14 家银行上一年度对地方建设的贷款贡献情况进行评分、排名，并据此调整本年度政府性存款的配比。调研当地金融机构时，多家银行均表示不需要地方政府拿出奖励资金提供物质奖励，但一个公平公正的排名非常重要；当地保险公司也表达了同样的意愿。人民银行市中心支行、市银监分局、市保险业协会等单位也持此观点。另了解，类似的考评和排名非常普遍，银行内部的绩效考核，如对分支行、对部门、对分支行领导、对员工也常采用这种方法。

[②] 以银行业为例，不同银行之间差异很大，全国性的大银行仅 20 多家，大部分银行均为地方法人银行，如城商行、农商行、信用社、村镇银行等，同一类别中资产规模、客户总数接近银行应具有可比性。

约定的格式与报告机构的原始记录进行逐项核对，并持续性地开展该工作，是确保数据准确性必需的手段。

具体操作上，可借鉴公民身份信息联网核查的方式，由反洗钱中心向人民银行分支行提供检查比对工具，该工具可按照约定格式导入现场抽样数据，再从中心端下载对应的数据与之比对。从总量数据（报文份数、交易笔数、主体个数、金额累计等）和少量明细数据（主体身份信息、交易明细信息等）方面提供比较结果，如完全相同或相同数据所占比例等。工作完成后数据清空，工具不保存、不展示下载的数据，既防止中心数据外泄，又支持了分支行现场检查工作。

4. 数据定点监测和日常报送情况监测。定点监测有助于确保数据质量的长期稳定，防止数据质量出现波动；日常报送情况监测有助于掌握数据及时性情况，并尽早发现可能存在的问题。根据参考文献［2］的介绍①，征信中心围绕数据质量开展的监测包括：一是监测数据库中的数据是否与商业银行原始数据一致，即验证准确性；二是检验商业银行端的数据是否完整上报至征信中心，即验证数据的完整性；三是按照数据采集的时限要求，每日监测企业征信系统接入机构的数据报送情况、每月监测个人征信系统的数据报送情况，分析未及时更新的数据并返回至各金融机构要求解决。

对反洗钱中心而言，进行日常报送情况监测有助于持续观察机构报送工作中的异常，如报告数量突然变化、零报告问题。②

---

① 参见"信贷业务数据定点监测"、"日常数据报送情况监测"，82～84 页。

② 根据《2014 年银行业金融机构和信托公司等六类金融机构反洗钱数据报送情况的通报》（银办发〔2015〕71 号），2014 年银行业 1301 家机构中有 282 家机构没有大额交易报告，约占机构总数的 21%，其中 271 家为村镇银行，另有少数外资银行。

总之，管理手段最大的优势在于能够较好地解决准确性问题，并对全面性、及时性、规范性的提升也有极大的促进作用。通过抽样数据的两端核对，能够发现送检样本中报告机构应该报送的数据信息是否已经全部提供（全面性）、报告机构内部各环节数据处理时间（及时性）、是否存在差错遗漏或与实际情况不一致（准确性）、是否符合数据接口规范和校验规则要求（规范性），从各个方面检验了送检样本数据，有助于提高被检机构整体的数据质量。

三、结论和建议

反洗钱中心自成立以来，在提高数据质量方面已开展大量工作、付出巨大努力。为进一步提高数据质量，提出以下建议：

第一，加强与人民银行分支行的协作。从低敏感的数据开始，逐步开展数据两端核对、日常监测等工作；逐步建立数据质量考核评价体系，并在地方法人机构的考核评分上给予人民银行分支行较大权重。

第二，建立和推广反洗钱领域的技术标准。规范反洗钱数据采集、加工、保存、使用等各环节技术要求，对接入机构的系统进行检测、验收，加强对信息录入、数据报送人员的指导和培训，从源头上严把数据质量关口。

第三，强化数据管理。综合运用统计、计量等技术手段，对存量数据进行扫描，及时发现并处理异常数据；从宏观层面对存量数据展开研究，总结存量数据的分布规律，用于检验新增数据的差错遗漏；对报送行为进行监测，对报送异常进行预警，以便尽早发现问题。

参考文献

［1］杜金富：《银行业反洗钱与反恐怖融资培训手册》，中国金融出版社，2009。

［2］葛华勇：《征信工作实务》，中国金融出版社，2012。

［3］刘云霞，曾五一：《关于综合利用 Benford 法则与其他方法评估统计数据质量的进一步研究》，载《统计研究》，2013（8）。

［4］曾五一，薛梅林：《GDP 国家数据与地区数据的可衔接性研究》，载《厦门大学学报（哲学社会科学版)》，2014（2）。

［5］廖小兰：《基于 Benford 模型下的财务舞弊行为发现的分析》，载《湖北第二师范学院学报》，2014（2）。

［6］许存兴，王大江，张芙蓉：《上市公司审计意见实证分析——基于 Benford 法则的造假检测》，载《南京财经大学学报》，2009（4）。

［7］李响：《我国 A 股上市公司财务数据质量检查与评价的实证研究》，厦门大学硕士学位论文，2014。

［8］朱文明，王昊，陈伟：《基于 Benford 法则的舞弊检测方法研究》，载《数理统计与管理》，2007（1）。

（2015 年 5 月）

基于机器学习的海量交易可疑信息挖掘方法研究

——面向多平台异构数据[①]

胡　蓉　叶　钢　刘奥林

董　轲　王连猛　王梓桐　闫　冲

一、反洗钱资金监测分析概述

现阶段，我国各金融机构和支付机构依据《金融机构反洗钱规定》、《金融机构大额和可疑交易报告管理办法》以及《支付清算组织反洗钱和反恐怖融资指引》等相关法规执行大额和可疑交易标准进行反洗钱数据报送工作；中国反洗钱监测分析中心利用接收的大额交易数据及可疑交易报告进行反洗钱资金监测和分析工作。

反洗钱监测工作的开展主要围绕用户的大额和可疑交易进行。目前，大额交易的监测通过交易总额阈值的设定，由系统滤出异常交易并按规则上报中国反洗钱监测分析中心的反洗钱数据库。可疑交易的监测主要是通过结合交易双方背景情况、交易金额、交易用途、地域犯罪特征、交易频率等特征信息综合分析交易行为的可疑点，并进行长期跟踪监测。随着技术发

---

① 本报告是中国反洗钱监测分析中心员工参加 2015 年度中国人民银行青年课题活动的课题之一。编入本书时有删减。

展和计算机对大数据处理能力的提升，多数金融机构和中国反洗钱监测分析中心已开始对资金交易的行为特征进行总结归类，并通过对相应特征设定权重系数，来建立符合特定犯罪交易行为的可疑交易模型。系统利用模型自动筛选出符合规则的交易，再人工分析。

虽然目前资金监测体系已经结合计算机技术，提升对大量交易数据的监测能力，但是仍存在一些效率和风险问题，尤其面对海量激增的交易数据，目前的资金监测方法仍有许多不足。

（一）可疑交易分析标准不统一

目前各机构对可疑信息的分析主要由人工进行，由于主观方法不同，因而对可疑信息的衡量标准也不同。在采用计算机设置规则进行资金监测时，虽然规则设定过程中对各种特征行为进行权重设置，但仍然没有将各种行为特征有机结合。单纯的数据过滤只能降低了数据量，并只能对过去交易情况进行相应统计，无法反映完整交易行为，并对未来的交易行为做出更准确的预测。

（二）扩展分析能力存在局限

计算机规则筛选不够智能。面对海量交易数据，计算机筛选虽然降低了数据的人工处理量，但是粗粒度的过滤规则仍需要人工分析。而且目前的交易筛选规则也是在人工经验总结下完成的，规则模型的更新需要更多人工干预。交易的筛选依赖规则模型中系数的设定，而系数的设定是在已有部分交易集合中训练出来的，训练样本本身的不足，加上交易数据的海量增长及犯罪人员规避金融监管意识不断增强等因素，使得规则的生命周期缩短，更新规则的频率加大，随之而来的是更高的人力物力成本。

（三）难以获取和处理多平台异构数据

传统资金监测分析只能获取有限的辅助数据，分析员需要通过不同渠道采用人工输入的方式进行验证。同时这些信息并非结构化、可批量获取的，无法对这些辅助信息进行分析和挖掘。而现实中多部委合作、大规模的联合分析证明了各类辅助信息对不同的犯罪模式具有不同的分析效果。但各种辅助信息的存储方式、抽象结构均不相同，如何将资金交易中的模型推广至多平台异构数据顺利运行，是数据整合后面临的主要问题。

目前的资金监测方法基本上属于一种基于策略的监测方法，没有充分发挥基于统计学习的优势，其工作模式相当于人总结经验，然后计算机不断学习人的经验进而去处理数据，而交易数据的激增和反洗钱形式的变化又不断丰富人的经验，计算机进行人类经验的再学习，如此形成一个循环往复的闭环过程。在这种循环的过程中利用计算机智能地进行资金监测必然受到一定的制约，效率大打折扣。我们的工作目标集中在"将人力密集型的知识处理工作自动化"，使计算机能够模仿人类积累经验的过程，去自己总结资金交易特征发现可疑交易。因此，利用机器学习理论可以更好地提高资金监测能力。在机器学习领域，通过主动学习方法的应用能够保持计算机系统对交易行为具有准确的判断。交易量增加反而可以不断优化对可疑交易判断的准确性，因为主动学习过程类似人的经验积累过程，需从海量和复杂资金交易中不断学习交易行为，总结积累行为特征，挖掘出更多偏离正常行为范式的资金交易行为。

针对上述问题，我们提出一个自动挖掘（Auto Mining）模型，依靠对已经移送线索的分析和学习，归纳、总结资金交易的模式特征，并据此在海量数据中进行可疑信息的挖掘；同时为更好地描述可疑团伙的资金交易，在简单的交易聚类之外，利用网络划分算法，得到关联度更高的子交易网络来进行整体分析；最后引入迁移学习（Transfer Learning）框架，详细阐述在获取多平台的匹配信息之后，如何将在既有资金交易信息中学习到的"知识"迁移到异构数据集之上的方法。

二、自动挖掘（Auto Mining）模型

通过机器学习进行自动分析的核心过程是，学习已有可疑样本的特征，然后自动在全部数据集中自动挖掘与已有可疑样本特征相似的数据。可以用如下式所示：

$$M = Auto\ Mining(D, S_n)$$

如图 1 所示，D 表示全部可疑交易数据集，S_n 表示已有的 n 个可疑样本，M 表示利用 Auto Mining 模型在全部数据集 D 中通过对可疑样本 S_n 的学习，挖掘出来的相似可疑样本。

其中涉及两个重点问题：一个是已有可疑样本，另一个是学习已有可疑样本并进行挖掘的模型。前者可以通过十年来中国反洗钱监测分析中心对外移送的可疑交易线索来获取，后者则涉及下面将要讨论的支持向量机模型。

（一）数据集

任何模型都需要可疑样本的支撑，可疑样本是不同于正常资金交易的由主体形成的时间、金额流向集合。它具有两个核

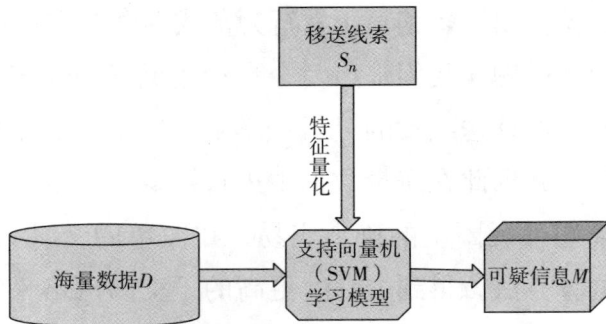

图1 算法流程

心特点：一是蕴含可疑特征，二是基本由人工分析挖掘。中国反洗钱监测分析中心对外移送的线索具有以上两个特征。每份线索承载核心数据的是其交易数据、主体数据以及相对应的身份信息、组织机构信息等匹配数据。

如图2所示，经过上述过程，每份线索量化为特征空间中的一个黑色可疑样本点 $(x_1,\cdots,x_n)$，同时，随机获取正常账户集合，并形成白色正常样本点。对于这个量化过程的直观解释是，任何交易网络在特征空间中所对应的点的距离与可疑样本点距离越近，并且与正常样本点越远，其越有可能是与可疑样本相似的可疑交易网络。

（二）支持向量机（Support Vector Machine，SVM）

解决此问题的直观思路是（见图3），在可疑样本点和正常样本点之间构造一条分隔平面 *Vsuspicious*，表达式为：$w^T x_t + b = 0$，其中，w 是可疑样本点每一维所对应的系数，至此，所有可疑样本点都位于平面上方，正常样本点位于平面下方。

现在问题转化成了如何利用样本点求系数 w 和 b。优化求解下列表达式：

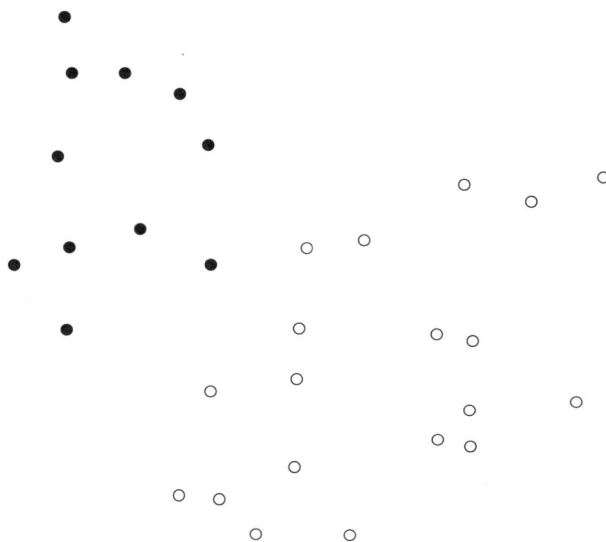

图 2　可疑样本分布

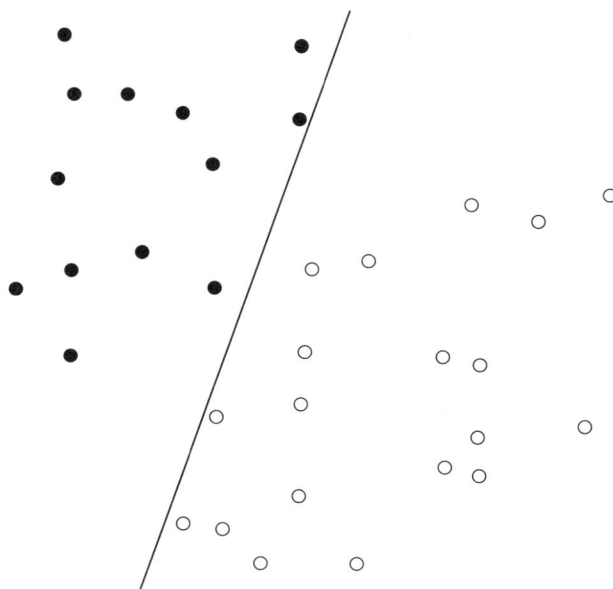

图 3　超平面

$$\min \frac{1}{2} \parallel w \parallel^2 s.t.,y_t(w^Tx_t+b) \geq 1,i=1,\cdots,n$$

s. t. 是 subject to 的缩写，即满足后续限制条件的情况下。y 是对应类别，取值为 {可疑：1，正常：－1}

采用拉格朗日乘子法求解，目标函数：

$$Lsuspicious(w,b,a) = \frac{1}{2} \parallel w \parallel^2 - \sum_{t=i}^n a_i[y_t(w^Tx_t+b)-1]$$

其对偶问题：

$$\max_a \sum_{t=1}^n a_i - \frac{1}{2} \sum_{i,j=i}^n a_ia_jy_iy_jx_i^Tx_j$$

$$s.t.,a_i > 0,i=1,\cdots,n$$

$$\sum_{i=1}^n a_iy_i = 0$$

再利用 SMO 等方法对其进行求解，得到最初所求的分隔平面。

然而实践中发现，由于一些洗钱犯罪的资金交易与正常资金交易的部分特征相似，所以优化得出的超平面对两种类型的特征点往往不是完美分隔的，即特征线性不可分。如图 4 所示，在二维平面上找不到一条分隔直线将两种类型的点分隔开。

但将其按照如下映射函数映射到一个更高维度的空间（实际应用中，可能映射至无穷维）后，旋转坐标系，即可得到线性可分的点集。

$$z_1 = x_1^2,z_2 = x_2^2,z_3 = x_2$$

如图 5 所示：

即优化如下表达式：

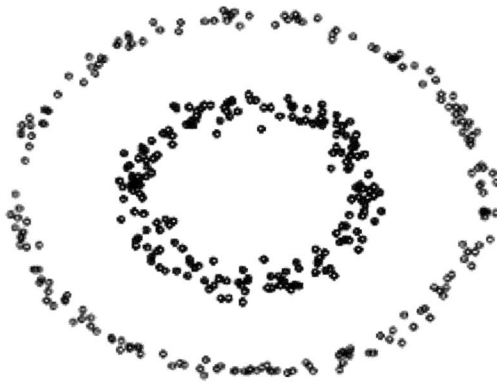

图 4　可疑样本分布

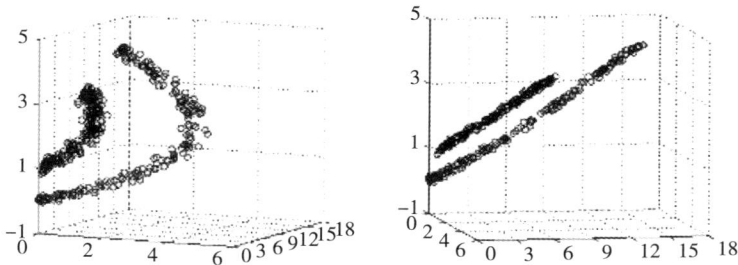

图 5　样本特征升维

$$\max_{\mathrm{a}} \sum_{i=1}^{n} a_i - \frac{1}{2} \sum_{i,j=1}^{n} a_i a_j y_i y_j \kappa(x_i, x_j)$$

$$s.t. \ , a_i > 0, i = 1, \cdots, n$$

$$\sum_{i=1}^{n} a_i y_i = 0$$

其中，$\kappa(x_i, x_j)$ 为将可疑交易样本点映射到高维空间的核函数。求解之后，得到分隔平面的函数。

（三）自动挖掘模型（Auto Mining Model）

有了数据集和学习模型的基础，我们在此之上构建自动挖掘模型，其整体流程如图 6 所示：首先将对外移送的可疑线索量化，得到 n 维的特征值；然后送入 SVM 机器学习模型进行训练，得到分隔超平面；最后将每个待评估的交易网络量化为 n 维特征，送入模型进行预测。

1. 可疑交易线索量化。根据移送线索的账户信息和交易信息，总结如下特征：

特征名称	维度	计算方式
移送主体进账对手数量	1	交易明细信息中非移送主体作为收款方时，付款方的账户个数
移送主体出账对手数量	1	交易明细信息中非移送主体作为付款方时，收款方的账户个数
移送主体进账交易笔数	1	交易明细信息中非移送主体作为收款方时，交易笔数
移送主体出账交易笔数	1	交易明细信息中非移送主体作为付款方时，交易笔数
移送主体地区	35	根据身份证号码前 2 位计算其所属省份，每个维度的值是该维度代表地区的移送主体数目
交易对手地区	35	根据身份证号码前 2 位计算其所属省份，每个维度的值是该维度代表地区的交易对手数目
移送主体平均开户行数目	1	在账户信息中计算每个移送主体开户行个数，然后计算平均数
金额整数倍笔数	10	10 维分别为所有交易中，金额为 5/10/50/100/…/5000/10000 倍数的笔数
资金过渡性	1	该移送主体自开户以来，平均每周总进账与总出账之差
跨行转账金额比例	1	跨行转账的金额与涉及交易总金额之比
涉及第三方支付机构金额比例	1	涉及第三方支付机构金额（央行颁布牌照的）与涉及交易总金额之比
不同交易类型交易金额	20	维度对应交易明细信息里的"交易类型"，每个维度的值是该交易类型涉及的交易金额
金额时间分布		每个移送主体平均每个月内每天的交易金额
交易对手年龄分布	31	所有交易对手列入其中，第 1 维数值为 0—4 岁个数，第 2 维为 5—9 岁个数，依次类推
交易对手可疑数	1	每个移送主体的交易对手中，处于名单库中的个数

　　整体可疑特征 F 为上述所有子特征之并，维度为上述自特征维度之和。

　　2. 特征学习。经过上述过程，每份线索量化为特征空间中的一个可疑样本点 $(x_1, \cdots, x_n)$，同时，随机获取正常账户集合，并形成白色正常样本点。利用 SVM 训练样本，核函数取高斯核，将原始特征空间的点映射至无穷维空间，具有不额外增加计算量等性质：

$$\kappa(x_i, x_j) = e^{-\frac{(x_i - x_j)^2}{2\sigma^2}}$$

最后得到分隔超平面 $w^T x + b = 0$

　　3. 可疑程度预测。将待判断的交易按照 1 中的方法量化为特征空间中的样本点 $(x_1, \cdots, x_n)$，代入预测表达式 $w^T x + b$，并判断结果，若表达式值 >1，则说明其更接近可疑样本，若表达式值 <1，则说明其有很大可能是正常交易。

三、Auto Mining 在反洗钱资金监测中的应用

　　Auto Mining 模型既可以针对单个账户，也可以针对一群账户主体的交易网络进行学习。对外移送的可疑线索表明，一个犯罪团伙往往掌握多个账户进行交易，所以在特征量化和可疑程度预测阶段，我们都要针对多账户的交易网络。

　　特征量化阶段，由于对外移送的线索本身涉及多个账户，可以将多个账户的特征进行量化学习；但可疑程度预测阶段，我们的数据库由多个账户的大量交易构成，需要判断哪些账户属于同一个交易网络。

　　我们首先对交易数据库构建交易图（Trade Graph）模型，然后利用交易网络划分算法，将交易图划分为大量的子交易

图，即子交易网络。最后利用 Auto Mining 模型对子交易网络进行特征量化、学习和预测。

（一）交易图

图（Graph）：图是用来表示一组物体之间的关系的方式。

节点（Node）：节点是指要分析的物体，每一个物体就是一个节点。

边（Edge）：图中两个节点间的连线，用于表示两个节点的关系，边具有权重，两个节点之间的边权重越大，则两个节点关系越紧密。

度（Degree）：节点的度是指与其相连的边数，如果一个节点有 3 个边，那么这个节点的度就是 3。

如果将账户作为节点，账户之间的交易作为边，交易金额作为权重。那么交易数据就构成了一张交易图。如图 6 所示，包含成千上万个账户及其相互之间交易的网络是极其复杂的。

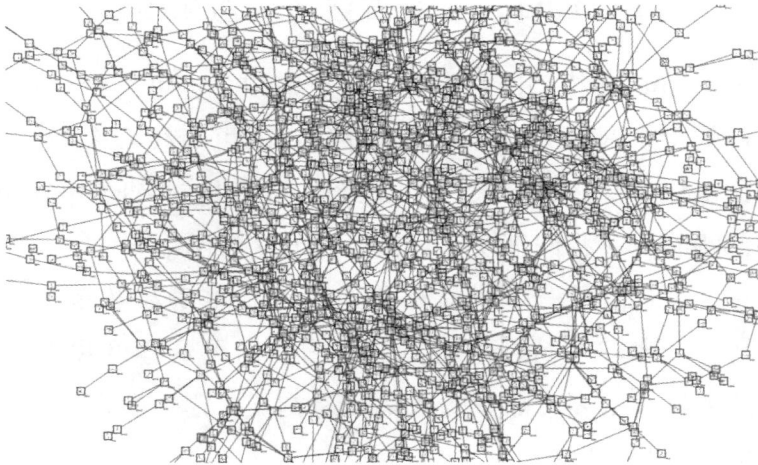

图 6　交易网络

交易图（Trade Graph）与特征空间（Feature Space）是两个不同的概念，交易图是包含节点和边的抽象图，其中主体为节点，交易为边；特征空间是 N 维的抽象空间，每份样本中主体和交易的可疑特征共同构成了其中的单个点。

（二）交易网络划分算法

对于一个交易网络，有如下三个假设：

假设一：唯一性。一个账户只属于一个交易网络，所有交易网络构成交易图的一个完全分割。

假设二：相关性。一个交易网络内部的账户倾向于跟他所属的交易网络账户进行交易。

假设三：排他性。两个交易网络之间的账户较少进行交易。

基于以上的假设，我们定义一个交易网络的聚合度，用来描述这个交易网络的发现效果。

1. 聚合度。

$$Q = \frac{1}{2m} \sum_{i,j} \left[A_{ij} - \frac{k_i k_j}{2m} \right] \delta(c_i, c_j)$$

其中，A_{ij} 表示节点账户 i 与节点账户 j 之间边的权重，在这里定义为两个节点账户之间的交易金额，k_i 表示所有连接到节点 i 的权重的和，c_i 表示当前节点 i 归属的交易网络，而当 $x = y$ 时，$\delta(c_i, c_j)$ 的值为 1，否则为 0。

可以对上面的公式进行化简，如下式：

$$Q = \sum_c \frac{\sum in}{2m} - \left(\frac{\sum tot}{2m} \right)^2$$

其中，$\sum in$ 表示一个交易网络内部的链接数目，$\sum tot$ 表示一个交易网络的所有账户的度数之和。

2. 划分算法。

步骤一：初始化。首先将每个账户划分在不同交易网络之中。

步骤二：逐一选择各节点账户，根据下列公式计算其划分到相邻交易网络之中得到的聚合度增益。

$$\Delta Q = \left[\frac{\sum in + k_{i,in}}{2m} - \left(\frac{\sum tot + k_i}{2m} \right)^2 \right] - \left[\frac{\sum in}{2m} - \left(\frac{\sum tot}{2m} \right)^2 - \left(\frac{k_i}{2m} \right)^2 \right]$$

如果最大增益大于 0，那么说明该账户节点更倾向于属于其相邻交易网络，将之划分到对应的相邻交易网络；否则保持原交易网络不变。

步骤三：重复步骤二，直到节点账户的交易网络不再发生变化。

步骤四：构建新图。新图中的节点代表商议阶段产生的不同交易网络，边的权重为两个交易网络中所有节点账户对的边权重之和。重复步骤二，直到获得最大的聚合度。

可以将上述步骤划分为两个阶段，如图 7 所示。

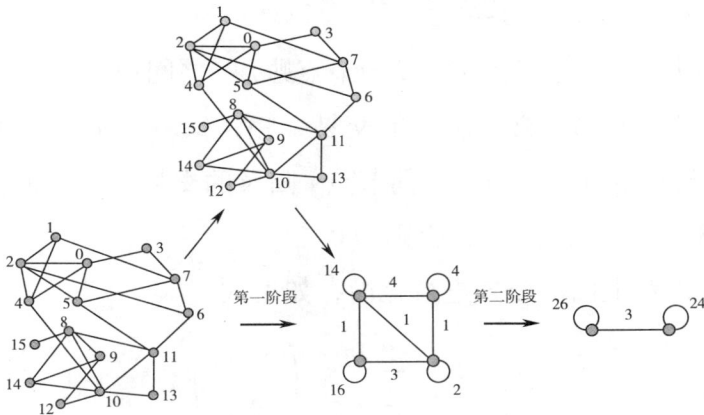

图 7　划分流程

第一阶段：包含步骤一至步骤三，用于设定各个节点账户的归属交易网络，直到不再发生变化。

第二阶段：由步骤四组成，用于构建新图，并重新执行第一阶段的操作，直到聚合度不再增加。

最后生成 K 个由多个账户及其相互之间交易构成的子交易网络。

（三）基于交易网络的 Auto Mining 模型

基于交易网络的 Auto Mining 与基于账户的 Auto Mining 步骤类似。在训练阶段，如图 8 所示，将一份移送线索的所有账户作为一个交易网络，按照特征规则量化为 n 维特征，即形成了 n 维特征空间中的一个点。

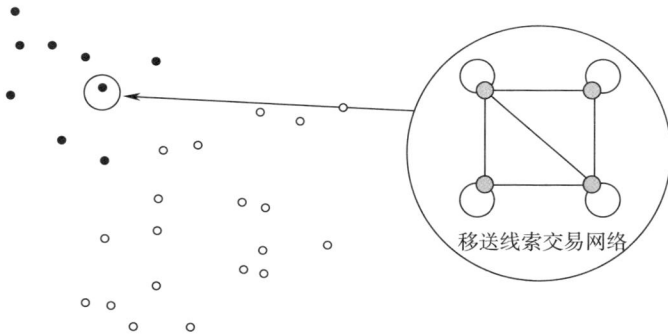

图8　交易网络与特征空间的对应

所有移送线索量化形成的点如图 8 中的黑点所示，即为可疑样本点。随机获取交易网络作量化为正常样本点，如图 8 中的白点所示。

将可疑样本点和正常样本点送入 SVM 训练，获得分隔超平面 $w^T x + b = 0$。

之后运行 Auto Mining 的挖掘步骤。如图 9 所示，将所有交易划分为 K 个交易网络，对于每个子交易网络，将按照训练阶段的方法量化为特征空间中的样本点 $(x_1, \cdots, x_n)$，代入预测表达式 $w^T x + b$，并判断结果，若表达式值 >1，则说明其更接近可疑样本，若表达式值 <1，则说明其有很大可能是正常交易。

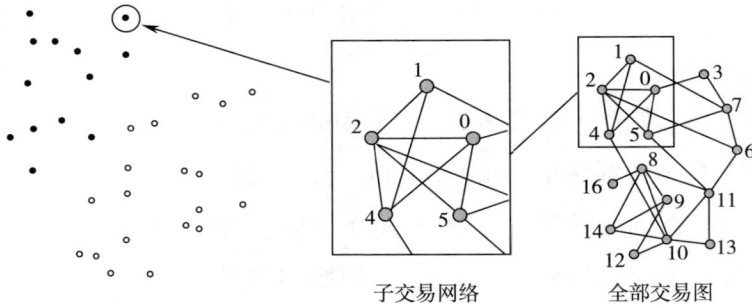

图 9　交易图中判断子图（网络）的值

至此，我们解决了分析员面临重复劳动问题中的前两个：可疑交易网络扩展和可疑程度判断。

四、面向多平台异构数据的 Auto Mining 模型

匹配信息的存在对于分析工作具有很大帮助。然而，匹配信息在分析工作的应用存在两个难点：一是匹配信息来源较少；二是匹配信息不开放数据，往往需要分析员手动提交查询数据，等待一段时间后才能获取，极大地制约多平台信息的自动化综合分析，这需要在实践中逐步推进部门间数据共享来解决。

获取数据后，由于我们仅有资金交易的可疑线索，所以需要将可疑交易线索中"学习"的"知识"迁移到其他信息之中。

（一）迁移学习

迁移学习指的是针对某一个数据集进行机器学习得到的数据模型，应用到另外一个数据集之中的方法。其核心思想是在两个数据集之间建立对应关系，把既有的资金交易网络中的知识 w_s 迁移到新数据集（合并资金交易和手机通信网络）之中。

源集为资金交易 T_s，目标集为手机通信 T_p 与资金交易之并 $T_t = T_s \cup T_p$。算法流程如图 10 所示。

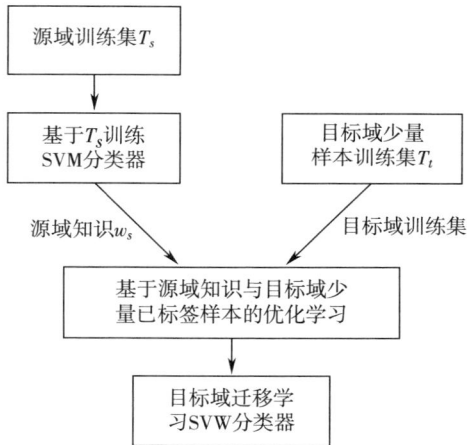

图 10　迁移学习流程

具体的步骤如下：

步骤一：获得源域知识 w_s，选择适当的惩罚函数 C_t，μ。

步骤二：构造下式凸二次规划问题：

$$\min_{\beta} \frac{1}{2(2\mu + 1)} \sum_{i=1}^{n} \sum_{j=1}^{n} \beta_i \beta_j y_i^t y_j^t (x_i^t \cdot x_j^t)$$

$$+ \sum_{i=1}^{n} \left[\frac{2\mu y_i^t (x_i^t \cdot w_s)}{2\mu + 1} - 1 \right] \beta_i - \frac{\mu}{2\mu + 1} \parallel w_s \parallel^2$$

$$s.t. \, 0 \leqslant \beta_t \leqslant C_t, \sum_{i=1}^{n} \beta_i y_i^t = 0, i = 1, 2, \cdots, n$$

得到解

$$\beta^* = (\beta_1^*, \beta_2^*, \cdots, \beta_n^*)^T$$

得到

$$w_t^* = \frac{2\mu w_s + \sum_{i=1}^{n} \beta_i (y_i^t \cdot x_i^t)}{2\mu + 1}$$

步骤三：选取位于开区间 $(0, C_t)$ 中的 β^* 分量 β_t^*，据此计算

$$b_i^* = y_j^t - (w_t^* \cdot x_j^t)$$

步骤四：构造分隔超平面 $(w_t^* \cdot x_j) + b_t^* = 0$，由此求得决策函数

$$f(x^e) = \text{sign}[g(x^e)]$$

其中 $g(x^e) = (w_t^* \cdot x^e) = b_t^*$

（二）基于异构数据中迁移学习的 Auto Mining——以涉税犯罪为例

1. 问题描述。假定获取全部主体的通信记录、工商注册信息、发票销售记录信息，结合已移送的涉税犯罪线索，在全部主体中挖掘可疑涉税犯罪团伙。

2. 数据集。全部主体交易网络 T_s，全部主体手机通讯记录 T_p，全部主体工商注册信息 T_i，全部主体销售发票记录信息 T_r。既有的资金交易网络中的知识模型 w_s。因保密原因，所有针对数据的处理过程都不在真实数据集上进行。

3. 分析流程。涉税犯罪具有以下特点：第一，交易网络中往往包含大量虚构交易，核心特征是存在资金的回流，及网络中存在金额、时间类似的交易环路。第二，往往伴随着公司间的发票交易。第三，资金往往流经个人主体，主体间具有大量

的通话记录。如图 11 所示，资金交易源集为 T_s，目标集 $T_t = T_s \cup T_p \cup T_i \cup T_r$，形成交易图（Graph）。

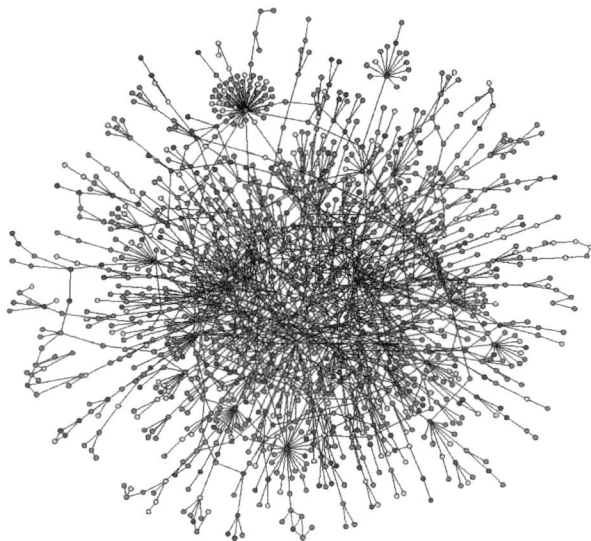

图 11　全部网络概览

在 T_t 交易图中运行网络划分算法，得到包含交易、发票、通信等信息的网络。对于划分得到的网络，将其新增的一些基本特征归纳如下：

特征名称	维度	计算方式
资金回流度	1	遍历交易网络中，处于回流链路中的资金与总流转资金之比
主体通话频率	1	网络中
发票过渡性	1	平均每周总销售发票额度与总购买发票额度之比
发票销售对手数量	1	发票明细主体作为销售方时，购买方的个数
发票购买对手数量	1	发票明细主体作为购买方时，销售方的个数
发票销售笔数	1	发票明细主体作为销售方时，购买方的金额
发票购买笔数	1	发票明细主体作为购买方时，销售方的金额
……		……

在新的特征空间中运行迁移学习算法，生成预测表达式，并对之前划分得到的网络进行预测。

五、总结和工作建议

通过分析资金交易网络特征，建立面向多平台异构数据的 Auto Mining 模型，对移送线索数据进行分析、学习，在海量数据中进行可疑信息的挖掘。结合机器学习的过程与中国反洗钱监测分析中心（以下简称反洗钱中心）的业务实际，提出工作建议如下。

（一）建立与相关部委之间的数据共享平台，为机器学习系统的训练提供数据基础

机器学习是一种让计算机利用数据而不是指令来进行工作的方法，机器学习系统利用数据训练出模型，然后使用模型进行预测。人类在成长、生活的过程中积累了很多经验，并对这些经验进行归纳，获得了生活的规律，当人类遇到未知的问题时，就会使用这些规律对未来进行推测，经验越丰富，推测的准确性就越高，机器学习系统也同样如此，样本数据越多，模型的精确性就越高。

经验上，要精确地学习一个模型，至少需要模型参数个数数百倍的样本。反洗钱中心当前的数据主要来源于金融机构上报的交易数据，数据类型比较单一，若能加强与各相关单位之间的数据共享，将对丰富模型的参数类型、提高参数数据的完整性、提高模型预测的精确性起到很大的帮助作用。

（二）建立共享数据的校验机制，保障机器学习系统建模的数据质量

机器学习依赖数据进行决策，因此，影响机器学习系统最

重要的因素就是数据质量。如果外界向系统提供的数据质量比较高，学习起来就比较容易，模型也比较精确；反之，如果数据杂乱无章，并且系统缺乏质量校验规则、不能及时检查出"脏数据"，则可能会为后续的数据处理流程引入出错风险，降低模型分析结果的准确性。由于共享数据的来源不同、格式各异、质量参差不齐，因此，首先需要对共享数据进行预处理，将其转换为统一的格式；其次需要建立有效的校验机制，对共享数据进行实时校验，避免出现不完整、不规范等质量问题，保证只有通过校验、质量可靠的数据才会输入机器学习系统，校验失败的数据则需要进行修改或补充，保障机器学习系统的数据质量，提高机器学习系统运行的有效性。

（三）加强模型在反洗钱中心的应用，在预测的实践中持续优化规则

模型建立完毕后，必须评价其结果、解释其价值，而对于预测模型来说，最重要的是对新出现的数据样本准确进行预测。由于机器学习系统获得的信息往往是不完全的，所以在这些信息基础上推理出来的规则并不完全可靠，在实际应用中，根据数据的不同，模型的准确率会有所变化，因此，应加强模型的运用，在实践中反复检验模型，并根据预测结果的正误不断进行修正和补充。正确的规则能够使机器学习系统的效能提高，应予保留，错误的规则应进行修改或从数据库中删除。

参考文献

［1］罗扬，李哲：《反洗钱前沿问题研究》，304－321页，中国金融出版社，2014。

［2］［美］Nello Cristianini / John Shawe－Taylor：《支持向量机导

论》，电子工业出版社，2004。

［3］ Xiao Ling, Gui – Rong Xue, Wenyuan Dai, Yun Jiang, Qiang Yang and Yong Yu. Can Chinese Web Pages be Classified with English Data Source? In Proceedings the Seventeenth International World Wide Web Conference（WWW2008），Pages 969 – 978.

［4］ 王林，戴冠中，赵焕成：《一种新的评价社区结构的模块度研究》，载《计算机工程》，2010。

［5］ 中国人民银行反洗钱局：《2014 年中国反洗钱报告》，中国金融出版社，2014。

（2015 年 6 月）

附　　录

中华人民共和国反恐怖主义法

（2015 年 12 月 27 日第十二届全国人民代表大会
常务委员会第十八次会议通过）

目　录

第一章　总　则

第一条　为了防范和惩治恐怖活动，加强反恐怖主义工作，维护国家安全、公共安全和人民生命财产安全，根据宪法，制定本法。

第二条　国家反对一切形式的恐怖主义，依法取缔恐怖活动组织，对任何组织、策划、准备实施、实施恐怖活动，宣扬恐怖主义，煽动实施恐怖活动，组织、领导、参加恐怖活动组织，为恐怖活动提供帮助的，依法追究法律责任。

国家不向任何恐怖活动组织和人员作出妥协，不向任何恐怖活动人员提供庇护或者给予难民地位。

第三条　本法所称恐怖主义，是指通过暴力、破坏、恐吓等手段，制造社会恐慌、危害公共安全、侵犯人身财产，或者胁迫国家机关、国际组织，以实现其政治、意识形态等目的的主张和行为。

本法所称恐怖活动，是指恐怖主义性质的下列行为：

（一）组织、策划、准备实施、实施造成或者意图造成人员伤亡、重大财产损失、公共设施损坏、社会秩序混乱等严重社会危害的活动的；

（二）宣扬恐怖主义，煽动实施恐怖活动，或者非法持有宣扬恐怖主义的物品，强制他人在公共场所穿戴宣扬恐怖主义的服饰、标志的；

（三）组织、领导、参加恐怖活动组织的；

（四）为恐怖活动组织、恐怖活动人员、实施恐怖活动或者恐怖活动培训提供信息、资金、物资、劳务、技术、场所等支持、协助、便利的；

（五）其他恐怖活动。

本法所称恐怖活动组织，是指三人以上为实施恐怖活动而组成的犯罪组织。

本法所称恐怖活动人员，是指实施恐怖活动的人和恐怖活动组织的成员。

本法所称恐怖事件，是指正在发生或者已经发生的造成或者可能造成重大社会危害的恐怖活动。

第四条　国家将反恐怖主义纳入国家安全战略，综合施策，标本兼治，加强反恐怖主义的能力建设，运用政治、经济、法律、文化、教育、外交、军事等手段，开展反恐怖主义工作。

国家反对一切形式的以歪曲宗教教义或者其他方法煽动仇恨、煽动歧视、鼓吹暴力等极端主义，消除恐怖主义的思想基础。

第五条　反恐怖主义工作坚持专门工作与群众路线相结合，防范为主、惩防结合和先发制敌、保持主动的原则。

第六条　反恐怖主义工作应当依法进行，尊重和保障人权，维护公民和组织的合法权益。

在反恐怖主义工作中，应当尊重公民的宗教信仰自由和民族风俗习惯，禁止任何基于地域、民族、宗教等理由的歧视性做法。

第七条　国家设立反恐怖主义工作领导机构，统一领导和指挥全国反恐怖主义工作。

设区的市级以上地方人民政府设立反恐怖主义工作领导机构，县级人民政府根据需要设立反恐怖主义工作领导机构，在上级反恐怖主义工作领导机构的领导和指挥下，负责本地区反恐怖主义工作。

第八条　公安机关、国家安全机关和人民检察院、人民法院、司法行政机关以及其他有关国家机关，应当根据分工，实行工作责任制，依法做好反恐怖主义工作。

中国人民解放军、中国人民武装警察部队和民兵组织依照本法和其他有关法律、行政法规、军事法规以及国务院、中央军事委员会的命令，并根据反恐怖主义工作领导机构的部署，防范和处置恐怖活动。

有关部门应当建立联动配合机制，依靠、动员村民委员会、居民委员会、企业事业单位、社会组织，共同开展反恐怖主义工作。

第九条 任何单位和个人都有协助、配合有关部门开展反恐怖主义工作的义务，发现恐怖活动嫌疑或者恐怖活动嫌疑人员的，应当及时向公安机关或者有关部门报告。

第十条 对举报恐怖活动或者协助防范、制止恐怖活动有突出贡献的单位和个人，以及在反恐怖主义工作中作出其他突出贡献的单位和个人，按照国家有关规定给予表彰、奖励。

第十一条 对在中华人民共和国领域外对中华人民共和国国家、公民或者机构实施的恐怖活动犯罪，或者实施的中华人民共和国缔结、参加的国际条约所规定的恐怖活动犯罪，中华人民共和国行使刑事管辖权，依法追究刑事责任。

第二章 恐怖活动组织和人员的认定

第十二条 国家反恐怖主义工作领导机构根据本法第三条的规定，认定恐怖活动组织和人员，由国家反恐怖主义工作领导机构的办事机构予以公告。

第十三条 国务院公安部门、国家安全部门、外交部门和省级反恐怖主义工作领导机构对于需要认定恐怖活动组织和人员的，应当向国家反恐怖主义工作领导机构提出申请。

第十四条　金融机构和特定非金融机构对国家反恐怖主义工作领导机构的办事机构公告的恐怖活动组织和人员的资金或者其他资产，应当立即予以冻结，并按照规定及时向国务院公安部门、国家安全部门和反洗钱行政主管部门报告。

第十五条　被认定的恐怖活动组织和人员对认定不服的，可以通过国家反恐怖主义工作领导机构的办事机构申请复核。国家反恐怖主义工作领导机构应当及时进行复核，作出维持或者撤销认定的决定。复核决定为最终决定。

国家反恐怖主义工作领导机构作出撤销认定的决定的，由国家反恐怖主义工作领导机构的办事机构予以公告；资金、资产已被冻结的，应当解除冻结。

第十六条　根据刑事诉讼法的规定，有管辖权的中级以上人民法院在审判刑事案件的过程中，可以依法认定恐怖活动组织和人员。对于在判决生效后需要由国家反恐怖主义工作领导机构的办事机构予以公告的，适用本章的有关规定。

第三章　安全防范

第十七条　各级人民政府和有关部门应当组织开展反恐怖主义宣传教育，提高公民的反恐怖主义意识。

教育、人力资源行政主管部门和学校、有关职业培训机构应当将恐怖活动预防、应急知识纳入教育、教学、培训的内容。

新闻、广播、电视、文化、宗教、互联网等有关单位，应当有针对性地面向社会进行反恐怖主义宣传教育。

村民委员会、居民委员会应当协助人民政府以及有关部门，加强反恐怖主义宣传教育。

第十八条　电信业务经营者、互联网服务提供者应当为公安机关、国家安全机关依法进行防范、调查恐怖活动提供技术接口和解密等技术支持和协助。

第十九条　电信业务经营者、互联网服务提供者应当依照法律、行政法规规定，落实网络安全、信息内容监督制度和安全技术防范措施，防止含有恐怖主义、极端主义内容的信息传播；发现含有恐怖主义、极端主义内容的信息的，应当立即停止传输，保存相关记录，删除相关信息，并向公安机关或者有关部门报告。

网信、电信、公安、国家安全等主管部门对含有恐怖主义、极端主义内容的信息，应当按照职责分工，及时责令有关单位停止传输、删除相关信息，或者关闭相关网站、关停相关服务。有关单位应当立即执行，并保存相关记录，协助进行调查。对互联网上跨境传输的含有恐怖主义、极端主义内容的信息，电信主管部门应当采取技术措施，阻断传播。

第二十条　铁路、公路、水上、航空的货运和邮政、快递等物流运营单位应当实行安全查验制度，对客户身份进行查验，依照规定对运输、寄递物品进行安全检查或者开封验视。对禁止运输、寄递，存在重大安全隐患，或者客户拒绝安全查验的物品，不得运输、寄递。

前款规定的物流运营单位，应当实行运输、寄递客户身份、物品信息登记制度。

第二十一条　电信、互联网、金融、住宿、长途客运、机动车租赁等业务经营者、服务提供者，应当对客户身份进行查验。对身份不明或者拒绝身份查验的，不得提供服务。

第二十二条　生产和进口单位应当依照规定对枪支等武器、弹药、管制器具、危险化学品、民用爆炸物品、核与放射物品作出电子追踪标识，对民用爆炸物品添加安检示踪标识物。

运输单位应当依照规定对运营中的危险化学品、民用爆炸物品、核与放射物品的运输工具通过定位系统实行监控。

有关单位应当依照规定对传染病病原体等物质实行严格的监督管理，严密防范传染病病原体等物质扩散或者流入非法渠道。

对管制器具、危险化学品、民用爆炸物品，国务院有关主管部门或者省级人民政府根据需要，在特定区域、特定时间，可以决定对生产、进出口、运输、销售、使用、报废实施管制，可以禁止使用现金、实物进行交易或者对交易活动作出其他限制。

第二十三条　发生枪支等武器、弹药、危险化学品、民用爆炸物品、核与放射物品、传染病病原体等物质被盗、被抢、丢失或者其他流失的情形，案发单位应当立即采取必要的控制措施，并立即向公安机关报告，同时依照规定向有关主管部门报告。公安机关接到报告后，应当及时开展调查。有关主管部门应当配合公安机关开展工作。

任何单位和个人不得非法制作、生产、储存、运输、进出口、销售、提供、购买、使用、持有、报废、销毁前款规定的物品。公安机关发现的，应当予以扣押；其他主管部门发现的，应当予以扣押，并立即通报公安机关；其他单位、个人发现的，应当立即向公安机关报告。

第二十四条　国务院反洗钱行政主管部门、国务院有关部门、机构依法对金融机构和特定非金融机构履行反恐怖主义融资义务的情况进行监督管理。

国务院反洗钱行政主管部门发现涉嫌恐怖主义融资的，可以依法进行调查，采取临时冻结措施。

第二十五条　审计、财政、税务等部门在依照法律、行政法规的规定对有关单位实施监督检查的过程中，发现资金流入流出涉嫌恐怖主义融资的，应当及时通报公安机关。

第二十六条　海关在对进出境人员携带现金和无记名有价证券实施监管的过程中，发现涉嫌恐怖主义融资的，应当立即通报国务院反洗钱行政主管部门和有管辖权的公安机关。

第二十七条　地方各级人民政府制定、组织实施城乡规划，应当符合反恐怖主义工作的需要。

地方各级人民政府应当根据需要，组织、督促有关建设单位在主要道路、交通枢纽、城市公共区域的重点部位，配备、安装公共安全视频图像信息系统等防范恐怖袭击的技防、物防设备、设施。

第二十八条　公安机关和有关部门对宣扬极端主义，利用极端主义危害公共安全、扰乱公共秩序、侵犯人身财产、妨害社会管理的，应当及时予以制止，依法追究法律责任。

公安机关发现极端主义活动的，应当责令立即停止，将有关人员强行带离现场并登记身份信息，对有关物品、资料予以收缴，对非法活动场所予以查封。

任何单位和个人发现宣扬极端主义的物品、资料、信息的，应当立即向公安机关报告。

第二十九条　对被教唆、胁迫、引诱参与恐怖活动、极端主义活动，或者参与恐怖活动、极端主义活动情节轻微，尚不构成犯罪的人员，公安机关应当组织有关部门、村民委员会、居民委员会、所在单位、就读学校、家庭和监护人对其进行帮教。

监狱、看守所、社区矫正机构应当加强对服刑的恐怖活动罪犯和极端主义罪犯的管理、教育、矫正等工作。监狱、看守所对恐怖活动罪犯和极端主义罪犯，根据教育改造和维护监管秩序的需要，可以与普通刑事罪犯混合关押，也可以个别关押。

第三十条　对恐怖活动罪犯和极端主义罪犯被判处徒刑以上刑罚的，监狱、看守所应当在刑满释放前根据其犯罪性质、情节和社会危害程度，服刑期间的表现，释放后对所居住社区的影响等进行社会危险性评估。进行社会危险性评估，应当听取有关基层组织和原办案机关的意见。经评估具有社会危险性的，监狱、看守所应当向罪犯服刑地的中级人民法院提出安置教育建议，并将建议书副本抄送同级人民检察院。

罪犯服刑地的中级人民法院对于确有社会危险性的，应当在罪犯刑满释放前作出责令其在刑满释放后接受安置教育的决定。决定书副本应当抄送同级人民检察院。被决定安置教育的人员对决定不服的，可以向上一级人民法院申请复议。

安置教育由省级人民政府组织实施。安置教育机构应当每年对被安置教育人员进行评估，对于确有悔改表现，不致再危害社会的，应当及时提出解除安置教育的意见，报决定安置教育的中级人民法院作出决定。被安置教育人员有权申请解除安置教育。

人民检察院对安置教育的决定和执行实行监督。

第三十一条　公安机关应当会同有关部门，将遭受恐怖袭击的可能性较大以及遭受恐怖袭击可能造成重大的人身伤亡、财产损失或者社会影响的单位、场所、活动、设施等确定为防范恐怖袭击的重点目标，报本级反恐怖主义工作领导机构备案。

第三十二条　重点目标的管理单位应当履行下列职责：

（一）制定防范和应对处置恐怖活动的预案、措施，定期进行培训和演练；

（二）建立反恐怖主义工作专项经费保障制度，配备、更新防范和处置设备、设施；

（三）指定相关机构或者落实责任人员，明确岗位职责；

（四）实行风险评估，实时监测安全威胁，完善内部安全管理；

（五）定期向公安机关和有关部门报告防范措施落实情况。

重点目标的管理单位应当根据城乡规划、相关标准和实际需要，对重点目标同步设计、同步建设、同步运行符合本法第二十七条规定的技防、物防设备、设施。

重点目标的管理单位应当建立公共安全视频图像信息系统值班监看、信息保存使用、运行维护等管理制度，保障相关系统正常运行。采集的视频图像信息保存期限不得少于九十日。

对重点目标以外的涉及公共安全的其他单位、场所、活动、设施，其主管部门和管理单位应当依照法律、行政法规规定，建立健全安全管理制度，落实安全责任。

第三十三条　重点目标的管理单位应当对重要岗位人员进行安全背景审查。对有不适合情形的人员，应当调整工作岗位，并将有关情况通报公安机关。

第三十四条　大型活动承办单位以及重点目标的管理单位应当依照规定，对进入大型活动场所、机场、火车站、码头、城市轨道交通站、公路长途客运站、口岸等重点目标的人员、物品和交通工具进行安全检查。发现违禁品和管制物品，应当予以扣留并立即向公安机关报告；发现涉嫌违法犯罪人员，应当立即向公安机关报告。

第三十五条　对航空器、列车、船舶、城市轨道车辆、公共电汽车等公共交通运输工具，营运单位应当依照规定配备安保人员和相应设备、设施，加强安全检查和保卫工作。

第三十六条　公安机关和有关部门应当掌握重点目标的基础信息和重要动态，指导、监督重点目标的管理单位履行防范恐怖袭击的各项职责。

公安机关、中国人民武装警察部队应当依照有关规定对重点目标进行警戒、巡逻、检查。

第三十七条　飞行管制、民用航空、公安等主管部门应当按照职责分工，加强空域、航空器和飞行活动管理，严密防范针对航空器或者利用飞行活动实施的恐怖活动。

第三十八条　各级人民政府和军事机关应当在重点国（边）境地段和口岸设置拦阻隔离网、视频图像采集和防越境报警设施。

公安机关和中国人民解放军应当严密组织国（边）境巡

逻，依照规定对抵离国（边）境前沿、进出国（边）境管理区和国（边）境通道、口岸的人员、交通运输工具、物品，以及沿海沿边地区的船舶进行查验。

第三十九条 出入境证件签发机关、出入境边防检查机关对恐怖活动人员和恐怖活动嫌疑人员，有权决定不准其出境入境、不予签发出境入境证件或者宣布其出境入境证件作废。

第四十条 海关、出入境边防检查机关发现恐怖活动嫌疑人员或者涉嫌恐怖活动物品的，应当依法扣留，并立即移送公安机关或者国家安全机关。

检验检疫机关发现涉嫌恐怖活动物品的，应当依法扣留，并立即移送公安机关或者国家安全机关。

第四十一条 国务院外交、公安、国家安全、发展改革、工业和信息化、商务、旅游等主管部门应当建立境外投资合作、旅游等安全风险评估制度，对中国在境外的公民以及驻外机构、设施、财产加强安全保护，防范和应对恐怖袭击。

第四十二条 驻外机构应当建立健全安全防范制度和应对处置预案，加强对有关人员、设施、财产的安全保护。

第四章　情报信息

第四十三条 国家反恐怖主义工作领导机构建立国家反恐怖主义情报中心，实行跨部门、跨地区情报信息工作机制，统筹反恐怖主义情报信息工作。

有关部门应当加强反恐怖主义情报信息搜集工作，对搜集的有关线索、人员、行动类情报信息，应当依照规定及时统一归口报送国家反恐怖主义情报中心。

地方反恐怖主义工作领导机构应当建立跨部门情报信息工作机制，组织开展反恐怖主义情报信息工作，对重要的情报信息，应当及时向上级反恐怖主义工作领导机构报告，对涉及其他地方的紧急情报信息，应当及时通报相关地方。

第四十四条　公安机关、国家安全机关和有关部门应当依靠群众，加强基层基础工作，建立基层情报信息工作力量，提高反恐怖主义情报信息工作能力。

第四十五条　公安机关、国家安全机关、军事机关在其职责范围内，因反恐怖主义情报信息工作的需要，根据国家有关规定，经过严格的批准手续，可以采取技术侦察措施。

依照前款规定获取的材料，只能用于反恐怖主义应对处置和对恐怖活动犯罪、极端主义犯罪的侦查、起诉和审判，不得用于其他用途。

第四十六条　有关部门对于在本法第三章规定的安全防范工作中获取的信息，应当根据国家反恐怖主义情报中心的要求，及时提供。

第四十七条　国家反恐怖主义情报中心、地方反恐怖主义工作领导机构以及公安机关等有关部门应当对有关情报信息进行筛查、研判、核查、监控，认为有发生恐怖事件危险，需要采取相应的安全防范、应对处置措施的，应当及时通报有关部门和单位，并可以根据情况发出预警。有关部门和单位应当根据通报做好安全防范、应对处置工作。

第四十八条　反恐怖主义工作领导机构、有关部门和单位、个人应当对履行反恐怖主义工作职责、义务过程中知悉的国家秘密、商业秘密和个人隐私予以保密。

违反规定泄露国家秘密、商业秘密和个人隐私的，依法追究法律责任。

第五章　调　查

第四十九条　公安机关接到恐怖活动嫌疑的报告或者发现恐怖活动嫌疑，需要调查核实的，应当迅速进行调查。

第五十条　公安机关调查恐怖活动嫌疑，可以依照有关法律规定对嫌疑人员进行盘问、检查、传唤，可以提取或者采集肖像、指纹、虹膜图像等人体生物识别信息和血液、尿液、脱落细胞等生物样本，并留存其签名。

公安机关调查恐怖活动嫌疑，可以通知了解有关情况的人员到公安机关或者其他地点接受询问。

第五十一条　公安机关调查恐怖活动嫌疑，有权向有关单位和个人收集、调取相关信息和材料。有关单位和个人应当如实提供。

第五十二条　公安机关调查恐怖活动嫌疑，经县级以上公安机关负责人批准，可以查询嫌疑人员的存款、汇款、债券、股票、基金份额等财产，可以采取查封、扣押、冻结措施。查封、扣押、冻结的期限不得超过二个月，情况复杂的，可以经上一级公安机关负责人批准延长一个月。

第五十三条　公安机关调查恐怖活动嫌疑，经县级以上公安机关负责人批准，可以根据其危险程度，责令恐怖活动嫌疑人员遵守下列一项或者多项约束措施：

（一）未经公安机关批准不得离开所居住的市、县或者指定的处所；

（二）不得参加大型群众性活动或者从事特定的活动；

（三）未经公安机关批准不得乘坐公共交通工具或者进入特定的场所；

（四）不得与特定的人员会见或者通信；

（五）定期向公安机关报告活动情况；

（六）将护照等出入境证件、身份证件、驾驶证件交公安机关保存。

公安机关可以采取电子监控、不定期检查等方式对其遵守约束措施的情况进行监督。

采取前两款规定的约束措施的期限不得超过三个月。对不需要继续采取约束措施的，应当及时解除。

第五十四条　公安机关经调查，发现犯罪事实或者犯罪嫌疑人的，应当依照刑事诉讼法的规定立案侦查。本章规定的有关期限届满，公安机关未立案侦查的，应当解除有关措施。

第六章　应对处置

第五十五条　国家建立健全恐怖事件应对处置预案体系。

国家反恐怖主义工作领导机构应当针对恐怖事件的规律、特点和可能造成的社会危害，分级、分类制定国家应对处置预案，具体规定恐怖事件应对处置的组织指挥体系和恐怖事件安全防范、应对处置程序以及事后社会秩序恢复等内容。

有关部门、地方反恐怖主义工作领导机构应当制定相应的应对处置预案。

第五十六条　应对处置恐怖事件，各级反恐怖主义工作领导机构应当成立由有关部门参加的指挥机构，实行指挥长负责制。反恐怖主义工作领导机构负责人可以担任指挥长，也可以确定公安机关负责人或者反恐怖主义工作领导机构的其他成员单位负责人担任指挥长。

跨省、自治区、直辖市发生的恐怖事件或者特别重大恐怖事件的应对处置，由国家反恐怖主义工作领导机构负责指挥；在省、自治区、直辖市范围内发生的涉及多个行政区域的恐怖事件或者重大恐怖事件的应对处置，由省级反恐怖主义工作领导机构负责指挥。

第五十七条　恐怖事件发生后，发生地反恐怖主义工作领导机构应当立即启动恐怖事件应对处置预案，确定指挥长。有关部门和中国人民解放军、中国人民武装警察部队、民兵组织，按照反恐怖主义工作领导机构和指挥长的统一领导、指挥，协同开展打击、控制、救援、救护等现场应对处置工作。

上级反恐怖主义工作领导机构可以对应对处置工作进行指导，必要时调动有关反恐怖主义力量进行支援。

需要进入紧急状态的，由全国人民代表大会常务委员会或者国务院依照宪法和其他有关法律规定的权限和程序决定。

第五十八条　发现恐怖事件或者疑似恐怖事件后，公安机关应当立即进行处置，并向反恐怖主义工作领导机构报告；中国人民解放军、中国人民武装警察部队发现正在实施恐怖活动的，应当立即予以控制并将案件及时移交公安机关。

反恐怖主义工作领导机构尚未确定指挥长的，由在场处置的公安机关职级最高的人员担任现场指挥员。公安机关未能到达现场的，由在场处置的中国人民解放军或者中国人民武装警察部队职级最高的人员担任现场指挥员。现场应对处置人员无论是否属于同一单位、系统，均应当服从现场指挥员的指挥。

指挥长确定后，现场指挥员应当向其请示、报告工作或者有关情况。

第五十九条　中华人民共和国在境外的机构、人员、重要设施遭受或者可能遭受恐怖袭击的，国务院外交、公安、国家安全、商务、金融、国有资产监督管理、旅游、交通运输等主管部门应当及时启动应对处置预案。国务院外交部门应当协调有关国家采取相应措施。

中华人民共和国在境外的机构、人员、重要设施遭受严重恐怖袭击后，经与有关国家协商同意，国家反恐怖主义工作领导机构可以组织外交、公安、国家安全等部门派出工作人员赴境外开展应对处置工作。

第六十条　应对处置恐怖事件，应当优先保护直接受到恐怖活动危害、威胁人员的人身安全。

第六十一条　恐怖事件发生后，负责应对处置的反恐怖主义工作领导机构可以决定由有关部门和单位采取下列一项或者多项应对处置措施：

（一）组织营救和救治受害人员，疏散、撤离并妥善安置受到威胁的人员以及采取其他救助措施；

（二）封锁现场和周边道路，查验现场人员的身份证件，在有关场所附近设置临时警戒线；

（三）在特定区域内实施空域、海（水）域管制，对特定区域内的交通运输工具进行检查；

（四）在特定区域内实施互联网、无线电、通讯管制；

（五）在特定区域内或者针对特定人员实施出境入境管制；

（六）禁止或者限制使用有关设备、设施，关闭或者限制使用有关场所，中止人员密集的活动或者可能导致危害扩大的生产经营活动；

（七）抢修被损坏的交通、电信、互联网、广播电视、供水、排水、供电、供气、供热等公共设施；

（八）组织志愿人员参加反恐怖主义救援工作，要求具有特定专长的人员提供服务；

（九）其他必要的应对处置措施。

采取前款第三项至第五项规定的应对处置措施，由省级以上反恐怖主义工作领导机构决定或者批准；采取前款第六项规定的应对处置措施，由设区的市级以上反恐怖主义工作领导机构决定。应对处置措施应当明确适用的时间和空间范围，并向社会公布。

第六十二条　人民警察、人民武装警察以及其他依法配备、携带武器的应对处置人员，对在现场持枪支、刀具等凶器或者使用其他危险方法，正在或者准备实施暴力行为的人员，经警告无效的，可以使用武器；紧急情况下或者警告后可能导致更为严重危害后果的，可以直接使用武器。

第六十三条　恐怖事件发生、发展和应对处置信息，由恐怖事件发生地的省级反恐怖主义工作领导机构统一发布；跨省、自治区、直辖市发生的恐怖事件，由指定的省级反恐怖主义工作领导机构统一发布。

任何单位和个人不得编造、传播虚假恐怖事件信息；不得报道、传播可能引起模仿的恐怖活动的实施细节；不得发布恐怖事件中残忍、不人道的场景；在恐怖事件的应对处置过程中，除新闻媒体经负责发布信息的反恐怖主义工作领导机构批准外，不得报道、传播现场应对处置的工作人员、人质身份信息和应对处置行动情况。

第六十四条　恐怖事件应对处置结束后，各级人民政府应当组织有关部门帮助受影响的单位和个人尽快恢复生活、生产，稳定受影响地区的社会秩序和公众情绪。

第六十五条　当地人民政府应当及时给予恐怖事件受害人员及其近亲属适当的救助，并向失去基本生活条件的受害人员及其近亲属及时提供基本生活保障。卫生、民政等主管部门应当为恐怖事件受害人员及其近亲属提供心理、医疗等方面的援助。

第六十六条　公安机关应当及时对恐怖事件立案侦查，查明事件发生的原因、经过和结果，依法追究恐怖活动组织、人员的刑事责任。

第六十七条　反恐怖主义工作领导机构应当对恐怖事件的发生和应对处置工作进行全面分析、总结评估，提出防范和应对处置改进措施，向上一级反恐怖主义工作领导机构报告。

第七章　国际合作

第六十八条　中华人民共和国根据缔结或者参加的国际条约，或者按照平等互惠原则，与其他国家、地区、国际组织开展反恐怖主义合作。

第六十九条　国务院有关部门根据国务院授权，代表中国政府与外国政府和有关国际组织开展反恐怖主义政策对话、情报信息交流、执法合作和国际资金监管合作。

在不违背我国法律的前提下，边境地区的县级以上地方人民政府及其主管部门，经国务院或者中央有关部门批准，可以与相邻国家或者地区开展反恐怖主义情报信息交流、执法合作和国际资金监管合作。

第七十条 涉及恐怖活动犯罪的刑事司法协助、引渡和被判刑人移管，依照有关法律规定执行。

第七十一条 经与有关国家达成协议，并报国务院批准，国务院公安部门、国家安全部门可以派员出境执行反恐怖主义任务。

中国人民解放军、中国人民武装警察部队派员出境执行反恐怖主义任务，由中央军事委员会批准。

第七十二条 通过反恐怖主义国际合作取得的材料可以在行政处罚、刑事诉讼中作为证据使用，但我方承诺不作为证据使用的除外。

第八章 保障措施

第七十三条 国务院和县级以上地方各级人民政府应当按照事权划分，将反恐怖主义工作经费分别列入同级财政预算。

国家对反恐怖主义重点地区给予必要的经费支持，对应对处置大规模恐怖事件给予经费保障。

第七十四条 公安机关、国家安全机关和有关部门，以及中国人民解放军、中国人民武装警察部队，应当依照法律规定的职责，建立反恐怖主义专业力量，加强专业训练，配备必要的反恐怖主义专业设备、设施。

县级、乡级人民政府根据需要，指导有关单位、村民委员会、居民委员会建立反恐怖主义工作力量、志愿者队伍，协助、配合有关部门开展反恐怖主义工作。

第七十五条　对因履行反恐怖主义工作职责或者协助、配合有关部门开展反恐怖主义工作导致伤残或者死亡的人员，按照国家有关规定给予相应的待遇。

第七十六条　因报告和制止恐怖活动，在恐怖活动犯罪案件中作证，或者从事反恐怖主义工作，本人或者其近亲属的人身安全面临危险的，经本人或者其近亲属提出申请，公安机关、有关部门应当采取下列一项或者多项保护措施：

（一）不公开真实姓名、住址和工作单位等个人信息；

（二）禁止特定的人接触被保护人员；

（三）对人身和住宅采取专门性保护措施；

（四）变更被保护人员的姓名，重新安排住所和工作单位；

（五）其他必要的保护措施。

公安机关、有关部门应当依照前款规定，采取不公开被保护单位的真实名称、地址，禁止特定的人接近被保护单位，对被保护单位办公、经营场所采取专门性保护措施，以及其他必要的保护措施。

第七十七条　国家鼓励、支持反恐怖主义科学研究和技术创新，开发和推广使用先进的反恐怖主义技术、设备。

第七十八条　公安机关、国家安全机关、中国人民解放军、中国人民武装警察部队因履行反恐怖主义职责的紧急需要，根据国家有关规定，可以征用单位和个人的财产。任务完成后应当及时归还或者恢复原状，并依照规定支付相应费用；造成损失的，应当补偿。

因开展反恐怖主义工作对有关单位和个人的合法权益造成损害的，应当依法给予赔偿、补偿。有关单位和个人有权依法请求赔偿、补偿。

第九章　法律责任

第七十九条　组织、策划、准备实施、实施恐怖活动，宣扬恐怖主义，煽动实施恐怖活动，非法持有宣扬恐怖主义的物品，强制他人在公共场所穿戴宣扬恐怖主义的服饰、标志，组织、领导、参加恐怖活动组织，为恐怖活动组织、恐怖活动人员、实施恐怖活动或者恐怖活动培训提供帮助的，依法追究刑事责任。

第八十条　参与下列活动之一，情节轻微，尚不构成犯罪的，由公安机关处十日以上十五日以下拘留，可以并处一万元以下罚款：

（一）宣扬恐怖主义、极端主义或者煽动实施恐怖活动、极端主义活动的；

（二）制作、传播、非法持有宣扬恐怖主义、极端主义的物品的；

（三）强制他人在公共场所穿戴宣扬恐怖主义、极端主义的服饰、标志的；

（四）为宣扬恐怖主义、极端主义或者实施恐怖主义、极端主义活动提供信息、资金、物资、劳务、技术、场所等支持、协助、便利的。

第八十一条　利用极端主义，实施下列行为之一，情节轻微，尚不构成犯罪的，由公安机关处五日以上十五日以下拘留，可以并处一万元以下罚款：

（一）强迫他人参加宗教活动，或者强迫他人向宗教活动场所、宗教教职人员提供财物或者劳务的；

（二）以恐吓、骚扰等方式驱赶其他民族或者有其他信仰的人员离开居住地的；

（三）以恐吓、骚扰等方式干涉他人与其他民族或者有其他信仰的人员交往、共同生活的；

（四）以恐吓、骚扰等方式干涉他人生活习俗、方式和生产经营的；

（五）阻碍国家机关工作人员依法执行职务的；

（六）歪曲、诋毁国家政策、法律、行政法规，煽动、教唆抵制人民政府依法管理的；

（七）煽动、胁迫群众损毁或者故意损毁居民身份证、户口簿等国家法定证件以及人民币的；

（八）煽动、胁迫他人以宗教仪式取代结婚、离婚登记的；

（九）煽动、胁迫未成年人不接受义务教育的；

（十）其他利用极端主义破坏国家法律制度实施的。

第八十二条　明知他人有恐怖活动犯罪、极端主义犯罪行为，窝藏、包庇，情节轻微，尚不构成犯罪的，或者在司法机关向其调查有关情况、收集有关证据时，拒绝提供的，由公安机关处十日以上十五日以下拘留，可以并处一万元以下罚款。

第八十三条　金融机构和特定非金融机构对国家反恐怖主义工作领导机构的办事机构公告的恐怖活动组织及恐怖活动人员的资金或者其他资产，未立即予以冻结的，由公安机关处二十万元以上五十万元以下罚款，并对直接负责的董事、高级管理人员和其他直接责任人员处十万元以下罚款；情节严重的，处五十万元以上罚款，并对直接负责的董事、高级管理人员和其他直接责任人员，处十万元以上五十万元以下罚款，可以并处五日以上十五日以下拘留。

第八十四条 电信业务经营者、互联网服务提供者有下列情形之一的，由主管部门处二十万元以上五十万元以下罚款，并对其直接负责的主管人员和其他直接责任人员处十万元以下罚款；情节严重的，处五十万元以上罚款，并对其直接负责的主管人员和其他直接责任人员，处十万元以上五十万元以下罚款，可以由公安机关对其直接负责的主管人员和其他直接责任人员，处五日以上十五日以下拘留：

（一）未依照规定为公安机关、国家安全机关依法进行防范、调查恐怖活动提供技术接口和解密等技术支持和协助的；

（二）未按照主管部门的要求，停止传输、删除含有恐怖主义、极端主义内容的信息，保存相关记录，关闭相关网站或者关停相关服务的；

（三）未落实网络安全、信息内容监督制度和安全技术防范措施，造成含有恐怖主义、极端主义内容的信息传播，情节严重的。

第八十五条 铁路、公路、水上、航空的货运和邮政、快递等物流运营单位有下列情形之一的，由主管部门处十万元以上五十万元以下罚款，并对其直接负责的主管人员和其他直接责任人员处十万元以下罚款：

（一）未实行安全查验制度，对客户身份进行查验，或者未依照规定对运输、寄递物品进行安全检查或者开封验视的；

（二）对禁止运输、寄递，存在重大安全隐患，或者客户拒绝安全查验的物品予以运输、寄递的；

（三）未实行运输、寄递客户身份、物品信息登记制度的。

第八十六条　电信、互联网、金融业务经营者、服务提供者未按规定对客户身份进行查验，或者对身份不明、拒绝身份查验的客户提供服务的，主管部门应当责令改正；拒不改正的，处二十万元以上五十万元以下罚款，并对其直接负责的主管人员和其他直接责任人员处十万元以下罚款；情节严重的，处五十万元以上罚款，并对其直接负责的主管人员和其他直接责任人员，处十万元以上五十万元以下罚款。

住宿、长途客运、机动车租赁等业务经营者、服务提供者有前款规定情形的，由主管部门处十万元以上五十万元以下罚款，并对其直接负责的主管人员和其他直接责任人员处十万元以下罚款。

第八十七条　违反本法规定，有下列情形之一的，由主管部门给予警告，并责令改正；拒不改正的，处十万元以下罚款，并对其直接负责的主管人员和其他直接责任人员处一万元以下罚款：

（一）未依照规定对枪支等武器、弹药、管制器具、危险化学品、民用爆炸物品、核与放射物品作出电子追踪标识，对民用爆炸物品添加安检示踪标识物的；

（二）未依照规定对运营中的危险化学品、民用爆炸物品、核与放射物品的运输工具通过定位系统实行监控的；

（三）未依照规定对传染病病原体等物质实行严格的监督管理，情节严重的；

（四）违反国务院有关主管部门或者省级人民政府对管制器具、危险化学品、民用爆炸物品决定的管制或者限制交易措施的。

第八十八条　防范恐怖袭击重点目标的管理、营运单位违反本法规定，有下列情形之一的，由公安机关给予警告，并责令改正；拒不改正的，处十万元以下罚款，并对其直接负责的主管人员和其他直接责任人员处一万元以下罚款：

（一）未制定防范和应对处置恐怖活动的预案、措施的；

（二）未建立反恐怖主义工作专项经费保障制度，或者未配备防范和处置设备、设施的；

（三）未落实工作机构或者责任人员的；

（四）未对重要岗位人员进行安全背景审查，或者未将有不适合情形的人员调整工作岗位的；

（五）对公共交通运输工具未依照规定配备安保人员和相应设备、设施的；

（六）未建立公共安全视频图像信息系统值班监看、信息保存使用、运行维护等管理制度的。

大型活动承办单位以及重点目标的管理单位未依照规定对进入大型活动场所、机场、火车站、码头、城市轨道交通站、公路长途客运站、口岸等重点目标的人员、物品和交通工具进行安全检查的，公安机关应当责令改正；拒不改正的，处十万元以下罚款，并对其直接负责的主管人员和其他直接责任人员处一万元以下罚款。

第八十九条　恐怖活动嫌疑人员违反公安机关责令其遵守的约束措施的，由公安机关给予警告，并责令改正；拒不改正的，处五日以上十五日以下拘留。

第九十条　新闻媒体等单位编造、传播虚假恐怖事件信息，报道、传播可能引起模仿的恐怖活动的实施细节，发布恐怖事件中残忍、不人道的场景，或者未经批准，报道、传播现场应对处置的工作人员、人质身份信息和应对处置行动情况的，由公安机关处二十万元以下罚款，并对其直接负责的主管人员和其他直接责任人员，处五日以上十五日以下拘留，可以并处五万元以下罚款。

个人有前款规定行为的，由公安机关处五日以上十五日以下拘留，可以并处一万元以下罚款。

第九十一条　拒不配合有关部门开展反恐怖主义安全防范、情报信息、调查、应对处置工作的，由主管部门处二千元以下罚款；造成严重后果的，处五日以上十五日以下拘留，可以并处一万元以下罚款。

单位有前款规定行为的，由主管部门处五万元以下罚款；造成严重后果的，处十万元以下罚款；并对其直接负责的主管人员和其他直接责任人员依照前款规定处罚。

第九十二条　阻碍有关部门开展反恐怖主义工作的，由公安机关处五日以上十五日以下拘留，可以并处五万元以下罚款。

单位有前款规定行为的，由公安机关处二十万元以下罚款，并对其直接负责的主管人员和其他直接责任人员依照前款规定处罚。

阻碍人民警察、人民解放军、人民武装警察依法执行职务的，从重处罚。

第九十三条 单位违反本法规定，情节严重的，由主管部门责令停止从事相关业务、提供相关服务或者责令停产停业；造成严重后果的，吊销有关证照或者撤销登记。

第九十四条 反恐怖主义工作领导机构、有关部门的工作人员在反恐怖主义工作中滥用职权、玩忽职守、徇私舞弊，或者有违反规定泄露国家秘密、商业秘密和个人隐私等行为，构成犯罪的，依法追究刑事责任；尚不构成犯罪的，依法给予处分。

反恐怖主义工作领导机构、有关部门及其工作人员在反恐怖主义工作中滥用职权、玩忽职守、徇私舞弊或者有其他违法违纪行为的，任何单位和个人有权向有关部门检举、控告。有关部门接到检举、控告后，应当及时处理并回复检举、控告人。

第九十五条 对依照本法规定查封、扣押、冻结、扣留、收缴的物品、资金等，经审查发现与恐怖主义无关的，应当及时解除有关措施，予以退还。

第九十六条 有关单位和个人对依照本法作出的行政处罚和行政强制措施决定不服的，可以依法申请行政复议或者提起行政诉讼。

第十章 附 则

第九十七条 本法自 2016 年 1 月 1 日起施行。2011 年 10 月 29 日第十一届全国人民代表大会常务委员会第二十三次会议通过的《全国人民代表大会常务委员会关于加强反恐怖工作有关问题的决定》同时废止。

中华人民共和国禁毒法

（2007 年 12 月 29 日第十届全国人民代表大会
常务委员会第三十一次会议通过
2007 年 12 月 29 日中华人民共和国
主席令（十届）第七十九号公布
自 2008 年 6 月 1 日起施行）

目 录

第一章 总 则

第一条 为了预防和惩治毒品违法犯罪行为，保护公民身心健康，维护社会秩序，制定本法。

第二条 本法所称毒品，是指鸦片、海洛因、甲基苯丙胺（冰毒）、吗啡、大麻、可卡因，以及国家规定管制的其他能够使人形成瘾癖的麻醉药品和精神药品。根据医疗、教学、科研的需要，依法可以生产、经营、使用、储存、运输麻醉药品和精神药品。

第三条　禁毒是全社会的共同责任。国家机关、社会团体、企业事业单位以及其他组织和公民，应当依照本法和有关法律的规定，履行禁毒职责或者义务。

第四条　禁毒工作实行预防为主，综合治理，禁种、禁制、禁贩、禁吸并举的方针。禁毒工作实行政府统一领导，有关部门各负其责，社会广泛参与的工作机制。

第五条　国务院设立国家禁毒委员会，负责组织、协调、指导全国的禁毒工作。县级以上地方各级人民政府根据禁毒工作的需要，可以设立禁毒委员会，负责组织、协调、指导本行政区域内的禁毒工作。

第六条　县级以上各级人民政府应当将禁毒工作纳入国民经济和社会发展规划，并将禁毒经费列入本级财政预算。

第七条　国家鼓励对禁毒工作的社会捐赠，并依法给予税收优惠。

第八条　国家鼓励开展禁毒科学技术研究，推广先进的缉毒技术、装备和戒毒方法。

第九条　国家鼓励公民举报毒品违法犯罪行为。各级人民政府和有关部门应当对举报人予以保护，对举报有功人员以及在禁毒工作中有突出贡献的单位和个人，给予表彰和奖励。

第十条　国家鼓励志愿人员参与禁毒宣传教育和戒毒社会服务工作。地方各级人民政府应当对志愿人员进行指导、培训，并提供必要的工作条件。

第二章　禁毒宣传教育

第十一条　国家采取各种形式开展全民禁毒宣传教育，普及毒品预防知识，增强公民的禁毒意识，提高公民自觉抵制毒品的能力。国家鼓励公民、组织开展公益性的禁毒宣传活动。

第十二条　各级人民政府应当经常组织开展多种形式的禁毒宣传教育。工会、共产主义青年团、妇女联合会应当结合各自工作对象的特点，组织开展禁毒宣传教育。

第十三条　教育行政部门、学校应当将禁毒知识纳入教育、教学内容，对学生进行禁毒宣传教育。公安机关、司法行政部门和卫生行政部门应当予以协助。

第十四条　新闻、出版、文化、广播、电影、电视等有关单位，应当有针对性地面向社会进行禁毒宣传教育。

第十五条　飞机场、火车站、长途汽车站、码头以及旅店、娱乐场所等公共场所的经营者、管理者，负责本场所的禁毒宣传教育，落实禁毒防范措施，预防毒品违法犯罪行为在本场所内发生。

第十六条　国家机关、社会团体、企业事业单位以及其他组织，应当加强对本单位人员的禁毒宣传教育。

第十七条　居民委员会、村民委员会应当协助人民政府以及公安机关等部门，加强禁毒宣传教育，落实禁毒防范措施。

第十八条　未成年人的父母或者其他监护人应当对未成年人进行毒品危害的教育，防止其吸食、注射毒品或者进行其他毒品违法犯罪活动。

第三章　毒品管制

第十九条　国家对麻醉药品药用原植物种植实行管制。禁止非法种植罂粟、古柯植物、大麻植物以及国家规定管制的可以用于提炼加工毒品的其他原植物。禁止走私或者非法买卖、运输、携带、持有未经灭活的毒品原植物种子或者幼苗。地方各级人民政府发现非法种植毒品原植物的，应当立即采取措施予以制止、铲除。村民委员会、居民委员会发现非法种植毒品原植物的，应当及时予以制止、铲除，并向当地公安机关报告。

第二十条　国家确定的麻醉药品药用原植物种植企业，必须按照国家有关规定种植麻醉药品药用原植物。国家确定的麻醉药品药用原植物种植企业的提取加工场所，以及国家设立的麻醉药品储存仓库，列为国家重点警戒目标。未经许可，擅自进入国家确定的麻醉药品药用原植物种植企业的提取加工场所或者国家设立的麻醉药品储存仓库等警戒区域的，由警戒人员责令其立即离开；拒不离开的，强行带离现场。

第二十一条　国家对麻醉药品和精神药品实行管制，对麻醉药品和精神药品的实验研究、生产、经营、使用、储存、运输实行许可和查验制度。国家对易制毒化学品的生产、经营、购买、运输实行许可制度。禁止非法生产、买卖、运输、储存、提供、持有、使用麻醉药品、精神药品和易制毒化学品。

第二十二条　国家对麻醉药品、精神药品和易制毒化学品的进口、出口实行许可制度。国务院有关部门应当按照规定的职责，对进口、出口麻醉药品、精神药品和易制毒化学品依法进行管理。禁止走私麻醉药品、精神药品和易制毒化学品。

第二十三条　发生麻醉药品、精神药品和易制毒化学品被盗、被抢、丢失或者其他流入非法渠道的情形，案发单位应当立即采取必要的控制措施，并立即向公安机关报告，同时依照规定向有关主管部门报告。公安机关接到报告后，或者有证据证明麻醉药品、精神药品和易制毒化学品可能流入非法渠道的，应当及时开展调查，并可以对相关单位采取必要的控制措施。药品监督管理部门、卫生行政部门以及其他有关部门应当配合公安机关开展工作。

第二十四条　禁止非法传授麻醉药品、精神药品和易制毒化学品的制造方法。公安机关接到举报或者发现非法传授麻醉药品、精神药品和易制毒化学品制造方法的，应当及时依法查处。

第二十五条　麻醉药品、精神药品和易制毒化学品管理的具体办法，由国务院规定。

第二十六条　公安机关根据查缉毒品的需要，可以在边境地区、交通要道、口岸以及飞机场、火车站、长途汽车站、码头对来往人员、物品、货物以及交通工具进行毒品和易制毒化学品检查，民航、铁路、交通部门应当予以配合。海关应当依法加强对进出口岸的人员、物品、货物和运输工具的检查，防止走私毒品和易制毒化学品。邮政企业应当依法加强对邮件的检查，防止邮寄毒品和非法邮寄易制毒化学品。

第二十七条　娱乐场所应当建立巡查制度，发现娱乐场所内有毒品违法犯罪活动的，应当立即向公安机关报告。

第二十八条　对依法查获的毒品，吸食、注射毒品的用具，毒品违法犯罪的非法所得及其收益，以及直接用于实施毒品违法犯罪行为的本人所有的工具、设备、资金，应当收缴，依照规定处理。

第二十九条　反洗钱行政主管部门应当依法加强对可疑毒品犯罪资金的监测。反洗钱行政主管部门和其他依法负有反洗钱监督管理职责的部门、机构发现涉嫌毒品犯罪的资金流动情况，应当及时向侦查机关报告，并配合侦查机关做好侦查、调查工作。

第三十条　国家建立健全毒品监测和禁毒信息系统，开展毒品监测和禁毒信息的收集、分析、使用、交流工作。

第四章　戒毒措施

第三十一条　国家采取各种措施帮助吸毒人员戒除毒瘾，教育和挽救吸毒人员。吸毒成瘾人员应当进行戒毒治疗。吸毒成瘾的认定办法，由国务院卫生行政部门、药品监督管理部门、公安部门规定。

第三十二条　公安机关可以对涉嫌吸毒的人员进行必要的检测，被检测人员应当予以配合；对拒绝接受检测的，经县级以上人民政府公安机关或者其派出机构负责人批准，可以强制检测。公安机关应当对吸毒人员进行登记。

第三十三条　对吸毒成瘾人员，公安机关可以责令其接受社区戒毒，同时通知吸毒人员户籍所在地或者现居住地的城市街道办事处、乡镇人民政府。社区戒毒的期限为三年。戒毒人员应当在户籍所在地接受社区戒毒；在户籍所在地以外的现居住地有固定住所的，可以在现居住地接受社区戒毒。

第三十四条　城市街道办事处、乡镇人民政府负责社区戒毒工作。城市街道办事处、乡镇人民政府可以指定有关基层组织，根据戒毒人员本人和家庭情况，与戒毒人员签订社区戒毒协议，落实有针对性的社区戒毒措施。公安机关和司法行政、卫生行政、民政等部门应当对社区戒毒工作提供指导和协助。城市街道办事处、乡镇人民政府，以及县级人民政府劳动行政部门对无职业且缺乏就业能力的戒毒人员，应当提供必要的职业技能培训、就业指导和就业援助。

第三十五条　接受社区戒毒的戒毒人员应当遵守法律、法规，自觉履行社区戒毒协议，并根据公安机关的要求，定期接受检测。对违反社区戒毒协议的戒毒人员，参与社区戒毒的工作人员应当进行批评、教育；对严重违反社区戒毒协议或者在社区戒毒期间又吸食、注射毒品的，应当及时向公安机关报告。

第三十六条　吸毒人员可以自行到具有戒毒治疗资质的医疗机构接受戒毒治疗。设置戒毒医疗机构或者医疗机构从事戒毒治疗业务的，应当符合国务院卫生行政部门规定的条件，报所在地的省、自治区、直辖市人民政府卫生行政部门批准，并报同级公安机关备案。戒毒治疗应当遵守国务院卫生行政部门制定的戒毒治疗规范，接受卫生行政部门的监督检查。戒毒治疗不得以盈利为目的。戒毒治疗的药品、医疗器械和治疗方法不得做广告。戒毒治疗收取费用的，应当按照省、自治区、直辖市人民政府价格主管部门会同卫生行政部门制定的收费标准执行。

第三十七条　医疗机构根据戒毒治疗的需要，可以对接受戒毒治疗的戒毒人员进行身体和所携带物品的检查；对在治疗期间有人身危险的，可以采取必要的临时保护性约束措施。发现接受戒毒治疗的戒毒人员在治疗期间吸食、注射毒品的，医疗机构应当及时向公安机关报告。

第三十八条　吸毒成瘾人员有下列情形之一的，由县级以上人民政府公安机关作出强制隔离戒毒的决定：（一）拒绝接受社区戒毒的；（二）在社区戒毒期间吸食、注射毒品的；（三）严重违反社区戒毒协议的；（四）经社区戒毒、强制隔离戒毒后再次吸食、注射毒品的。对于吸毒成瘾严重，通过社区戒毒难以戒除毒瘾的人员，公安机关可以直接作出强制隔离戒毒的决定。吸毒成瘾人员自愿接受强制隔离戒毒的，经公安机关同意，可以进入强制隔离戒毒场所戒毒。

第三十九条　怀孕或者正在哺乳自己不满一周岁婴儿的妇女吸毒成瘾的，不适用强制隔离戒毒。不满十六周岁的未成年人吸毒成瘾的，可以不适用强制隔离戒毒。对依照前款规定不适用强制隔离戒毒的吸毒成瘾人员，依照本法规定进行社区戒毒，由负责社区戒毒工作的城市街道办事处、乡镇人民政府加强帮助、教育和监督，督促落实社区戒毒措施。

第四十条　公安机关对吸毒成瘾人员决定予以强制隔离戒毒的，应当制作强制隔离戒毒决定书，在执行强制隔离戒毒前送达被决定人，并在送达后二十四小时以内通知被决定人的家属、所在单位和户籍所在地公安派出所；被决定人不讲真实姓名、住址，身份不明的，公安机关应当自查清其身份后通知。被决定人对公安机关作出的强制隔离戒毒决定不服的，可以依法申请行政复议或者提起行政诉讼。

第四十一条　对被决定予以强制隔离戒毒的人员，由作出决定的公安机关送强制隔离戒毒场所执行。强制隔离戒毒场所的设置、管理体制和经费保障，由国务院规定。

第四十二条　戒毒人员进入强制隔离戒毒场所戒毒时，应当接受对其身体和所携带物品的检查。

第四十三条　强制隔离戒毒场所应当根据戒毒人员吸食、注射毒品的种类及成瘾程度等，对戒毒人员进行有针对性的生理、心理治疗和身体康复训练。根据戒毒的需要，强制隔离戒毒场所可以组织戒毒人员参加必要的生产劳动，对戒毒人员进行职业技能培训。组织戒毒人员参加生产劳动的，应当支付劳动报酬。

第四十四条　强制隔离戒毒场所应当根据戒毒人员的性别、年龄、患病等情况，对戒毒人员实行分别管理。强制隔离戒毒场所对有严重残疾或者疾病的戒毒人员，应当给予必要的看护和治疗；对患有传染病的戒毒人员，应当依法采取必要的隔离、治疗措施；对可能发生自伤、自残等情形的戒毒人员，可以采取相应的保护性约束措施。强制隔离戒毒场所管理人员不得体罚、虐待或者侮辱戒毒人员。

第四十五条　强制隔离戒毒场所应当根据戒毒治疗的需要配备执业医师。强制隔离戒毒场所的执业医师具有麻醉药品和精神药品处方权的，可以按照有关技术规范对戒毒人员使用麻醉药品、精神药品。卫生行政部门应当加强对强制隔离戒毒场所执业医师的业务指导和监督管理。

第四十六条　戒毒人员的亲属和所在单位或者就读学校的工作人员，可以按照有关规定探访戒毒人员。戒毒人员经强制隔离戒毒场所批准，可以外出探视配偶、直系亲属。强制隔离戒毒场所管理人员应当对强制隔离戒毒场所以外的人员交给戒毒人员的物品和邮件进行检查，防止夹带毒品。在检查邮件时，应当依法保护戒毒人员的通信自由和通信秘密。

第四十七条　强制隔离戒毒的期限为二年。执行强制隔离戒毒一年后，经诊断评估，对于戒毒情况良好的戒毒人员，强制隔离戒毒场所可以提出提前解除强制隔离戒毒的意见，报强制隔离戒毒的决定机关批准。强制隔离戒毒期满前，经诊断评估，对于需要延长戒毒期限的戒毒人员，由强制隔离戒毒场所提出延长戒毒期限的意见，报强制隔离戒毒的决定机关批准。强制隔离戒毒的期限最长可以延长一年。

第四十八条　对于被解除强制隔离戒毒的人员，强制隔离戒毒的决定机关可以责令其接受不超过三年的社区康复。社区康复参照本法关于社区戒毒的规定实施。

第四十九条　县级以上地方各级人民政府根据戒毒工作的需要，可以开办戒毒康复场所；对社会力量依法开办的公益性戒毒康复场所应当给予扶持，提供必要的便利和帮助。戒毒人员可以自愿在戒毒康复场所生活、劳动。戒毒康复场所组织戒毒人员参加生产劳动的，应当参照国家劳动用工制度的规定支付劳动报酬。

第五十条　公安机关、司法行政部门对被依法拘留、逮捕、收监执行刑罚以及被依法采取强制性教育措施的吸毒人员，应当给予必要的戒毒治疗。

第五十一条　省、自治区、直辖市人民政府卫生行政部门会同公安机关、药品监督管理部门依照国家有关规定，根据巩固戒毒成果的需要和本行政区域艾滋病流行情况，可以组织开展戒毒药物维持治疗工作。

第五十二条　戒毒人员在入学、就业、享受社会保障等方面不受歧视。有关部门、组织和人员应当在入学、就业、享受社会保障等方面对戒毒人员给予必要的指导和帮助。

第五章　禁毒国际合作

第五十三条　中华人民共和国根据缔结或者参加的国际条约或者按照对等原则，开展禁毒国际合作。

第五十四条　国家禁毒委员会根据国务院授权，负责组织开展禁毒国际合作，履行国际禁毒公约义务。

第五十五条　涉及追究毒品犯罪的司法协助，由司法机关依照有关法律的规定办理。

第五十六条　国务院有关部门应当按照各自职责，加强与有关国家或者地区执法机关以及国际组织的禁毒情报信息交流，依法开展禁毒执法合作。经国务院公安部门批准，边境地区县级以上人民政府公安机关可以与有关国家或者地区的执法机关开展执法合作。

第五十七条　通过禁毒国际合作破获毒品犯罪案件的，中华人民共和国政府可以与有关国家分享查获的非法所得、由非法所得获得的收益以及供毒品犯罪使用的财物或者财物变卖所得的款项。

第五十八条　国务院有关部门根据国务院授权，可以通过对外援助等渠道，支持有关国家实施毒品原植物替代种植、发展替代产业。

第六章 法律责任

第五十九条 有下列行为之一，构成犯罪的，依法追究刑事责任；尚不构成犯罪的，依法给予治安管理处罚：（一）走私、贩卖、运输、制造毒品的；（二）非法持有毒品的；（三）非法种植毒品原植物的；（四）非法买卖、运输、携带、持有未经灭活的毒品原植物种子或者幼苗的；（五）非法传授麻醉药品、精神药品或者易制毒化学品制造方法的；（六）强迫、引诱、教唆、欺骗他人吸食、注射毒品的；（七）向他人提供毒品的。

第六十条 有下列行为之一，构成犯罪的，依法追究刑事责任；尚不构成犯罪的，依法给予治安管理处罚：（一）包庇走私、贩卖、运输、制造毒品的犯罪分子，以及为犯罪分子窝藏、转移、隐瞒毒品或者犯罪所得财物的；（二）在公安机关查处毒品违法犯罪活动时为违法犯罪行为人通风报信的；（三）阻碍依法进行毒品检查的；（四）隐藏、转移、变卖或者损毁司法机关、行政执法机关依法扣押、查封、冻结的涉及毒品违法犯罪活动的财物的。

第六十一条 容留他人吸食、注射毒品或者介绍买卖毒品，构成犯罪的，依法追究刑事责任；尚不构成犯罪的，由公安机关处十日以上十五日以下拘留，可以并处三千元以下罚款；情节较轻的，处五日以下拘留或者五百元以下罚款。

第六十二条 吸食、注射毒品的，依法给予治安管理处罚。吸毒人员主动到公安机关登记或者到有资质的医疗机构接受戒毒治疗的，不予处罚。

第六十三条　在麻醉药品、精神药品的实验研究、生产、经营、使用、储存、运输、进口、出口以及麻醉药品药用原植物种植活动中，违反国家规定，致使麻醉药品、精神药品或者麻醉药品药用原植物流入非法渠道，构成犯罪的，依法追究刑事责任；尚不构成犯罪的，依照有关法律、行政法规的规定给予处罚。

第六十四条　在易制毒化学品的生产、经营、购买、运输或者进口、出口活动中，违反国家规定，致使易制毒化学品流入非法渠道，构成犯罪的，依法追究刑事责任；尚不构成犯罪的，依照有关法律、行政法规的规定给予处罚。

第六十五条　娱乐场所及其从业人员实施毒品违法犯罪行为，或者为进入娱乐场所的人员实施毒品违法犯罪行为提供条件，构成犯罪的，依法追究刑事责任；尚不构成犯罪的，依照有关法律、行政法规的规定给予处罚。娱乐场所经营管理人员明知场所内发生聚众吸食、注射毒品或者贩毒活动，不向公安机关报告的，依照前款的规定给予处罚。

第六十六条　未经批准，擅自从事戒毒治疗业务的，由卫生行政部门责令停止违法业务活动，没收违法所得和使用的药品、医疗器械等物品；构成犯罪的，依法追究刑事责任。

第六十七条　戒毒医疗机构发现接受戒毒治疗的戒毒人员在治疗期间吸食、注射毒品，不向公安机关报告的，由卫生行政部门责令改正；情节严重的，责令停业整顿。

第六十八条　强制隔离戒毒场所、医疗机构、医师违反规定使用麻醉药品、精神药品，构成犯罪的，依法追究刑事责任；尚不构成犯罪的，依照有关法律、行政法规的规定给予处罚。

第六十九条　公安机关、司法行政部门或者其他有关主管部门的工作人员在禁毒工作中有下列行为之一，构成犯罪的，依法追究刑事责任；尚不构成犯罪的，依法给予处分：（一）包庇、纵容毒品违法犯罪人员的；（二）对戒毒人员有体罚、虐待、侮辱等行为的；（三）挪用、截留、克扣禁毒经费的；（四）擅自处分查获的毒品和扣押、查封、冻结的涉及毒品违法犯罪活动的财物的。

第七十条　有关单位及其工作人员在入学、就业、享受社会保障等方面歧视戒毒人员的，由教育行政部门、劳动行政部门责令改正；给当事人造成损失的，依法承担赔偿责任。

第七章　附　则

第七十一条　本法自 2008 年 6 月 1 日起施行。《全国人民代表大会常务委员会关于禁毒的决定》同时废止。

编写说明

　　编辑出版《反洗钱监测分析实务探讨》一书，是基于中国反洗钱监测分析中心为人民银行分支机构和广大报告义务主体开展反洗钱业务培训的实际需要。本书集中了中国反洗钱监测分析中心员工近年开展业务学习和调查研究的部分成果，涉及政策制度、类型学研究、国际经验借鉴以及反洗钱技术基础等方面，聚焦当前反洗钱工作面临的突出问题，具有理论与实践紧密结合的鲜明特点。相信本书对增强反洗钱业务培训的针对性和实效性、更好地满足培训对象的需要，将有直接帮助。

　　中国人民银行副行长郭庆平为本书作序，既深刻总结了我国反洗钱监测分析工作和金融情报机构建设的实践经验，从推进国家治理体系和治理能力现代化的高度阐述了反洗钱工作的现实意义；又对中国反洗钱监测分析中心坚持通过业务学习、调查研究和持续培训培养学习型、专家型监测分析人才队伍，给予充分肯定和热情鼓励，并在进一步加强常态化、规范化、制度化方面寄予期待，对我们提高履职能力和水平具有长远指导意义。

　　由于我们对新形势下金融创新领域反洗钱问题的认识把握还很有限，作者对许多问题的研究尚需进一步充实和深化，本书不足之处难免，欢迎批评指正。本书各篇所提出的建议和观点，只反映作者在研究过程中的个人认识。

　　参加本书相应研究报告和课题执笔的有（以姓氏笔画为序）：马宇立、马林林、王旭、王策、王跃宇、王连猛、王梓桐、叶钢、孙贞、成景阳、刘云、刘红艳、刘奥林、闫冲、许智飞、李培东、张旭辉、张煜、陈玲、陈邦来、陈婕、连军、易晓晶、房海滨、周小琴、胡蓉、黄海、韩光林、韩晴、蒋锋、董轲、熊飞、薛欣欣。

　　中国反洗钱监测分析中心研究处陈邦来、陈婕、易晓晶以及中心的魏丽、朱丽娜、廖群、蒋伯平、王玉洁、徐晓萌等同志，为本书的编辑出版做了大量工作。

本书编委会
2016 年 7 月